辩证唯物论与历史唯物论基本问题

（第一册）

博古译马列主义文献集

李继华 秦红 主编

博古 编译

中央编译出版社
CCTP Central Compilation & Translation Press

图书在版编目（CIP）数据

辩证唯物论与历史唯物论基本问题 / 博古编译；李继华，秦红主编 .—北京：中央编译出版社，2024.9

（博古译马列主义文献集）

ISBN 978-7-5117-4571-2

Ⅰ.①辩… Ⅱ.①博… ②李… ③秦… Ⅲ.①辩证唯物主义—研究 ②历史唯物主义—研究 Ⅳ.① B02 ② B03

中国国家版本馆 CIP 数据核字（2024）第 025300 号

辩证唯物论与历史唯物论基本问题

策划统筹 张远航
责任编辑 郑永杰
责任印制 李　颖
出版发行 中央编译出版社
网　　址 www.cctpcm.com
地　　址 北京市海淀区北四环西路 69 号（100080）
电　　话 （010）55627391（总编室）　（010）55627312（编辑室）
（010）55627320（发行部）　（010）55627377（新技术部）
经　　销 全国新华书店
印　　刷 北京文昌阁彩色印刷有限责任公司
开　　本 710 毫米 ×1000 毫米 1/16
字　　数 1751 千字
印　　张 169
版　　次 2024 年 9 月第 1 版
印　　次 2024 年 9 月第 1 次印刷
定　　价 1280.00 元（全套）

新浪微博：@ 中央编译出版社　**微　　信**：中央编译出版社（ID：cctphome）
淘宝店铺：中央编译出版社直销店（http://shop108367160.taobao.com）（010）55627331

总 序

秦邦宪（博古）曾担任过中国共产党的领导职务，留学苏联，有较高的俄文翻译水平与理论功底。1938年，秦邦宪参加了党的六届六中全会开幕式后，便匆匆离开延安回到了武汉，该年10月，秦邦宪“总校阅”了《联共（布）党史简明教程》中文译本上下册，之后由武汉的中国出版社出版，该书曾是党内重要的学习读本。此外，秦邦宪还编译了大量当时苏联政治、哲学等方面的理论文章，以不同的形式发表，并集结成《辩证唯物论与历史唯物论基本问题》（共四册，其中有少量几篇为其他人翻译），于1941年到1942年12月间出版。

秦邦宪在1940年11月离开武汉，回到延安后，担任《解放日报》社社长、新华社社长。1943年，中共中央作出了《关于一九四三年翻译工作的决定》，指出：“为提高高级干部理论学习，许多马恩列斯的著作必须得重新校阅。”为此，特指定凯丰、博古、洛甫、杨尚昆、师哲、许之祯、赵毅敏等组成翻译校阅委员会，由凯丰负责组织该工作的推进。此后，秦邦

究的翻译内容集中到了马恩列斯著作上，先后翻译出版了马克思、恩格斯的《共产党宣言》，恩格斯的《社会主义从空想到科学的发展》，列宁的《唯物论与经验批判论》《国家与革命》和《卡尔·马克思》。

博古翻译的《共产党宣言》在 1943 年 8 月由延安解放社首次出版，该译法更接近于现代汉语，是延安整风运动后期党内重要的学习读本。1949 年 3 月，党的七届二中全会确定了 12 本“干部必读”系列图书，《共产党宣言》博古译本就是其中的一种。博古译本在 1949 年前后是中国流传最广、印行最多的一个版本，它至少由 13 个出版机构出版过近 70 次，发行量高达 62 万多册。

博古翻译的《社会主义从空想到科学的发展》在 1943 年 11 月由延安解放社出版，该译本的底本是苏联国家政治书籍出版局 1940 年出版的俄文版《马克思恩格斯选集》第一卷中的相关内容，收入了《社会主义从空想到科学的发展》德文版第一版和第四版序言、英文版导言以及正文的三章内容。书中注释也根据俄文版加入了列宁、斯大林关于自由竞争与垄断等方面的论述。这一版本被称为“校正本”，是解放战争时期各解放区“干部必读”丛书的通行版本，后经华中、华东、山东、冀鲁豫、皖北等新华书店以及东部军区政治部等单位大量翻印出版。

博古翻译的《国家与革命》在 1943 年 8 月首次由延安解放社出版，此后，太岳新华书店、华北新华书店、山东新华书店、东北书店、太行群众书店多次重印该版本。博古翻译的

《卡尔·马克思》在 1946 年至 1948 年间，多次由解放社和各地新华书店出版。

博古的这些译著，适应了当时全党开展的学习活动，为提高全党的理论水平发挥了重要作用。我们重新整理出版博古翻译的这些著作，既是对红色翻译家们为推进马克思主义中国化付出艰辛劳动的致敬，也是对当代理论工作者的勉励，希望在实现中华民族伟大复兴的道路上，进一步坚定中国特色社会主义道路自信、理论自信、制度自信、文化自信。

编者

2024 年 7 月

出版说明

一、本套书每种图书分两部分：录入部分和影印部分。录入部分根据影印版整理而成，并将影印版附在后面，以飨读者。

二、为呈现原书风貌并便于读者阅读，本套书将繁体字改为简体、修订了明显的错别字和漏字、对一些标点符号按现代规范予以调整、对个别模糊字词另加括号注明，其他照旧。比如，保留了“底”“藉助”“贯澈”“澈底”“部份”“思惟”“那里”等具有时代特点的文字用法。

三、对于影印版编注者所加的页下注，在录入部分注明“原版编者注”；对于录入部分编注者加的页下注，注明“编者注”。

本书编注说明

一、本书根据博古编译《辩证唯物论与历史唯物论基本问题》新中国书局1949年版刊印。为便于读者了解文献原貌，并和录入版作比对，特将1949年文本附在录入版之后。

二、为保留文献原貌，本书除将繁体字改为简体、某些标点按现代规范予以调整、对个别字词另加括号注明外，其他照旧。

三、20世纪30年代，苏联正处于严酷的党内斗争环境中。在此环境中产生的论著及其译文，充斥了对托洛茨基、布哈林等人的全盘否定、过火批判，以及对列宁、斯大林的过度颂扬；其中的许多论断在今天看来显然是不够恰当和准确的。请读者在阅读和引用时注意鉴别。

四、由于该译著的涉及范围甚广，抑或由于翻译中的语际转换问题，也由于编注者的水平所限，对该译著中的某些语句，尚难以解读其意。对此，一概保留语句原貌及其标点，以待后来者研究、解读。对译文所依据的原著，对原著和译著中的许多引文及其出处，也难以一一查对。对译著中涉及的诸多人物、事件、典故等，有的加了注释，有的则难以注释。

五、本译著的许多句子过长，修饰句过多；许多标点也不太符合现代规范，经常有一个逗号或一个句号到底的现象。对不影响阅读理解的，尽量保持原格式；对当今读者阅读理解可能不便的，则对其原有标点酌情修改。

六、对译文中的缺字和模糊不清的字，参照该书的生活·读书·新知三联书店1950年3月第二版，予以增补和鉴别。后者的文字，总体上更准确些。

七、本书编注者所加的页下注，注明“编者注”。

目 录
CONTENTS

辩证唯物论——马列主义政党底宇宙观

马克思主义—列宁主义——统一的、整个的学说

一

马克思主义——列宁主义——统一的、整个的学说，它的组成部份彼此内部地和不可分离地联结着。

列宁明确地规定了马克思主义底组成部份。马克思主义底组成部份实质上是：辩证唯物论、马克思的经济理论和科学社会主义底理论。

马克思主义底这三个组成部份，符合于它的三个根源。

马克思主义不是离开人类思想底以前的发展而产生的。

“哲学底历史和社会科学底历史——列宁写道——完全明白地指明：马克思主义决不像那些离开世界文明发展底大道而生长的闭关自守的狭窄的‘宗派学说’。”[1]

---

① 《列宁全集》卷十六，第 349 页。

马克思主义是作为科学底以前的发展所创造了的思想上的材料底直接的继续和发展而产生的。显然，因为马克思主义是新的先进的理论，它只能是它所接受到的思想遗产中底先进的成份底继承者。这些先进的成份包括在德国的哲学、英国的政治经济学和法国的社会主义中。马克思主义底学说是“作为哲学、政治经济学和社会主义底最伟大的代表底学说底直接继续而产生的”[1]。它是人类在十九世纪在上述的思想领域中所创造的最好的东西底合法的继承者。

德国的古典哲学在黑格尔的辩证法身上是哲学史上的一个巨大的进步。黑格尔的辩证法第一次地把整个自然的、历史的和精神的世界看做是过程：即处在不断的运动、变化、发展与改造中。而且过程底内部矛盾作为自己运动，自己发展的源泉出现着。这是极大的新的概括的思想，它适合着发展着的自然科学底最新需要，适合着在自然科学中日益形成着的从归纳的研究自然过渡到广大的、概括化的、综合的研究自然底一般过程的趋向。黑格尔辩证法在自然科学领域内也引导到有益的结果。

“从这个观点上（即辩证法底观点）看来，人类底历史，已经是不再是无意义的暴力的纷乱纠缠了（这种暴力在哲学的理性面前只值得申斥和愈早忘却愈好）。相反地，历史被看做是人类本身发展底过程，而科学思想底任务，即在于从一切迷乱中，追踪这一过程底依次发展的阶段，并在一切表面的偶然性

① 《列宁全集》卷十六，第349页。

中证明出过程底内在的规律性。”①

十九世纪初的乌托邦社会主义在当时同样是一种进步的现象。在伟大的社会主义者——乌托邦主义者底著作中包含着涉及资产阶级社会底全部根基的批判的成份。伟大的乌托邦主义者关于将来社会的学说底积极的方面：他们关于消灭城市和乡村的对立的思想，关于消灭私有财产、雇佣劳动，关于变国家为简单的管理生产的机关——所有这些是当时最先进的思想底表现。

马克思在一八八七年致左尔格的信中写道：“……先于唯物论的——批判的社会主义的乌托邦主义，在其本身包含着前者的萌芽。……”②

当时人类思想底第三个先进的领域是英国的政治经济学。亚当·斯密和达维特·李加图研究了资本主义的经济制度，放下了劳动价值论的开端，这个理论以后为马克思所科学地论证和继续地发展了的。

乌托邦社会主义，古典政治经济学和德国的古典哲学之间的相互关系是怎样的呢？

首先不论乌托邦社会主义或古典政治经济学都没有辩证法的论点：他们完全是形而上的。

社会主义者——乌托邦主义者从“永远的不变的人的天性”的形而上的理论出发。“永远的不变的人的天性”曾是社会主义者——乌托邦主义者用来找寻“完美的立法”，完美的

---

① 恩格斯：《社会主义从空想到科学的发展》，第25页（解放社中文本第69页）。

② 《马恩通信集》，第302页。

社会制度的经常的标准；照他们的意见，社会制度应该适合这个“不变的人的天性”。

古典政治经济学不了解资产阶级经济底历史地过渡的性质而以为它的规律为一切人类社会所永远地固有的。

社会主义者——乌托邦主义者和英国的古典政治经济学不懂得辩证法，这一事实在很大的程度上可以解释：为什么他们没有达到真正科学地理解社会关系底本性，而在这个领域内仍然是唯心论者的原因。

但是就是德国的古典哲学，在黑格尔那里亦没有能够创立关于社会发展的真正科学。虽然，从黑格尔的辩证观点看来，人类历史已经不再是没有联系的偶然性底堆积，并且已经把它了解为从一个阶段到另一个阶段的规律性的运动。唯心论者的黑格尔没有能够指出社会发展底真实的基础。黑格尔的辩证法因为是唯心的，所以，它在历史运动底不同的彼此更替的阶段上只看到“绝对观念”发展的阶段。黑格尔把人类社会底全部历史归结为人的意识形态底发展，把它们看做是“绝对精神”发展底阶段。

黑格尔底唯心论是他走向科学地掌握现实（自然和社会）之路上的障碍。

另一方面，马克思以前的唯物论者亦没有能够达到科学地理解社会现象。马克思以前的唯物论，当它解释社会现象时就自己背叛了自己。十八世纪的法国唯物论者就是这样。

法国唯物论者从正确的唯物论的原理出发：即人是它的周围环境的产物。但是只要在法国唯物论者面前提出这样的问题：人底周围环境是被什么东西所造成的呢？他们回答道：已存的规律和根据在这些规律基础上的人们的思想意见。

“当他们——普列汉诺夫写道——谈到人类的历史发展时，他忘掉了自己的一般的对于人类的感觉论的观点，而和当时的‘启蒙派’一样断言道：世界（即人们底社会关系）是为意见所支配的。”[①]

马克思底先驱者——唯物论者费尔巴赫亦固有着这个哲学的和社会的观点之间的分裂和矛盾。恩格斯很鲜明地说明了这个矛盾，他说：费尔巴赫是“下半个唯物论者，上半个唯心论者”。这种情形底发生，在很大的程度上是因为法国唯物论和费尔巴赫底唯物论都是不懂辩证法的形而上的唯物论。

这样，马克思和恩格斯所遇到的当时的科学状况是以唯物论和辩证法彼此脱离为其特征的。乌托邦社会主义，如上面所指出的，是形而上的，可是它不仅以这个缺点为特征，在解释人类社会底基础时，它是站在唯心论的立场上的。

在《联共（布）党史简明教程》中曾说道：

“乌托邦主义底没落……其原因之一，就在他们不承认社会物质生活条件在社会发展中的首要的作用，而陷入于唯心论，把自己的实际活动不是建设在社会物质生活条件的要求的基础上，而离开它们，违反它们——将实际活动建设在脱离社会实际生活的‘理想计划’和‘包罗万象的方案’的基础上。”

为要使社会主义成为科学的，就应该把它放在真实的基础上。科学社会主义产生底最重要条件之一，就是应用唯物论来

① 《普列汉诺夫全集》卷七，第69页。

认识社会生活。但是为了使唯物论能够应用于认识社会生活现象，就应该克服和消灭存在于马克思之前的唯物论和辩证法之间的脱离。

马克思和恩格斯天才地解决了这个任务。他们以辩证法丰富了唯物论，创造了新的哲学学说——辩证唯物论。

跟着辩证唯物论底创立，就开辟了创立关于社会发展底真正科学的道路。列宁写道：

“马克思加深着和发展着哲学唯物论，把它贯澈到底。把它的认识自然扩展于认识人类社会。马克思底历史唯物论是科学思想底最伟大的收获。以前在对于历史和政治的观点中统治着的混乱和任意，现在为惊人地完整的和严格的科学理论所代替了。”①

马克思和恩格斯做了巨大的工作来研究和概括他们以前的全部知识，全世界历史和工人阶级阶级斗争底经验；他们自己全身侵入于实际的革命活动中，他们是无产阶级的革命家。这有极重大的作用，使他们所论证的最先进的哲学思想，引导他们得出革命的共产主义的结论来。

扩展辩证唯物论于社会现象底结果，应用它来研究资产阶级社会发展规律底结果，出现了马克思和恩格斯底科学社会主义底理论：关于资本主义底必然死亡，关于无产阶级底历史使命——资本主义底掘墓人，关于无产阶级革命和无产阶级专政是从资本主义到共产主义的过渡的必然形式的天才学说。

① 《列宁全集》卷十六，第350页。

* * *

“马克思主义——斯大林同志写道——不仅是社会主义底理论，这是整个的宇宙观，哲学的体系，从这里逻辑地产生了马克思底无产阶级的社会主义。这个哲学的体系叫做辩证唯物论。”①

社会主义理论和辩证唯物论之间这个逻辑的联系在那里呢？

为着能够实行把辩证唯物论扩展到社会历史上去，就应该要发现社会存在底内容，找到那组成社会生活物质基础的东西。正是不会找得社会底真正物质基础，成了马克思以前的唯物论底绊脚石。这个唯物论没有能够发现社会生活底物质基础，虽然曾经力求解决这个任务。

马克思底天才的发现就在：发现了社会底物质基础。他得到结论说：社会底物质基础是物质财富底生产方法。从这里得出了人类底历史“首先是生产发展底历史，几世纪中彼此交替的生产方法底历史，生产力和人们生产关系的发展底历史”。

如果社会发展史首先是不同的生产方法的兴亡史，不同的社会经济形态的兴亡史，那很显然，为着科学地预见历史以后的进程。马克思不能乞援于“一般的”社会，不能乞援于关于一般的“人类天性”的抽象的谈论，而必须分析他所生活的时代的社会形态——即分析资本主义，以研究资本主义的生产方法、资本主义的社会经济制度作为研究底出发点。大家知道：

① 引自勃里亚：《关于外高加索布尔塞维克组织史问题》，第 78 页。

马克思底天才的著作《资本论》，就是做了这一功夫；《资本论》是马克思主义组成部份底统一的古典式的体现。

在马克思底《资本论》中首先叙述着他的经济学说。马克思底经济理论底研究指明：唯物论和辩证法在这个学说中得到了最深刻的各方面的详尽的应用和证实。而从马克思底经济学说中，从马克思所发现的资本主义规律中所得到的直接的结论就是经过暴力革命和无产阶级专政，资本主义社会转化为社会主义社会的必然性的论点。

马克思和恩格斯不只一次地指出：由于应用唯物论和辩证法来研究资产阶级社会底经济才创造了马克思底经济学说。大家知道：唯物史观底基本公式，马克思是在《政治经济学批判》一书底序言上写下的。就这一点，就足以说明马克思底经济理论和历史唯物论之间的不可分割的联系。

“这个德国的政治经济学——恩格斯写道——实质上是建设在唯物史观之上的；唯物史观底基本要点叙述于上述著作的序言中。”[1]

唯物辩证法从头至尾地贯澈于《资本论》中的对于资本主义社会底天才的分析中。列宁指出：“在马克思，资产阶级社会底辩证法，只是辩证法底部份的情形。”[2]

不是偶然的，正是在《资本论》底序言中，马克思给予了与黑格尔唯心辩证法相反的自己的唯物辩证法底著名的特征描写。这同样地强调着：在马克思底经济研究底基础上，在《资

① 《马恩选集》卷一，第 274 页。
② 《列宁全集》卷十三，第 302 页。

本论》底基础上安放着辩证唯物论。

在这里马克思所强调的正是辩证法底这一方面，即，使经济的研究来揭露政治经济学底一切范畴底历史地过渡的性质。一切资产阶级的政治经济学过去和现在都把资本看做是一成不变的“天然现象”，似乎永远为社会所固有的。资本主义关系，在普通的形而上的资产阶级意识中是永远的不变的。

马克思天才地指出：资本是特殊的、历史地决定的生产关系，资本主义不是从来就存在的，它生产于社会经济生活发展底一定的阶段上，在时间上有其开始亦应该有其终结。马克思从运动、变化、产生、发展和死亡的观点上，即从辩证法的观点上来研究资产阶级社会底经济。我们举出下述的鲜明的例子。

在《资本论》的基础上的最重要的发现——这是发现在资本主义之下劳动底两重性质（一）组成商品底使用价值的具体劳动;（二）组成商品底交换价值的抽象劳动。关于这个劳动两重性底发现，马克思写过“一切事情底理解建设”在这上面。但是这个发现是什么呢，如果不是天才的渗透现象底辩证的本性，现象所固有的内的矛盾揭露?

当然，仅仅承认一切现象都是内部地矛盾的这一辩证法底论点，还不足以做出这个天才的发现；需要马克思底天才，需要各方面地分析巨大的具体材料。但是显然，如果不克服形而上学的思维方法，如果没有辩证法，这个发现是不可能的，这是为马克思以前的政治经济学所证明了的。

马克思主义的辩证法是必要的理论的前提，它规定了研究的道路并使马克思天才地渗透资本主义之下的劳动底本性。商品有使用价值和交换价值，这在马克思以前在经济科学上就知道了的。但只有劳动的两重性底发现才指明了商品底这个两方面底客观基础，并且成了回答政治经济上其他问题（例如货币问题）底出发点。这些问题是马克思以前的全部政治经济学所小心地躲避的。

“谁愿意——恩格斯写道——对下述这点得到一个鲜明的例证，即德国的辩证法在其发展的现阶段上其优于旧的家制的庸俗多话的形而上的方法，正如铁路之优于中世纪的运输工具，那么就请他读一读亚当·斯密或其他有名的官家经济学者，交换价值和使用价值给这些先生们弄成了怎样的痛苦，他们怎样难于分别两者及在各自的特殊的决定情况中理解两者；然后将这个和马克思底明白简单的发展比较一番。”[①]

与劳动底两重性的发现密切联系着的是剩余价值论底创造。剩余价值论，如列宁所说，乃是马克思底经济学说底基石。马克思指明，剩余价值既不能从商品流通中，又不能从价格附加中产生，乃是为工人底未偿劳动所创造。

发现了剩余价值之后，马克思给了资本积累底真正科学的分析并揭露了资本主义积累底历史趋向，这趋向就是资本主义在自己的发展中创造了资本底一切大的集中和集合和日益增长的劳动的社会化，引导到在社会底一极上组成极少数的大资本家，而在另一极上——巨大的劳动群众，引导极大多数人民底贫困和奴役底生长，他们的愤懑底生长，产生了暴

① 《马恩选集》卷一，第280页。

力地推翻资本家和消灭生产手段私有制的必然性；而资本主义发展所创造的劳动社会化底生长造成了社会底社会主义改造的物质条件。

这样在《资本论》中马克思主义底哲学前提，他的经济学说和科学共产主义底理论结合在一起。不研究《资本论》，不研究马克思底关于政治经济学底这本最主要的著作，就不能好好地理解马克思底辩证法。列宁着重指出这点：

“假如马克思没有留下‘逻辑’（大写的），那么他们留下了《资本论》底逻辑，在这一问题上这一点应得加以特别的利用。在《资本论》中逻辑、辩证法和唯物论的认识论应用到一种科学上来了……”①

另一方面，假如不顾及马克思底《资本论》是最深刻的哲学著作的话，就不会懂得马克思底《资本论》、马克思底经济学说底全部深刻性。列宁在《读黑格尔底逻辑学的笔记》上所写的下列语句，正是强调事情的这一方面：

“不先研究和懂得全部黑格尔底逻辑学，就不能完全懂得马克思底《资本论》，特别是其第一章。所以，在半世纪后马克思主义者中谁也没有懂得马克思！”②

大家知道的，马克思底学说中的主要的东西是论无产阶级专政是创立共产主义社会的工具的学说。

马克思主义—列宁主义学说底一切组成部份都是用来证明这个有全世界历史的重要性的马克思主义的论点。论无产阶级

① 列宁：《哲学笔记》，第241页。

② 列宁：《哲学笔记》，第174页。

专政的论点是主要的凝结的因素，它统一了马克思底理论，不允许分割马列主义的学说和将其组成部份割裂与对立。

* * *

不足奇怪的，马克思主义底敌人、无产阶级专政底敌人不限于直接地攻击马克思的关于无产阶级专政的学说，而且同样地力图破坏他的理论根据——辩证法唯物论，用各种方法企图使马克思底经济学说和历史理论脱离辩证唯物论。

在这方面，反对马克思主义的征讨是由这类资产阶级的思想家（如著名的德国的唯物论历史家康德主义者兰根）开始的，而跟着他，就来了新康德派柯根、施丹列尔，俄国合法马克思主义的首领斯脱鲁维①、杜甘—巴兰诺夫斯基②等。

所有这些资产阶级的教授们，如列宁所说，想"'用软的方法'来杀死马克思主义，用拥抱来窒死它"，装做他们承认马克思底经济学说。大家知道，斯脱鲁维甚至把马克思底《资本论》译成了俄文。但是所有这些资产阶级的教授们异口同声地喊道：马克思主义的辩证法和马克思主义的唯物论过时了，马克思主义没有自己的哲学，马克思主义不承认道德之类。所有他们都曲解马克思的历史唯物论底理论，以畸形的和片面的"经济唯物论"来代替它，然后他们自己又来责备否认个人的作用、思想的作用、哲学理论的作用等等。

① 斯脱鲁维，本书又译为斯托鲁维，通译为司徒卢威。——编者注

② 杜甘—巴兰诺夫斯基，又译为杜冈—巴兰诺夫斯基。——编者注

所有这些马克思主义底敌人企图经过和康德的伦理学（“伦理学的社会主义”）、康德的认识论及其他自由资产阶级的理论“结合”而替马克思主义“找根据”。所有这些“找根据”的目的是完全明显的：肢解马克思主义，将它的各方面分离对立起来，破坏马克思主义底哲学基础，反对马克思主义的革命的辩证法，而在这个“基础上”来反对马克思主义的关于社会主义革命、关于无产阶级专政的学说。

资产阶级的教授们割裂马克思主义以便钝化它的革命的锐锋，以便适应于庸俗的自由主义的妥协行为，以便把它从“剥夺剥削者”的理论根据变为甜味的市侩的混合品、有教养的事业、脱离群众革命斗争的教授的“科学”。

修正主义底“理论家”不变地重复着公开的资产阶级的马克思主义底敌人的话。修正主义之父倍恩斯坦[①]企图把马克思底历史理论和马克思主义底哲学对立起来。他既然是马克思主义的辩证法和马克思主义的哲学唯物论底敌人，为着要破坏马克思主义底理论基础，就把马克思底学说归结为经济的和历史的理论而称马克思底革命的辩证法为“马克思革命学说中的叛徒的因素”，宣布它为过时的而代替之以流行的资产阶级的新康德派哲学。在某些别的问题上批评倍恩斯坦的考茨基，在这点上同他站在一起。“倍恩斯坦——考茨基写道——完全正确地指出：谁也不会争论的，马克思主义基础底最主要部份，所谓浸透于马克思体系中的基本规律乃是他的特殊的**历史理论**……”

① 倍恩斯坦，通译为伯恩斯坦。——编者注

考茨基之不欲和倍恩斯坦争论，是因为倍恩斯坦的呼声“回到康德去”，正中考茨基底心怀。正是关于倍恩斯坦底这个议论，普列汉诺夫写道：“这是不对的。唯物论的解释历史，真的是马克思主义的最特征的表志之一。但是这个解释还只不过是马克思—恩格斯底唯物论的宇宙观底一部份。”[1]

普列汉诺夫机智地指出：

“假如倍恩斯坦先生拒绝唯物论是为着不‘威胁’资产阶级底意识形态利益之一——它的名称是宗教——，那么他的拒绝辩证法亦是因为他不愿意以‘可怖的暴力革命’来惊骇资产阶级。”[2]倍恩斯坦自称为社会主义者，口头上宣布是科学社会主义底信徒，但是声称：“社会主义底从空想变成科学不是由于辩证法，而是由于违反辩证法。”[3]

各色各种的修正主义者（如施丹）说：“马克思和恩格斯底自然—哲学的唯物论……和经济的或历史的唯物论，不管名字底相近，但是是两种完全不同的理论。”这同一个马克思主义底批评家说道：“无疑的，在两种理论之间历史的联系是有的，因为经济唯物论是从自然—哲学的唯物论中发展起来的。但是两者之间有没有逻辑的联系呢？是不是自然—哲学的唯物论真正是经济唯物论底必要的前提呢？”另一个“批评家”（蔡得尔逢）直接地说道：“两种理论之间没有任何逻辑的联系。”

在这里所有这些马克思主义底敌人，为着多少使自己的反马克思主义斗争的任务容易起见，以福格脱—摩勒萧特式的庸

① 《普列汉诺夫全集》，第 40—41 页。

② 《普列汉诺夫全集》，第 58—59 页。

③ 《普列汉诺夫全集》，第 46 页。

俗的机械唯物论来代替马克思和恩格斯底辩证唯物论，而庸俗的机械唯物论真的是不能和马克思和恩格斯底历史唯物论联结一起的。但是这些在马克思主义哲学上偷天换日的先生们却并不一般的拒绝哲学，他宣布赞成以反动的唯心论哲学、新康德主义、实验主义、马赫主义及其他和科学共产主义理论毫无关系的“哲学”来代替马克思主义底哲学（辩证唯物论）。

俄国的变节者和两面派（如波格唐诺夫[①]等）亦曾这样做，他们以“马克思主义者”之名掩饰着而进行消灭马克思主义的斗争。如列宁所说，他们企图“用一切说法说服读者，马赫主义和马克思与恩格斯底历史唯物论是可以并容的”[②]。

列宁在揭破变节者、马赫主义者时，指出波格唐诺夫的哲学将社会存在和社会意识同一化，不仅是从马克思主义的哲学脱退，而且从他的历史理论，从整个马克思主义脱退。

在驳斥波格唐诺夫到[③]马克思主义的“理论的”袭击时，列宁写道：

“一般的唯物论承认客观地真实的存在（物质）不依存于

① 波格唐诺夫，通译为波格丹诺夫（1873—1928），俄国和苏联哲学家、社会学家。19世纪90年代参加社会民主主义小组。1903年起成为布尔什维克。1905年当选为党中央委员。曾在布尔什维克机关报《前进报》《无产者报》《新生活报》编辑部工作。1905年革命失败后，成为“前进集团”的首领并领导召回派，在哲学上转向马赫主义，并试图建立唯心主义的经验一元论。列宁在《唯物主义和经验批判主义》一书中对他的哲学作了彻底批判。1909年曾被开除出布尔什维克。“十月革命”后从事过高等教育工作，担任过“无产阶级文化协会”的领导职务和输血研究所所长。著有《生动经验的哲学》《自然史观的基本要素》《经验一元论》《普遍地组织起来的科学》等。——编者注

② 《列宁全集》卷十三，第257页。

③ “到”，原文如此，似应为“对”。——编者注

人类底意识、感觉、经验等等，历史唯物论承认社会的存在不依存于人类底社会意识，意识在这里和那里只是存在底反映，在最好的情况下是它的近似地正确的（完全合适的，理想地确切的）反映。在这个以纯钢铸成的马克思主义底哲学中，如果不脱离客观真理，不堕入资产阶级反动派造谣的怀抱中，就不能取去其任何一个基本前提。”[①]

二

马克思主义底出现意味着科学起来迎接工人运动，而工人运动则依靠于科学底结论之上。它同样意味着，科学本身已经在工人运动底经验上考查自己。列宁关于马克思写道：

“一切人类思想所已经创造的，他加以改制，加以批评，在工人运动中加以考查。……”[②]

革命的实践被宣布为真理底标准。这样，在马克思主义底本质上已经安置了反对教条主义的保证。列宁写道：因为“在那以学说是否适合社会经济发展底真实过程，作为学说底最高的和唯一的准绳的地方，教条主义是不可能的”[③]。

马克思和恩格斯在自己全生涯中以这个最高准绳为领导，经常地以工人阶级革命斗争底新经验来考查和丰富自己的学说。列宁检讨马克思和恩格斯从巴黎公社底经验中所做出的结

① 《列宁全集》卷十三，第 266 页。

② 《列宁全集》卷廿五，第 287 页。

③ 《列宁全集》卷一，第 192 页。

论时写道：

“分析这个经验，从中抽取战术底教训，根据它检查自己的理论——马克思就是这样提出自己的任务的。”[①]

马克思主义作为真正科学的和革命的理论，在马克思和恩格斯死后，在列宁和斯大林底著作中得到了更进的发展，以在无产阶级斗争新条件下的新内容丰富了它。

“毫不夸大地可以说，在恩格斯死后，最伟大的理论家是列宁。而在列宁死后，则是斯大林及列宁底其他学生。他们是在无产阶级斗争的新条件下，用新的经验去丰富马克思主义理论，把它推向前进的仅有的马克思主义者。”

“正因为列宁主义者把马克思主义推向前进，所以列宁主义是马克思主义更往前的发展，是无产阶级斗争新条件下的马克思主义，是帝国主义与资产阶级革命时代的马克思主义，是社会主义在六分之一地球上胜利的时代的马克思主义。”

马克思主义与列宁主义的一致与不可分割的联系表现在：第一，列宁和斯大林在自己革命活动底开始时就进行着光辉的保卫马克思主义反对其敌人的斗争。列宁澈底地击毁了民粹主义，求得了马克思主义在俄国的完全胜利。列宁在俄国第一个把马克思主义和工人运动联结了起来。

列宁主义底往后的全部斗争反对其无数敌人——反对修正主义和第二国际领袖们底机会主义反对俄国的机会主义——乃是拥护马克思主义，拥护他的纯洁和无污，拥护马克思主义基础底稳固而进行的不倦息的斗争。

① 《列宁全集》卷廿一，第 394 页。

《联共（布）党史简明教程》深刻地叙明了这个反对各色各样的伪装为马克思主义者的敌人的斗争，从“合法马克思主义者”和孟塞维克起至那些不仅以“马克思主义者”的名义掩护而且以“布尔塞维克”的名义掩护着的反对列宁主义的工人阶级底敌人止。

列宁和斯大林进行了反俄国以及国外的马克思主义底敌人的斗争，经常地揭破和摧毁马克思主义底叛徒、工人阶级底叛徒。为列宁主义而斗争，永远都是为马克思主义而斗争。

但是列宁主义不仅是保卫马克思主义和恢复其真理的内容。列宁主义是马克思主义在阶级斗争底新的更高的阶级①的条件下，在帝国主义和无产阶级革命时代的条件下，在社会主义在六分之一地球上胜利的条件下底继续和发展。

列宁主义是马克思主义在其一切组成部份上的往前的发展；在其哲学宇宙观上——辩证唯物论上，在其经济学说上和在科学共产主义底理论上。

马克思主义—列宁主义底一致，贯串于马列主义政党底理论和纲领底一切问题中。

马克思和恩格斯给了垄断的资本主义底基础以分析，列宁和斯大林根据着《资本论》底基础论点，往前发展了马克思底经济学说，揭露了作为资本主义最后阶段的帝国主义底发展规律性。

马克思和恩格斯给了无产阶级专政底基本观念。列宁和斯大林充实了它，制定了苏维埃是无产阶级专政的国家形式

① 阶级：此处为“阶段”之意。——编者注

的学说。

马克思和恩格斯给了无产阶级领导权思想底基本初稿。列宁和斯大林发展这些初稿为无产阶级领导权底完整的体系，为不仅在推翻沙皇制度和资本主义的事业上并且在建设共产主义事业上无产阶级对城乡劳动群众领导的完整的体系。

马克思和恩格斯论证了自己的科学的社会主义底理论，指出无产阶级专政时期是无产阶级掌握着政权，实行经济性的、政治性的、文化性的方法以建设共产主义社会的时期。列宁和斯大林论证了社会主义在一个国家内首先胜利的可能性和必然性，在建设社会主义的方法和形式的学说中加添新的伟大的收获，列宁和斯大林所阐明的新经济政策，他们天才地设想的国家工业化和农村经济集体化的计划（这些由斯大林所完满地制定和在他领导下实现了的）乃是经济上建立社会主义底具体道路底发现。

列宁和斯大林所制定的巩固无产阶级专政的道路和手段——无情地压服剥削者阶级，消灭资本主义成份，巩固工人阶级和农民的联盟，展开苏维埃的社会主义的民主主义，乃是马克思主义关于无产阶级专政是从资本主义到共产主义的政治上的过渡时期的学说底深化和发展。斯大林同志所制定的文化革命底计划——它引导到了造成新的苏维埃的知识份子。斯大林同志对斯达汉诺夫运动的经验所做的天才的总结，指出这是消灭智力劳动和体力劳动之间的对立的道路——所有这些乃是马列主义理论底往前发展，马克思、恩格斯、列宁底基本思想的阐明。

斯大林同志在其对《少共真理报》编辑部所提出的“问题的回答”中给了马克思主义—列宁主义底完整性和不可分裂的一致以明确的定义：

“第一，对于马克思主义和列宁主义有一点小小的说明。在问题的这一种说法之下，可以以为马克思主义是一件东西，而列宁主义是另一件东西；以为不是马克思主义者可以成为列宁主义者。但是这一种概念不能认为正确的。列宁主义不是列宁的学说减去马克思主义。列宁主义是帝国主义和无产阶级革命时代底马克思主义。换句话说：列宁主义包括着马克思所给予的一切再加上列宁增添到马克思主义宝库中去的新的东西；这些新东西是必然地从马克思底学说中产生起来的（关于无产阶级专政的学说，农民问题，民族问题，党关于改良主义底社会根源问题，关于共产主义中的基本倾向问题，等等）。因此，最好把问题的公式变成马克思主义或者列宁主义（两者在基本上是一个东西）而不是马克思主义和列宁主义。”[①]

*　　*　　*

列宁和斯大林往前发展了马克思和恩格斯的哲学学说，把它提到新的更高的阶段，发展和丰富了马克思主义的辩证法和马克思主义的哲学唯物论。斯大林同志说：

“……列宁底方法不仅只是马克思底批判的革命方法底恢复，他的唯物辩证法的恢复，而且是这个方法底具体化和往前发展。”[②]

① 斯大林：《列宁主义问题》第三版，第 233 页。

② 斯大林：《列宁主义问题》第十版，第 122 页。

列宁主义与其哲学学说（辩证唯物论）之间的不可分割的相互联系，首先表明现在在列宁和斯大林的著作中（正如马克思和恩格斯底著作中一样）马列主义底哲学学说的阐明是和马克思主义底全部理论问题不可分割地联结着的；是和无产阶级斗争底任务，社会主义革命底任务底阐明联结着的。

当米哈伊洛夫斯基向马克思主义者提出问题道:“马克思在那一本著作中叙述了自己的唯物史观？”——列宁机智地回答道:“一切懂得马克思的人就会回答他以另一个问题：在那一本著作中马克思没有叙述自己的唯物史观呢？”[①]

对于列宁和斯大林底一切著作同样地应该这样的；任何一部他们的著作都发展了马克思主义的唯物论、马克思主义的辩证法、社会现象底唯物论的理解。

这就是说：在列宁主义底一切问题中（在理论、组织、政策、策略问题中）唯物论辩证法都得到其应用。这说明辩证唯物论与列宁主义之间的全般的和不可分割的联系。

任何脱离列宁的政策亦永远是脱离辩证唯物论的。列宁和斯大林永远地揭露了政治上脱离马克思主义和叛变马克思主义的方法，它的哲学之间的联系。列宁和斯大林在揭露工人阶级中敌视列宁主义的流派时，永远地指出他们的叛变马克思主义底宇宙观。即就下述的例子，亦可指明这一点。

在一九〇五年革命中，孟塞维克援引革命底资产阶级性质来论证自己的拒绝无产阶级领导权的策略。列宁同样承认一九〇五年革命底资产阶级性。但是列宁精巧地掌握着马克思

① 《列宁全集》卷一，第631页。

主义的辩证法，从辩证法的论点：运动不是过去了的东西底简单的重复出发，认为俄国的资产阶级民主革命不能是西方资产阶级革命底简单的重复，认为我们根据觉悟的和有组织的无产阶级底力量马上即开始从民主革命过渡到社会主义革命去。

列宁放在自己的策略底基础上的是具体的唯物论的分析当时俄国的每一个阶级底作用和意义。适合于这些分析，列宁得出结论说，无产阶级能够而且应该成为俄国资产阶级民主革命底领袖、领导者。列宁底议论，适合于马克思主义的辩证逻辑底规矩的。

“常常在以普列汉诺夫为首的社会民主党右翼那里碰见的相反的议论方法——即企图从我们革命底基本性质底一般真理底简单的逻辑发展中找寻具体问题的回答——乃是马克思主义底庸俗化和嘲讽辩证唯物论。对于这类人，即对于从我们革命性质底一般真理中得出‘资产阶级’在革命中的领导作用或社会主义者必须拥护自由派的结论的人，马克思大概会重复他曾经引过一次的海涅的话：‘我种的是龙种，而收的却是臭虫。’。”[①]

列宁主义有机地和各方面地——在一切问题上和辩证的与历史的唯物论联结着。我们根据列宁和斯大林所发展的社会主义革命底新理论底例子上来更详细地观察一下辩证的和历史的唯物论和列宁主义之间的联系。

“列宁主义一般地是无产阶级革命底理论和策略，特别是无产阶级专政底理论和策略。”——斯大林同志说。列宁和斯

① 《列宁全集》卷三，第12页。

大林创造了革命的新理论。它完全由马克思和恩格斯所已经论证了的无产阶级革命底必然性及其暴力的性质出发。

它根据在马克思所提出的许多天才的论点之上：关于不断革命，关于农民革命运动和无产阶级革命配合的必要等。但是，这些论点在马克思和恩格斯底著作中没有得到发展。而为列宁和斯大林往前发展了，将它们制成了社会主义革命底完整的理论。

马克思主义者底某些旧的论点，关于无产阶级在资产阶级民主革命中的地位，国家社会主义革命在一切西欧国家内同时胜利——这些论点在资本主义向上发展的时代曾是正确的，而在帝国主义时代变成了过时的了，而被新的适合于这个时代的新论点所代替了；这些新的论点是：关于无产阶级在资产阶级民主革命中的领导权的论点，关于社会主义不可能同时在一切先进国家中胜利和社会主义必然首先在一个或几个单独的资本主义国家内胜利的论点。

列宁和斯大林在发现了资本主义发展底新规律（这些新规律是跟着垄断前的资本主义底变为垄断的资本主义——帝国主义而出现的）之后，创造了社会主义革命底新理论。革命理论底创造者底天才的渗透帝国主义底本质，发现其规律是有着其重要的先决条件的，即列宁和斯大林天才地应用辩证的和历史的唯物论来研究现实。

列宁的关于帝国主义的学说完全地符合于马克思主义的辩证方法和马克思主义的哲学唯物论底基本前提。列宁的天才分析给了帝国主义在经济中和在政治中的新现象以科学的解释，把它们联结在一起，指明了它们的产生和发现了帝国主义底规律性。

马克思主义的辩证法和马克思的哲学唯物论乃是列宁用来作其对帝国主义的天才分析底工具。

马克思主义的辩证法教导道：个别的现象并不孤立地和彼此没有联系地存在着，而是内部地互相联结着，因此，如果把一个现象离开他和其他现象的联系和离开其他现象对他的制约性来观察，那么没有一个现象是可以了解的。这个辩证法底最重要的论点被列宁在分析帝国主义经济底多样性的现象时所精妙地应用了。在自己的天才的著作《帝国主义——资本主义底最高阶段》中，在开始分析帝国主义时，列宁写道：

“往后我们企图简单地，在尽可能通俗的形式中，叙述帝国主义底基本经济特点底联系和互相关系。”①

由于列宁的辩证地分析帝国主义经济所固有的一切新现象：银行的新作用，财政资本，资本输出，资本家联合之间的分割世界，大列强之间的分割世界——在互相关系上去了解他们，指明了它们如何为同一的因素——垄断底统治所产生。

帝国主义体系中经济上基本的东西是垄断，它不排除自由竞争，而是和它并存。列宁规定：帝国主义是垄断的资本主义，因为财政资本是和工业界底垄断联合底资本混合着的少数垄断银行底银行资本。

其次，马克思主义的辩证法教导：不仅要从他们的互相联系和互相制约的观点上观察现象，而且要从他们的运动、

① 《列宁全集》卷十九，第80页

他们的发展的观点上，要从他们的产生和死亡的观点上观察现象。

列宁不限制于说明垄断底基础是帝国主义底经济本质，他表现于托辣斯、新迪卡中，在大银行底无上权利中，在银行资本底集中，等等，此外并指明“帝国主义底产生是一般资本主义底基本属性底发展和直接继续”①，以及帝国主义是垂死的资本主义——社会主义革命底前夜。

马克思主义的辩证法教导：“观察发展的过程不当做简单的生长底过程，量的变化不引起质的变化的过程，而看做这样的发展，在这里从小小的隐秘的量的变化进到公开的变化，根本的变化，质的变化；在这里，质的变化之到来不是逐渐的，而是迅速的、突然的、出于从一种状态到另一种状态的飞跃式的转变，质的变化之到来不是偶然的，而是规律性的，是看不见的逐渐的量的变化底积累的结果。”

列宁以自己的帝国主义经济底分析鲜明地证明了辩证法底这个论点底正确。

资本主义只在自己发展底一定的很高的阶段上才成为帝国主义。列宁写道：

“在这个过程中，基本上经济上的东西是资本主义的自由竞争为资本主义的垄断所代替了。自由竞争是资本主义底以及一般商品生产底基本属性；垄断是自由竞争底直接的对立物，但是，自由竞争在我们眼前变成了垄断……”②

① 《列宁全集》卷十九，第141页。
② 《列宁全集》卷十九，第142页。

这是意味着在资本主义发展中的剧烈的变化，“数量变成质量，发展的资本主义变为帝国主义”①。这就是关于资本主义底两个阶段和关于帝国主义是资本主义的最后阶段问题底新的提法。

列宁所发现的资本主义底几个阶段底区别和他的断言：帝国主义是资本主义发展中的新阶段有怎样巨大的意义，这可以从列宁主义底死敌——考茨基和托洛茨基——恶毒地反对这个列宁的论断中看出来。考茨基为着描述帝国主义底政策只是某种外的和偶然的东西，而不是必然地产生于帝国主义的本性中的，为着抹杀帝国主义所产生的资本主义新矛盾底全部尖锐性，他反对列宁的论点。

列宁在揭露帝国主义下统治底阶级底政策底本质时是从马克思底历史唯物论出发的，不是离开经济孤立地观察政治，而把政治看做为经济所制约的“上层建筑”。下面就是列宁底论断底进程：

“经济上帝国主义是资本主义底最高阶段，正是这样的阶段，这时候生产已经成了这样巨大和最巨大的生产，以致自由竞争为垄断所代替了。帝国主义底经济本质就在这里。”

“在新经济之上的，在垄断资本主义（帝国主义是垄断的资本主义）之上的政治的上层建筑是从民主转到反动。民主适合于自由竞争，政治反动适合于垄断。”②

考茨基力图把帝国主义底政治和他的经济脱离开来，认为

① 《列宁全集》卷十九，第 143 页。
② 《列宁全集》卷十九，第 207 页。

帝国主义者可能有别的非帝国主义的非侵略的政策。

“这样说来——列宁反对考茨基时写道——经济中的垄断可以和在政治中的非垄断的非暴力的非侵略的行动同时并存的。这样说来，地球底领土分割（这正是在财政资本时代完成的，并且是各大资本主义国家间竞争底现代形势底特点底基本），是可以和非帝国主义的政策并存的。这不是揭发资本主义新阶段底最基本矛盾底深度，而是抹杀和掩饰它们。这不是马克思主义而是资产阶级的改良主义。”①

列宁的帝国主义分析正是澈底地揭露了帝国主义矛盾底全部深刻性，指明了：“帝国主义使资本主义矛盾达到极端，达到顶点，接着就是革命开始起来。”②

马克思主义的辩证法教导道：对象和现象固有着内部矛盾，发展是经过矛盾底发展和克服进行的。是经过基于这些矛盾之上的对立力量底冲突；矛盾是发展过程底内部内容。

马克思在分析资本主义时所用的正是辩证法底这个规律，天才地揭露了它的内部矛盾——生产底社会性和占有底私有形式之间的矛盾。列宁亦是以矛盾底辩证规律为领导，指明资本主义底资本矛盾怎样在帝国主义中得到了新的表现：表现在不同的财政集团和帝国主义列强之间在争取原料产地，争取别人的土地之上的矛盾的尖锐化，表现在少数统治的“特权的”民族和千百万殖民地和附属国人民之间底斗争。

列宁底帝国主义分析正如马克思底资本主义分析一样是天

① 《列宁全集》卷十九，第146页。

② 斯大林：《列宁主义问题》第十版，第3页。

才地应用辩证的和历史的唯物论来研究资产阶级社会底范例，正是帝国主义底上述的矛盾底揭露使我们了解帝国主义为向下降落的资本主义，垂死的资本主义，社会主义革命底前夜。

从帝国主义是资本主义底最后阶段底一般分析中，产生了在帝国主义时期发展底不平衡性问题。而从帝国主义下发展底不平衡性底规律中所产生的直接的结论就是社会主义革命不可能同时在一切西欧国家内胜利和社会主义可能首先在一个单独的国家内胜利的论点。

这个结论和从垄断前的资本主义底特出中产生出来的旧方针是根本不相同的。列宁根据在《帝国主义——资本主义底最高阶段》一书所给予的对资本主义底帝国主义阶段底天才的分析，改变了这个方针，代之以新的方针。

“这是社会主义革命底一个新的完善的理论，关于社会主义革命在单独的国家内胜利底可能性，它的胜利的条件，它的胜利的前途的理论；这一理论底基础，列宁于一九〇五年在《在民主革命中社会民主派底两个策略》一小册子中就已经指出了。”

正如马克思底《资本论》是马克思主义组成部份底一致底主要体现一样，列宁底《帝国主义——资本主义底最高阶段》一书是在新的阶段上的这个一致底生动的体现。

正如科学社会主义底理论——马克思底革命理论是从马克思主义底整个宇宙观中逻辑地产生出来的，同样，列宁和斯大林所发展的新的革命理论亦是从这个宇宙观中逻辑地中产生的。

*　*　*

《联共（布）党史简明教程》揭露了布尔塞维克的政策和马克思主义的辩证法，马克思主义的哲学唯物论和历史唯物论之间的不可分割的联系。

在卓越的《联共（布）党史简明教程》中鲜明地指明了马列主义政党底理论基础及其政策之间的这个内部联系。

《联共（布）党史简明教程》在说明了马克思主义的辩证法底基本要点之后，得到了下述的从这些要点中产生出来的结论：

"这就是说：不应该依据不再向前发展的（即使现在还是占优势的）社会阶层，而应该依据正在发展着的有其将来的社会阶层，即使这些阶层在目前还不是占优势的力量。"

"这就是说：要在政治上不犯错误，那么，就要向前看，而不要向后看。"

"这就是说：要在政治上不犯错误，那么，就要做革命者，而不要做改良主义者。"

"这就是说：要在政治上不犯错误，那么，就要实行不调和的、无产阶级的阶级政策，而不要实行无产阶级与资产阶级利益协调的改良主义政策，不要实行资本主义'成长'为社会主义的妥协政策。"

当从马克思主义的哲学唯物论中得出许多政治的结论时，《联共（布）党史简明教程》说道：

"这就是说：无产阶级政党底实际活动不应该根据在'杰出人物'底良好的希望上，不应该根据于'理性'的'普遍的道德’等的要求上，而应该根据在社会发展底规律上，根据在这个规律底研究上。”

“这就是说：无产阶级政党底实际行动不应该以任何偶然的动机来领导，而应该以社会发展底规律，以从这些规律中产生出来的实践的结论来领导。”

“这就是说：科学与实际活动的联结，理论与实践的联结，它们之间的一致，应该成为无产阶级政党底南针。”

“这就是说：要在政治上不犯错误，不陷于空洞的梦想家底情况中，无产阶级政党在自己的行动中不应从抽象的‘人类理性底原则’出发，而应该从社会物质生活底具体条件出发，因为这是社会发展底决定的力量；不应该从‘伟人’底善良的希望出发，而应该从社会物质生活发展底现实的要求出发。”

这些就是布尔塞维克的政策底基本原理，它有规律底力量并且是布尔塞维主义全部历史底天才的总括。

《联共（布）党史简明教程》在行动中，在三个革命底经验中，在苏联建成社会主义的胜利的斗争的经验中说明了布尔塞维克的政策。布尔塞维克的政策经过了与工人阶级和布尔塞维克底无数敌人底残酷斗争底火炼；这些斗争不仅限于俄国工人运动底范围内，而且在国际舞台上，反对国际机会主义、国际社会叛徒。因此，它有全世界的意义，是对于各国工人的政策和策略的模范，是全世界劳动者为着取得胜利所应追随的模范。

整个第二国际将自己的政策建设在拒绝这些原则之上并因此受到了应有的历史惩罚，以完全的破产而终。

第二国际底政策底特点之一，就在他们向后看，而不向前看。

“他们的破产底基本原因就在：他们‘看定了’工人运动和社会主义生长底一种一定的形式，忘记了它的片面性，害怕看到那由于客观诸条件而成为必然的那种急剧的变革，和继续地背诵简单的初看是无可争论的真理：三大于二。但是政治更像代数学而不像算术，更像高级数学而不是像低级数学。在现实中社会主义运动底一切旧形式都充实了新内容，因此，在数目字前出了新符号——‘负’，而我们的聪明人却过去和现在都顽固地继续自安自慰和安慰别人说：‘负三’大于‘负二’。”[①]

国际机会主义底实质就在：拒绝阶级斗争底澈底进行，拒绝无产阶级专政，掩饰阶级矛盾政策，调和剥削者和被剥削者，调和千百万被压迫群众和他们的压迫者的叛卖政策。

第二国际内的党内生活不是建筑在揭露矛盾和经过斗争来克服它们之上，而是建筑在抹杀分歧及在原则问题上采取“中间”路线的腐败政策上。

“西欧社会民主党底没落底原则之一——斯大林同志指出——就在这里。”[②]

布尔塞维克在与自己的各色的敌人的一切方向上斗争中是胜利的了。他们之所以成为胜利者是因为：布尔塞维主义创始者底政策——列宁—斯大林底政策乃是建立在深刻的预见之上

① 《列宁全集》卷廿五，第236页。

② 斯大林：《论反对派》，第440页。

的政策；这种预见是由最先进的和科学的，最现代的和最完备的辩证的发展理论——马克斯主义的辩证法，马克思主义的哲学唯物论和历史唯物论所给予的。马克思主义的辩证法，哲学唯物论历史唯物论——这是伟大的工具，它，按斯大林同志底鲜明的辞句来说：“给了布尔塞维克以夺取最难接近的堡垒的可能。”列宁和斯大林底运用这个工具底天才使得他们能够渗透于运动深处和在运动底倾向远还没有暴露在生活底表面上之前就能够揭露它，因此布尔塞维克底政策从来不曾是追随事变尾巴底政策；它永远以先于实践的理论之光照耀着。列宁和斯大林，和马克思及恩格斯一样永远是“在严格地适合于自己的唯物辩证法的宇宙观底一切前提下”[1]决定自己的策略和政策；依据在历史唯物论底理论之上，马克思和恩格斯，列宁和斯大林，永远揭露那些反对工人阶级及其政党的政治力量底真实的本质。

“人们——列宁写道——曾经永远是而将来亦将永远是政治上被欺和自欺的可怜的牺牲者，如果他们还没有学会在任何道德的、宗教的、政治的、社会的语句、声明、允诺之后发现这些或那些阶级底利益。”[2]

列宁和斯大林永远教导党以这个唯物论的艺术，即全面的政治的暴露带着各种假面具的工人阶级底敌人。在自己早期的著作——《什么是“人民之友”和他们怎样反对社会民主派》之中，列宁就给予了民粹派底政纲和思想体系以有力的鲜明

① 《列宁全集》卷十八，第28页。

② 《列宁全集》卷十六，第353页。

的唯物论的分析，揭露了民粹派底阶级内容，和指明了民粹派底真面目——他们是虚伪的人民之友。天才的应用自己的唯物辩证的宇宙观来观察从敌人营中来的各色各种政纲、口号、声明，列宁和斯大林在国际机会主义刚萌芽时，就看到了它的真正的实质，不倦怠地谴责它和揭破它的本质。

这对于我们党底命运，对于革命底命运，对于布尔塞维主义政策底胜利有怎样伟大的意义是不用解释的了。

布尔塞维克政策底灵魂是它的原则性，斯大林同志不止一次指出：党之所以能胜利是因为在自己的斗争中永远进行着原则的政策。

“列宁说——斯大林同志写道——原则的政策是唯一正确的政策，我们在反倾向的斗争中所以成为胜利者是因为忠实地和澈底地执行了列宁底这个遗嘱。”[①]

而这个原则性底路线是完全合于马列主义底宇宙观的，这宇宙观教导道：新事物底战胜旧事物只有经过斗争，经过澈底的斗争来克服旧事物。

布尔塞维克政策和马克思及恩格斯所创始的辩证唯物论底基本前提底一致，鲜明地表示了马克思主义和列宁主义底继承性和不可分裂性。

马克思主义和列宁主义的一致在各方面得到其胜利：在理论领域中和在政治及实践领域中。

原著者 G. 加克，译自《马克思主义旗帜下》一九三九年一月号

---

① 斯大林：《列宁主义问题》第十版，第429页。

辩证唯物论——马列主义政党底宇宙观

《联共（布）党史简明教程》是马列主义理论底杰出著作之一。这本书进入了布尔塞维主义底黄金的思想的宝藏之中。以斯大林的深刻和聪明而叙述着的《联共（布）党史简明教程》，将伟大和光荣的布尔塞维克党所经历的历史道路加以科学的总结。这条道路，按其革命经验底丰富，按阶级斗争底紧张（这是新的历史时代底特点），按这个斗争形式底多样性，按历史运动底规模（布尔塞维克党是站在这些运动的先头地位的），按其实际的收获，——都是无可比拟的。

在《联共（布）党史简明教程》的引言中说过：苏联共产党底历史是三个革命底历史：一九〇五年的资产阶级民主革命，一九一七年二月的资产阶级民主革命，一九一七年十月社会主义革命。其次，那里指出：苏联共产党底历史是推翻沙皇制度、推翻地主和资本家底政权底历史，是粉碎外国武装干涉及无产阶级专政底一群敌人底历史，是建成苏维埃国家及社会主义底历史。仅仅这些真正伟大的有世界意义的事变底列举就可指明：布尔塞维克党底阶级斗争底实验室是如何伟大。在自己的斗争底一切阶段上，列宁和斯大林底党曾经是并且现在亦是以科学的共产主义学说，以马列主义的理论领导着。列宁说，马克斯底学说是全能的，因为他是真确的。这个学说是正确的，因为它给了客观现实发展底规律以正确的理解。它以社会发展底规律底智识武装着，因而它是以真正的革命精神、以共产主义底精神来改变这个现实的优良的工具。以这个学说为领导，掌握着历史发展规律底智识，在自己手中有着有力的思想武器，且有马列主义的理论作为自己的指南，布尔塞维克党经受了过去和现在落在他身上的一切考验。在这个理论的旗帜之下，他日益更加团结民众和自信地走向自己的最后的目的。

《联共（布）党史简明教程》与以前出版的许多党史教科书有很大的不同。根本的区别就在这本《简明教程》充满了大的理论的内容。在这本书中关于辩证唯物论和历史唯物论的问题加以极大的注意。而且亦非如此不可，因为正如《联共（布）党史简明教程》上所说，辩证唯物论是马列主义政党底宇宙观，辩证唯物论和历史唯物论乃是共产主义底理论柱石，马克思主义政党底理论基础。

本讲[①]底题目——《辩证唯物论是马列主义政党底宇宙观》——是很大的。我只限于下列三个问题：（一）什么是辩证唯物论及他是如何产生的，（二）我们党在自己全部历史中怎样为这个宇宙观而斗争，保持它的纯洁，（三）作为布尔塞维

① 本文系米定在苏联科学院哲学研究所之报告。——译者注

克党底宇宙观，作为在解决阶级斗争底最重要的问题时的唯一的科学方法的辩证唯物论有什么样的作用。

一

宇宙观，正如这个字本身所说，乃是对宇宙的观点，对于环绕人们周围的一切自然和人类社会底现象底理解。为着弄清楚环境与人的周围的宇宙的各色各样的现象，为着在自然和人类历史现象底复杂和杂乱的链索中把握着统一的理解，为着了解他们发展底规律性，必需有严整的、完整的、完成的宇宙观。对于革命活动者，明白的严整的宇宙观尤其必要，因为他在社会生活中的实践和活动，应该是正确的，应该符合进步的历史发展的精神。在马列主义的古典[1]著作中我们看到关于革命宇宙观对于革命活动的意义和作用的问题的深刻的思想。

关于这一点的一定的理解就在这类人类先进思想底代表如俄国革命民主派——欠尔尼休夫斯基[2]（一八二八——一八八九年。——译者）及杜勃罗留勃夫（一八三六——一八六一年）方面亦是有的。欠尔尼休夫斯基在《政治经济学纲要》中写道："谁不在逻辑的完整性和澈底性上弄清楚诸原则，那他不仅在头脑中是荒唐无稽，而且事业上也是混蛋。"[3]欠尔尼休夫斯基

① 古典，此处为"经典"之意。——编者注

② 欠尔尼休夫斯基，通译为车尔尼雪夫斯基。——编者注

③《欠尔尼休夫斯基全集》卷二，第435—436页。

以他特有的深刻性和明显性说明了明白的理论和正确的实践之间的联系的问题。为着在实践上在活动上不做混蛋，为着这，就需要“在逻辑底完全性上弄清楚诸原则”，换句话说，就要有严正的、完成的宇宙观。

对于这个问题杜勃罗留勃夫有如下的极好的话。他写道：“得到了各民族历史依照它发展的一般的（即经常的）规律的概念，扩大自己的宇宙观到理解人类底一般的需要和要求，有教养的人就感觉到要坚决地立下志愿把自己的理论的观点和信念移植于实际活动范围去。”[①] 我们可以看到：杜勃罗留勃夫认为：人有了完成的宇宙观，有了社会发展规律底理解，必然企图把自己的观点和观念移植到实际活动的范围中去。

欠尔尼休夫斯基和杜勃罗留勃夫不是马克思主义者。他们说到宇宙观，当然不是指的马克思主义的宇宙观。但是作为革命民主派，他们企图在沙俄的条件下进行革命活动并且很好地了解到这个革命的实践应该为思想为革命的宇宙观所鼓舞所激励。

在马克思、恩格斯、列宁、斯大林那里，我们可以找到许多杰出的文句，说到完成的澈底的宇宙观所有的巨大的作用和意义，可以找到关于革命的理论对于革命实践的意义的深刻的语句。年青的马克思，当他还仅仅在制成自己的观点时，就曾经说过这样的思想：哲学在无产阶级身上找到自己的物质的武器，而无产阶级则在哲学中找到自己的精神的武器。

列宁写道：

---

① 《杜勃罗留勃夫全集》卷三，第 227 页。

"只有马克思底哲学唯物论给无产阶级指出了脱离精神奴役（这是至今一切被压迫阶级所遭受的）的出路。只有马克思底经济理论解释了在资本主义底一般制度中无产阶级的真实地位。"①

斯大林同志还在一九〇六年在自己的论文《无政府主义与社会主义》②中写道：

"马克思主义不仅是社会主义底理论，这是整个的宇宙观、哲学的体系，从这里面逻辑地产生了马克思底无产阶级的社会主义。这个哲学的体系叫做辩证唯物论。"③

我们的宇宙观。辩证唯物论底宇宙观首先是一元论的宇宙观。这是什么意义呢？一元论是从希腊字 Monos 中发生出来的，这字的意思就是"一"，"唯一的"。一元论的宇宙观，就是这样的宇宙观，他对宇宙、自然、人类社会、历史理解的基础是建筑在统一的原则统一的观点之上的。我们的宇宙观是一元论的宇宙观，这就和各种折衷论的二元论的宇宙观根本地区别开来了。这类折衷论和二元论的宇宙观在哲学发展史上曾有很多而且现在还有很多很多存在着。这些哲学学说在自然和历史底理解底基础上放着两个或者几个互相排除的原则，他们在对待周围世界的现象的态度上，混合着、混淆着、配合着两个或几个不同的原则。

确定了我们的宇宙观是一元论的，但是我们所说的还是很

---

① 《列宁全集》卷十六，第 353 页。

② 下文的《无政府主义和社会主义》《无政府主义或社会主义》《无政府主义还是社会主义》都是指该书。——编者注

③ 引自勃里亚:《关于外高加索布尔塞维克组织史问题》，第 115 页。

少。事情是在：存在着很多一元论的哲学体系，不论唯心论的或唯物论的方向。我们的宇宙观不仅是一元论的，而且是唯物论的。我们在宇宙底理解上所据以出发的那个原则，统一的观点，统一的出发点是唯物论底原则。

如果简单地描述这个原则的特征，那么他就在：物质、自然、真实的客观世界、生命、存在——这是基础的，第一次[性]的；意识、思维或一般地精神的是第二次[性]的，从这个基础派生的。自然、物质存在于任何意识之外并不依存于于任何意识。意识出现于物质发展底很高的阶段上。思想——人的头脑底活动底产物，头脑是完美的物质组织，是由历史发展底很长的道路的结果所创造的。唯物论的原则和唯心的原则是根本不同和完全对立的。

唯心论底原则就在：思想、意识，总而言之，精神的东西（不同的唯心论者的这个变为最初发端的精神的东西有不同的名称："神的理性"（Logos）、"绝对观念""世界精神""我的感觉的综合"等等）是第一次[性]的，一切底基础；而物质世界、自然、真实的生命、历史乃是第二次[性]的，从这个精神的东西派生的。从这个最一般的特征描写中可以看到任何唯心论（它的形式的不同是无关重要的，正如列宁所指出的红鬼和蓝鬼或绿鬼并无分别），都有神怪的气息，实质上和宗教及神学观点毫无分别。相反地，唯物论，解释宇宙一切现象底唯物论的理论结束了宗教的神秘、愚昧，及一切僧侣主义。

但是我们还没有说尽我们宇宙观底一般特征的一切。在哲学发展史上存在着各种唯物论，各种唯物学派：十八世纪的机械唯物论，抽象的直觉的费尔巴赫的唯物论，布希纳（Büchner 一八二四——一八九九年，德国唯物论哲学家。——译者），福格脱（Vogt）—摩勒萧特（Moleschott，一八二二——一八二八年。——译者）底庸俗唯物论、现代机械唯物论等等。我们的宇宙观按其对待物质世界的方法，态度总是辩证的，这就使它与上述各种唯物论不同。

对自然现象的辩证态度是什么意义呢？那我们放在基础上的物质不是处在停止和不动的状态中而是依着辩证的规律发展着。这些规律的实质就在：宇宙处于不断的运动、变化、发展中。一切自然现象不是彼此孤立的，而是处在不可分割的联系和互相作用中。发展底进行是依照如下的规律：即缓慢的看不见的数［量］的变化最后引导到经过飞跃的质的变化。自然、社会底发展是对立底斗争的结果。这是为物质与思维所固有的辩证发展底规律的最一般形式的特征描写。

在《联共（布）党史简明教程》中对于作为宇宙观的辩证唯物论曾加以如下的特征描述：

“它——这个宇宙观——所以称为辩证唯物论是因为它对自然现象的态度，它研究自然现象的方法，它认识这些现象的方法是辩证的，而它对自然现象的解释，它对自然现象的理解，它的理论是唯物论的。”

辩证唯物论底创造者就是科学共产主义底创始者——马克思和恩格斯。无产阶级底伟大导师创立了科学共产主义的理论，以胜利的武器武装了工人阶级，来推翻资本主义和建成共产主义社会。科学共产主义底理论说明了工人阶级底历史作用，指明了只有工人阶级底胜利才能从压迫和资本主义剥削下拯救人类。

上面我们已经引用了斯大林同志一九〇六年的论文《无政府主义和社会主义》的一段，其中说到，从辩证唯物论中逻辑地产生出马克思底无产阶级社会主义。辩证唯物论和科学共产主义是彼此有机地联结着的——二者缺一是不可想像的。实际上，谁要是澈底的辩证唯物论者，谁从这个哲学的宇宙观中做出一切逻辑的结论来，他就必然要走到科学共产主义观点底整个体系和布尔塞维克精神的革命主义活动。另一方面，谁要真正愿意站在科学共产主义的基地上，他就应该成为辩证唯物论者。列宁说：马克思主义是观点严整的完成的体系，这个体系由三个组成部份组成的：马克思主义底哲学（辩证唯物论），马克思底经济学说，和关于社会主义，及阶级斗争底战略战术的学说。在这三个组成部份之中，按照列宁的说法，辩证唯物论是马克思主义底根本的理论基础。《联共党（布）史简明教程》中所下的定义：辩证的和历史的唯物论是马克思主义底理论柱石，是这个列宁的分析底继续和发展。

马克思和恩格斯由于很大的紧张的热烈的思想斗争底结果达到了辩证唯物论。马克思和恩格斯底哲学宇宙观形成底历史乃是充满着丰富的思想内容的年鉴（部份地是克服黑格尔辩证法底唯心性质和费尔巴赫唯物论底缺点的斗争）。马克思和恩格斯批评了少年黑格尔派底哲学思潮，批评了所谓德国的“真正社会主义”底代表、社会主义底乌托邦体系、普鲁东底小资产阶级学说。因此，为着要领悟马克思和恩格斯底观点的本质，领悟辩证唯物论的内容，至少应该在最简明的形式中认识这些丰富的思想发展。

在马克思和恩格斯底哲学观点底形成上的中心环节是他们对黑格尔底唯心辩证法和费尔巴赫唯物论底局限性的批评。这就是为什么在《联共（布）党史简明教程》中在一般的说明辩证唯物论是马列主义政党底宇宙观之后，就说到马克思和恩格斯底观点和他们的先驱者——黑格尔和费尔巴赫——底观点之间的联系以及区别。在《联共党（布）史简明教程》中说道：

"在说明自己的辩证的方法时，马克思和恩格斯常常援引黑格尔，把他看做是规定了辩证法底基本要点的哲学家。但是，这不是说：马克思和恩格斯的辩证法与黑格尔的辩证法是同一的。实际上，马克思与恩格斯仅仅采用了黑格尔辩证法底'合理的核心'，抛弃了黑格尔的唯心论的外壳并且继续发展了辩证法，给了它以现代科学的形态。"

德国的哲学家——唯心论者黑格尔（一七七〇——一八三一年）是人类思想底最伟大的代表之一。黑格尔对于德国及其他国家的思想发展给了巨大的影响。黑格尔对于俄国的影响是很大的。例如在前世纪四十年代在莫斯科甚至流行着一句俗话："因为黑格尔哲学，莫斯科河畔拥挤不通。"这就是这样一个时期，当时俄国智识份子底先进阶层在小组中研究着黑格尔哲学，争论着它，企图将这个哲学家底思想用到"可厌的俄国现实中来"。

黑格尔哲学，正如一切其他哲学一样乃是自己时代底产物。黑格尔自己就说过：每种哲学是自己时代底智慧的表现。

黑格尔哲学产生于一定的历史时代即十九世纪最初的三十年间。前世纪的三十年代黑格尔底影响在德国达到了自己的最高点。按恩格斯底说法，这是黑格尔哲学底凯旋行军。黑格尔虽是为这时期德国底一定的历史的与文化的条件所产生，但是它是更广大的现象，在意识形态领域中的国际性的现象。

十八世纪之末和十九世纪之初在欧洲的发展中是高度革命的时期。法国经历了巨大的革命运动——一七八九年的法国资产阶级革命。法国资产阶级攻击了封建制度底堡垒，组织了反对贵族的革命恐怖，全世界的封建反动战斗。最广大的民众卷入了法国的政治斗争。拿破仑，只保存了那些有利于大资产阶级的法国资产阶级革命底结果，就完成了自己在全欧洲的胜利的行军。拿破仑底侵入俄国正在这个时代。我们知道，俄国的人民怎样起来反对拿破仑底大军，反对外国侵略者和怎样在一八一二年的祖国战争中消灭了这些大军。在欧洲发生的最巨大的事变引起了一切旧基础底震动。这些事件不能不激动当时欧洲的智慧，不能不引起哲学底最伟大的代表对这些事件的广大的注意。

黑格尔建立了伟大的理论建筑。这个时代底风暴般的事件，无疑地影响了他的宇宙观。当我们研究黑格尔底辩证法，他的关于革命飞跃的学说，关于量过渡到质，他的关于对立底斗争的学说，在这时候我们无疑地，在这个辩证法中看到这个时代底革命的飞跃式的事变底烙印。但是，在自己的哲学中反映了这些过程和给这过程以这样广大的哲学的概括的黑格尔，同时不能脱离那他所生长、生活、行动的基地。黑格尔是德国人，产生和工作在德国，他是资产阶级被许多很大的封建残余所束缚着的国家内的日益生长中的资产阶级制度的思想的代表。

德国在当时比起英法来是一个落后的国家，资产阶级的发展在德国还只在开步走，他被分散于很大数量的封建公国中，被各色各样的关税壁垒所阻隔。德国资产阶级还只能幻想那些英法资产阶级实际上有了的东西。德国资产阶级匍伏于封建君主和大公之前，对于统治着的封建反动，他不能发展多少广大的反对派活动。可是在思想领域内，在意识形态活动的领域内，他却提得很高。他提出了文学和哲学底最伟大的代表。关于康德——黑格尔底先驱者之一，马克思曾说过，他是法国革命底德国理论。马克思底这个分析有完全的权力可以用之于从康德到黑格尔的德国古典哲学底全部发展上去。在自己的著作《费尔巴赫论》中，恩格斯写道：

“黑格尔是德国人，并和他的同时代人歌德一样，是一个相当的庸人。黑格尔，正如歌德一样，在自己的领域内是真正的奥林比亚的柴乌斯，[①]然而不论黑格尔和歌德都没有完全脱离德国的庸人的精神。”[②]

黑格尔，革命辩证法底创始者，而同时却又走到完全替德国制度辩护，完全替普鲁士的农奴制的威廉第三皇朝辩护。

恩格斯以如下很好的话句给歌德作了特征的描写：

---

① 奥林比亚为希腊神话中诸神会萃之处，柴乌斯为奥林比亚诸神的主神。——译者注

[柴乌斯，通译为宙斯（Zeus）。——编者注]

② 《费尔巴赫论》，第10页。

“歌德有时异常伟大，有时则渺不足道；有时是豪迈的嘲世的厌世的天才，有时则是谨慎的谦逊的狭小的庸人。歌德没有能征服德国的愚蠢而反被它征服了……”①

马克思和恩格斯说：歌德有时是有力的诗人，有时则是渺小的魏玛的总长。这个对哥德所说的话，无条件的可以同样用之于黑格尔。黑格尔——伟大的辩证家，大的哲学体系底创造者，他对一切科学领域的发展给了很大的影响，同时黑格尔是匍伏于普鲁士封建制度前和几乎堕落到替他效劳的人，是染受那普鲁士官僚底妄自傲慢的人，这些普鲁士官僚以自己的办公室的局限性而讨厌人民的意见。在黑格尔那里革命的辩证法引导到了反动的政治结论。黑格尔是辩证法——这个“革命底代数学”底创造者，而同时又是完成的唯心体系、“绝对的”、客观的唯心论底创造者。

在黑格尔哲学中方法与体系之间的矛盾是德国发展条件底矛盾底反映，是这时代德国资产阶级地位底矛盾底反映。

一开始就应该说明，当我们说到黑格尔底方法与体系之间的矛盾时，不应该简单化底理解它，好像在黑格尔底一个衣袋里放着他的唯心论的体系，另一个衣袋里放着——他的辩证法。辩证法和唯心论在黑格尔那里是混合在一起的。黑格尔——唯心辩证法底创造者。

假如要很简单的来说明它，黑格尔哲学体系底本质在那里呢？在《费尔巴赫论》中，恩格斯以极少的几句话给了黑格尔底哲学体系以特征的描写。

① 《马恩全集》卷五，第142页。

在这个哲学体系的基础上放着精神的发端——“绝对观念”。黑格尔——客观唯心论者。假如黑格尔只是这样，那么就无须多说他了。在科学史上、哲学史上，唯心论者有很多。黑格尔和别的几千渺小的不足道的唯心论者的区别就在，他放在他的全部宇宙观的基础上的精神的发端，有着特殊的属性。黑格尔底“绝对观念”底特点即在他有着辩证的天性。它按着辩证的规律发展着。如果可以这样说的话，“绝对观念底”辩证的脉搏乃是它的基本的质。总之，辩证法（即发展经过量到质的过渡，藉助于革命的飞跃，经过对立底斗争，不断的产生和消灭，形式底永远的更迭，等等），照黑格尔来看，乃是他的“绝对观念”底内的脉搏、节奏、生命。

“绝对观念”在自己本身中经过内部发展底一切阶段，它的辨证运动底整个周期之后，再体现为自然，为黑格尔所谓“他在”。从黑格尔的观点上看来，什么是自然呢？这是那个“绝对观念”底存在底另一形式，它的否定。“绝对观念”否定自己本身而转化为“外表性”，黑格尔这样说过，但是说得十分含糊。“绝对观念”好像是穿上了外的，自然的，物质的外衣。这样，照黑格尔说来：自然底内的本质是“绝对观念”。

黑格尔关于自然底学说的特点之一就是极大的形而上学的性质。黑格尔看来，自然在时间上是不发展的，而只在空间中展开和变形。

这是说，在物理的自然底理解上在许多地方他还是站在十八世纪的机械自然科学底立场上。

恩格斯指出，黑格尔在其关于自然的学说中甚至较其先驱者康德后退了一步。康德在其宇宙发生的理论中以为：自然在时间上是发展的，太阳系有开端亦将有终结。

在黑格尔对于自然的观点底一切形而上的性质之下（这种观点是为黑格尔的唯心论所规定的，是为唯心论体系的需要所引起的），黑格尔的辩证法即在自然科学中亦不能不成为辩证思想的有力的源泉。黑格尔本人，违反自己的对于自然的一般的形而上的观点，曾说过许多关于物质、自然底发展底辩证性的天才的思想。这就是为什么黑格尔的辩证法应该影响而且是影响了自然科学的有效果的发展。在这个意义上，黑格尔辩证法虽然被包裹在神秘的唯心论的衣服中，但总还是康德在其《自然全史及天体论》（一七七五年）中所开始的传统的继续。

现在进而论到对于人类社会底黑格尔的理解。从黑格尔观点上看来，人类底历史是什么呢？照黑格尔看来，人类历史依然是那个“绝对观念”底体现和发展。但是因为对于唯心论者黑格尔，人类历史归结为人类的精神、意识、知识底历史，因为十分显然的，黑格尔没有看到亦不能看到人类历史底真正的物质的基础。所以，在这里，在“精神底王国”中，照黑格尔说来，又重新开始了时间上的辩证的发展。照黑格尔说来：人类历史作为“绝对观念”底体现是辩证地发展着的。

所以，黑格尔提出了提纲说，人类历史发展着并且按照辩证的规律发展着。对于历史的这种态度，在社会科学发展上是很重要的进步。

但是就在历史问题上，黑格尔亦是伟大的东西和渺小的不足道的东西交错着。黑格尔把人类历史底一切动力归根结蒂地归结到一个东西——到观念。依黑格尔看来，希腊为什么崩溃呢？因为组成希腊生活底原则的很好的观念在全世界的精神的发展上只能是一个极短的阶段，在这个阶段之后应该产生新的观念来代替这个很好的观念。

但是正如普列汉诺夫就正确地指出了，这类“回答”只是夸张的浮夸的重复提出的问题，因为它没有给任何回答。对问题的黑格尔的回答必然地产生新的问题：即新观念的产生和很好的观念的过时，其原因在那里？普列汉诺夫关于这点写道：

“黑格尔——刚才所引的关于希腊崩溃的原因的解释是属于他的——好像自己亦觉得这点，并赶快援用希腊的经济现实来补充自己的唯心论的解释：‘拉凯地底没落，主要地是由于财产底不平等。’——他说道。并且不仅在关联到希腊的时候他才这样干。可以说：这是他在哲学史上的不变的手法：开始几句援引绝对观念底属性的含糊话，而以后，就更广大地自然是更令人信服地指明所提到的民族的财产关系的性质和发展。”①

为更具体地明了历史现象底黑格尔的态度底本质，我们举出如下的例子：黑格尔在说到拿破仑时在一个地方说道：“拿破仑——这是在马上的世界精神。”黑格尔底这个论断底意思是很明显的。按黑格尔说：历史人物只完成“世界精神”或“绝对观念”（这两者是同一的）所预定所设计的事。黑格尔曾直接地这样说：伟人不是别的，只是“世界精神底事业底执行者”。

普列汉诺夫在其《论对历史的一元论观点的发展》一书中

---

① 普列汉诺夫：《论对历史的一元论观点的发展》，第 74 页，一九三八年。

正确地指出黑格尔的这个成绩，即他第一个看历史过程为规律性的过程。在这过程中“杰出人物”“英雄”不是任意地行动的，而是根据着客观的规律。这是黑格尔底天才的发现。就在这里他的伟大的东西亦是从极混杂和唯心论的外壳中开辟自己的道路——表现为骑在马上的“世界精神”。

按黑格尔看来，各种不同的社会意识是什么呢？按黑格尔，科学、艺术、文学、哲学等只是观念发展底形式，藉助于他们，“绝对精神”转到自己的自我认识。在哲学领域内“绝对观念”经过各种不同的哲学体系日益接近认识自己的本质，直到最后在黑格尔哲学中“绝对观念”完全地走到了自我认识。这样便达到了绝对真理，而且按黑格尔的意见，哲学此后的发展成为不可能甚至不必要的了。

在政治领域内，黑格尔认为统治在德国的政治制度是政治制度底花冠，是最理想的最完美的国家制度底形态。“绝对观念”在这个制度上找到了自己的最好的体现。很明白的，为这类事情普鲁士的反动派把黑格尔抬高到普鲁士国家哲学家底高位。他们极感谢他，因为他将自己哲学的全部的伟大建筑放到普鲁士封建皇朝底足下。这就是说：“在异常的生长了的保守方面的压力之下，革命的方面被压倒了。”（恩格斯）

这样，到底黑格尔哲学中方法和体系之间的矛盾，他的宇宙观底革命的和保守的方面在那里呢？

他的辩证法说：思想家不能够亦不应该安心于某个肯定的和最后的结论，他应该找寻在这个对象之中是否有对立的力量和质。辩证法说：一切都发展、生长、变化，永远的产生和消灭，没有力量能够停止或阻滞这个永远的运动，没有力量能够抗拒这个事物底辩证法。哥德以如下的杰出的词句表现着永远的辩证运动：

生潮中，业浪里，
淘上复淘下，
浮来复浮去，
生而死，死而葬，
一个永恒的大洋，
一个连续的波浪，
一个有光辉的生长，
我架起时辰的机杼，
替神性制造生动的衣裳。[①]

黑格尔的辩证法要求承认，发展是无限的。而黑格尔的体系说：在普鲁士皇朝身上我们有了政治发展底最后结果；在黑格尔哲学身上已经达到了“绝对真理”，而以后的哲学发展就不需要了。黑格尔的辩证法说：由于矛盾底斗争的结果，一切都生长着发展着，每一个已经达到的阶段——在任何领域内——都为内部矛盾所分裂而引导到新的更高的阶段。而黑格尔的体系说：人类在黑格尔哲学身上已经提高到认识了“绝对观念”，已经不再知道任何矛盾了，而今后的发展亦是不一定需要的了。

这些就是在黑格尔哲学中他的学说底革命方面和保守方面

① 引自歌德：《浮士德》，译文引郭沫若译文。

之间的矛盾。这些矛盾应该找得出路。而这个出路在黑格尔死后，当德国的社会环境急转时，当一八四八年革命的危险接近时亦就真的找到了。

在黑格尔死后，他的学派就很快地分裂成为两个基本的集团——右派和左派黑格尔派。右派黑格尔派最醉心于黑格尔哲学底保守方面，企图从这个哲学中做出最反动的结论来。附带地说，黑格尔的唯心论的体系对于思维底这种保守的机构是给了充分的材料的。相反地，左派黑格尔派就企图从黑格尔哲学中做出在当时的现实中进步的结论来。黑格尔哲学底革命方面，他的辩证法在这上边给了许多出发点。

马克思和恩格斯——科学共产主义底创造者，在自己的革命活动底开始时参加了左派黑格尔派。开始他们站在黑格尔的唯心论的立场上。但是这里就应该指出：在左派黑格尔派中马克思和恩格斯是极端的一翼，是最有革命情绪的人，企图从黑格尔哲学中做出最极端的结论来。在这些年青的杰出人物底沸腾的社会和文字活动中已经很有力地表现了他们的革命的天才。当参加左派黑格尔派，还站在唯心论的立场时，他们很高地估计了黑格尔哲学的价值，而同时却已经看到了这个哲学底基本弱点、内部矛盾，而企图找得它的出路。

马克思和恩格斯很快地就离开了黑格尔的唯心论，根本地改造了黑格尔的辩证法，因为辩证法在黑格尔所遗留下来的形态上（即在他的抽象的唯心的形式中）是不适用的。必须从唯心论的外壳中解放出黑格尔的基本思想——发展底思想——而应用这个思想到物质现实中去。必须结束黑格尔的唯心论的

“精神”底辩证法和创立生命、物质、存在底辩证发展底有系体[1]的理论。马克思以后写道：

“在黑格尔，辩证法是用头站着的。应该把它用足站起来，以便在神秘的外壳之下发现合理的核心。”[2]

需要从黑格尔底唯心辩证法中采取其合理的核心，聪明的思想，总之，唯物地改造黑格尔辩证法。这是很重大的理论任务。后来马克思在致顾格曼的信中写道：

“他（指杜林——作者）很好地知道，我的研究方法**不是**黑格尔的方法，因为我是唯物论者，而黑格尔——唯心论者。黑格尔的辩证法是任何辩证法底基本形式，但是只有在清洗其神秘的形式**之后**。这正是**我的**方法和它的区别。”[3]

列宁关于这个问题写道：

“黑格尔底逻辑不能在它所予的形态上**应用它**，不能采取其所予的形态。从黑格尔底逻辑中**应该**选择逻辑的（认识论的）片段，清除它的**观念底神秘**；这还是很大的工作。”[4]

这就是为什么在《联共（布）党史简明教程》中以全部的明确性说道：

“马克思和恩格斯仅仅采用了黑格尔辩证法底‘合理的核心’，抛弃了黑格尔的唯心论的外壳，并且继续发展了辩证法，给了它以现代科学的形态。”

为着了解马克思和恩格斯怎样解决了这个理论任务，他们

---

① “系体”，原文如此。应为“体系”或“系统”之误。——编者注

② 《资本论》卷一，第 22 页

③ 《马恩通信集》，第 230 页。

④ 《列宁文存》卷十二，第 205 页。

怎样离开黑格尔的唯心论，他们怎样又同时保存了黑格尔所有的有价值的东西，就应该了解唯物论者费尔巴赫——马克思和恩格斯底最直接的先驱者，对于马克思和恩格斯底思想发展上所有的意义。

在《联共（布）党史简明教程》中对于这个问题曾这样说：

“在说明自己的唯物论时，马克思和恩格斯常常援引费尔巴赫。费尔巴赫是恢复唯物论底权威的哲学家。但是这不是说：马克思和恩格斯的唯物论和费尔巴赫的唯物论是一样的。实际上马克思和恩格斯采用了费尔巴赫唯物论底‘基本的核心’，继续发展了它，成为唯物论底科学——哲学的理论，抛弃了他的唯心论的和宗教—伦理学的杂质。”

费尔巴赫（一八〇四——八七二年）出现于社会和哲学活动底舞台的时期，已经和黑格尔的时期大不相同了。一方面，一八三〇年法国的七月革命给了全欧洲——部份地德国以很大的影响。另一方面，在德国在资产阶级和民主主义智识份子间有力地生长了反政府的情绪，特别是当伪善者和骗子威廉第四接位之后。德国的智识份子已经不再满足以抽象的哲学的形式来叙述自己的利益了，这种方法对于康德和黑格尔哲学是特征的。接近着的一八四八年的革命风暴在当时德国的哲学和理论活动上加上了自己的烙印。德国革命民主派底先进思想，革命智识份子底急进的企图和理想，在费尔巴赫哲学中得到了反映。

费尔巴赫在自己哲学活动底开始时曾是黑格尔派——唯心

论者。他属于左派黑格尔派。但是很快地他脱离了黑格尔底唯心论，抛弃了黑格尔的“绝对观念，”和宣告了唯物论底胜利。费尔巴赫宣称：黑格尔的唯心论只是哲学地粉饰神学。费尔巴赫指出：黑格尔的学说关于自然是精神底异存在，不是别的，正是以为上帝创造世界的神父观点的哲学的表现。费尔巴赫说：黑格尔底“绝对精神”不是别的，只是普通的人的意识，只是离开了脱离了人而放上客观的绝对的精神底宝座。和这相反，费尔巴赫提出了无神论的论点：人按照自己的式样和类似创造神。按费尔巴赫，作为澈底的宇宙观底出发点的，应该是物质世界——自然、人。

费尔巴赫底历史的功绩就在：他给了黑格尔的唯心论以致命的打击。费尔巴赫底影响在革命前夜的德国是很大的。在一八四八年革命底思想准备底事业上，费尔巴赫所起的作用不比十八世纪法国唯心论者和无神论者的光辉的星群在一七八九年的法国大革命前夜所起作用来得小。恩格斯在如下的深刻的话句中说明了一八四一年出现的费尔巴赫的著作:《基督教底本质》一书底意义：

“这书一下子粉碎了这个矛盾，而重新和无条件地宣布了唯物论底胜利。自然不依赖任何哲学而存在。自然是我们、人们生长的基础，人们本身是自然底产物。在自然和人之外并不存在任何东西，由我们的宗教幻想所创造的最高存在物，这——只不过是我们本身的本质底幻想的反映。伏魔取掉了：‘体系’被毁灭了，抛在一旁了，矛盾由于它只能存在于幻想中，这一事实底发现就解决了。要曾经体验过这本书底解放的影响，才能获得关于这一点的观念。我们大家都兴高彩烈，我们大家都马上成了费尔巴赫的信徒。”[①]

费尔巴赫底《基督教底本质》一书——真正的好书。这书，用马克思和恩格斯的话说，迫使“黑格尔的世界精神退位”。它给了唯心论和宗教以重大的打击。马克思和恩格斯如下地估计了费尔巴赫底历史功绩：

“谁消灭了——他们写道——概念底辩证法，只有哲学家才知道的诸神底战争呢？费尔巴赫。谁在老的道具的位置上，在‘无限的自我意识’底位置上放上了不是‘人底意义’（似乎人除了他是人以外，好像还另有其他什么意义一样！）而是‘人’底本身？费尔巴赫，并且仅仅费尔巴赫。”[②]

马克思和恩格斯写道：应该要经过火流、火洗（费尔巴赫底观念正就是这种火流、火洗），才能够从唯心论中解放出来而坚固地站在唯物论底立场上。

同时马克思和恩格斯一开始就感觉到费尔巴赫唯物论底局限性，他的缺点。费尔巴赫抛弃了黑格尔的神秘主义和黑格尔的唯心论，但是他从浴盆中把水和婴孩一起倒掉了。费尔巴赫从来没有了解黑格尔辩证法底意义，在他更谈不上把辩证法应用到现实中去。费尔巴赫和黑格尔底唯心论分别了，但是他没有能够把包裹在唯心论的外衣中的黑格尔所有的有价值的健全的东西加以批判地改造和利用。这个任务为辩证唯物论底创造者——马克思和恩格斯所解决了。费尔巴赫虽然在一般哲

① 恩格斯：《路德维希·费尔巴赫与德国古典哲学底终结》，第13—14页。

② 《马恩全集》卷三，第117页。

学宇宙观诸问题上是唯物论者，但是当接触历史的问题时，费尔巴赫就不能应用自己的唯物论了。这里他成为完全可怜无助的了。历史和唯物论在费尔巴赫那里分走在不同的方面。马克思和恩格斯在最后地克服了费尔巴赫唯物论底局限性之后，在《德意志的意识形态》一书中写道：

“当费尔巴赫不研究历史时，他是唯物论者。而当他研究历史时——他完全不是唯物论者。唯物论和历史在他是完全彼此不相联系，附带地说，这从上面的叙述中已经明白了。”[①]

这是因为费尔巴赫不了解发展底思想，他是被黑格尔在神秘化的形式中发展了的。不懂得发展底思想（即辩证法），费尔巴赫在解释社会生活底现象时，回到了唯心论底立场上去了。

为着比较更具体地理解费尔巴赫唯物论底局限性，我们举出他的警句之一。费尔巴赫说：“人就是他吃。”[②]这自然是唯物论的论点，但是这是庸俗化的唯物论。谁在这里加了一句点，而不再前进，他便这样地局限了自己，以致丝毫亦不能理解社会生活底规律性。费尔巴赫只是生理学地和物理学地去对待人。他没有看见：人是历史上发展的社会的生物；他没有看到：人是积极的生产的生物。假如要在同样的简洁的话句中表现马克思和恩格斯底观点，那也许可以说：人就是他生产，就是他用什么工具生产。这样的问题底提法和上述的费尔巴赫底警句有天地之别。费尔巴赫不知道真正的真实的在历史上、在

① 《马恩全集》卷四，第35页。

② 《费尔巴赫全集》卷十，第22、41、64页。（德文）

一定的历史时期中活着的人。马克思和恩格斯说，这就是为什么，费尔巴赫“例如，在看到了不是健康的人而是病态的、为工作所损耗的、肺痨病的穷人大众之后，迫到乞援于‘最高直观’和理想的‘种类底平均’；这就是，重新又回到了唯心论，而这个地方，却正是共产主义的唯物论者看到工业以及社会制度的改造底必要以及条件的地方”[①]。

在马克思和恩格斯底这些极佳的话句中以全部的明确性揭露了费尔巴赫唯物论底缺点。显然，这类宇宙观，这类观点不能成为行动底工具，不能藉以来进行改变现实的斗争。这点马克思在一八四三年就很好地理解了。他写道：

“在我看来，费尔巴赫的警句，有着下面的缺点，即他过多地强调自然和过少地强调政治。不过，这却正是唯一的联合，由于它现代哲学才能成为真理。”[②]

从年青的马克思底这些极好话句中，我们可以看到在这个时候他已经升高到什么程度，虽然这时候他还不是已经完成了的辩证唯物论者，和仅仅走向组成自己的科学共产主义底观点。

与费尔巴赫底这个缺点相联的就是在他对社会生活现象上有着那浸透于他的哲学中的宗教—伦理学的杂质。费尔巴赫结束了作为最高力量站在世界之上、人之上的神，但是费尔巴赫却把人本身神化了。他甚至保存“宗教”这一字，其根据为这个字的意义就是“联系”。这个语言学上的戏法乃是（用恩格

① 《马恩全集》卷四，第35页。

② 《马恩全集》卷一，第510页。

斯的话来说）唯心论哲学底最后逃避所。以两个人的关系——性爱，性的关系抬高到宗教底高位。保持“宗教”一字，将“人与人之间的心的关系”神化，费尔巴赫就已经直接地宣扬反动的思想，因为从这中间便产生全般的调和，这当然是妨碍无产阶级底阶级自觉的。

马克思和恩格斯估计了在这个时期底德国的思想斗争中费尔巴赫底一切积极的意义，同时对于费尔巴赫唯物论底缺点给以最厉害的批评。在《联共（布）党史简明教程》中指出：马克思和恩格斯从费尔巴赫底唯物论中采取了它的“基本的核心”并继续发展它成为现在的严整的科学—哲学的理论，成为完成的、澈底的辩证唯物论底宇宙观。马克思和恩格斯在好几年之内——大约是从一八三九年至一八四七年——进行了热烈的紧张的思想斗争，批评了各种反科学的乌托邦形式的社会主义，研究和总结了工人阶级斗争的经验而达到了科学共产主义。他们把黑格尔底辩证法从唯心论的以头站着的形式放置于唯物论的足上，他们应用发展底理论于物质世界、于历史。他们说明了什么是历史发展、人们社会生活底基础。在劳动底发展上，在生产力和生产关系发展底基础上，他们看到了这个社会底物质基础。

在一八四七年马克思和恩格斯创造了马克思主义底伟大著作——《共产党宣言》——这是一本几世纪内将保持其生命的书籍。不久前斯大林同志称这一人类思想底最伟大的著作为“马克思主义歌曲底歌曲”。在《共产党宣言》中马克思和恩格斯应用辩证唯物论底方法于历史，描写了人类历史如何发展起来的异常的有力和深刻的图画。他们说：历史是阶级斗争底历史。他以极大的力量来指明：资产阶级在反对封建斗争中和在发展生产力上的历史作用。

可以说（虽然说来好像是荒谬的），没有一个资产阶级底思想家，没有一个资产阶级底学者曾经描述了资本主义较封建制度的进步的图画，如无产阶级思想家（马克思和恩格斯）在《共产党宣言》中所做的那样。马克思和恩格斯指出：资产阶级怎样破坏了关税界限，消灭了妨碍生产力发展的封建的羁绊，创造了世界市场，驱使生产力向前发展。

同时马克思和恩格斯给了资本主义制度所固有的矛盾的惊人的图画。他们写道："资产阶级像一个魔术家一样已经不能再支配那些他所呼唤出来的地下的怪力了。"马克思和恩格斯给了令人震惊的矛盾底图画，资产阶级社会就在这种矛盾中发展的，这种矛盾是资本主义底天性所固有的。在资产阶级之旁，生长着他的敌对者，他的掘墓人——工人阶级。马克思和恩格斯指明：这个有力的力量怎样生长起来，工人阶级怎样从个别的、部份的、不觉悟的和自发的行动过渡到战斗的自觉的革命行动，怎样它从"自在"的阶级变为"自为"的阶级，当他以全部尖锐性提出推翻资本主义制度问题的时候还没有到来时。

只有那以辩证唯物论武装着的人——以这个最前进和澈底地依靠在科学和哲学底一切收获上的宇宙观武装着的人——只有他才能这样深刻的论证工人阶级底作用和提供这样佳妙的全世界历史总矛盾进程底图画。《共产党宣言》及以后马克思底纪念碑式的著作——《资本论》，是马克思主义底最伟大的宝库。在这些天才的著作中给予了在列宁和斯大林以前的时代中的马克思主义所创造的最重要的一切。

二

从以上的叙述里面就可以明白，应用辩证唯物论底论点来研究社会生活、社会历史有怎样巨大的意义，辩证唯物论底方法对无产阶级政党底实践活动有什么样的意义。在《联共（布）党史简明教程》中以绝端的明确性贯澈着这个关于辩证唯物论和共产党实际斗争任务的联系的思想。在这本书中以最大的澈底性贯澈着从一般的辩证唯物论论点到阶级斗争实践问题的线索。在《联共（布）党史简明教程》中清楚地表明了马克思主义哲学和革命的实践活动之间的内部联系，即正确地理解和运用辩证的和历史的唯物论是正确地解决阶级斗争底实际的政治问题底条件。在这本书中，辩证唯物论不是在某种完成的僵化的公式的形态中给予着的，而是在生动的革命学说的形态中，在对于行动的战斗领导者的形态中给予的。

“假如世界——在《联共（布）党史简明教程》中写道——是处在不断运动与发展中，假如旧的死亡和新的生长是发展底规律，那么，很明白的，没有什么‘不可动摇’的社会制度，没有什么私有财产和剥削底‘永久原则’，没有什么农民必须服从地主，工人必须服从资本家的‘永久观念’。

“这就是说：资本主义制度可以用社会主义制度来代替，正似资本主义制度在当时曾经代替了封建制度一样。

“这就是说：不应该依据不再向前发展的（即使现在还占优势的）社会阶层，而应当依据正在发展着的、有其将来的阶层，即使这些阶层在目前还不是占优势的力量。”

革命的政党根据马克思主义的辩证法能够正确地规定自己的活动的基础：这种活动是用以推翻资本主义和建成共产主义社会的。这一点极明确地指明：为什么辩证的和历史的唯物论是共产主义底理论柱石。

在《联共（布）党史简明教程》中明确地说明了布尔塞维克政党底革命活动底理论的出发点，那里说道：

“假如缓慢的数量变化过渡为迅速的突然的质的变化是发展底规律，那么，很明白的：被压迫阶级所完成的革命变革乃是完全自然的和必然的现象。

“这就是说：从资本主义到社会主义的过渡和无产阶级从资本主义压迫下的解放，不是经过缓慢的变化，经过改良主义的道路来完成的，只能经过资本主义制度底质的变化，经过革命的道路来完成。

“这就是说：假如要在政治上不犯错误，那么就要做革命者，而不要做改良主义者。

“复次：假如发展底进行是经过内部矛盾的发露，是经过基于这些矛盾之上的对立力量底冲突来克服这些矛盾；那么，很明白的，无产阶级底阶级斗争是完全自然的和必然的现象。

“这就是说：不应该掩饰资本主义制度底矛盾而应该揭发和暴露这些矛盾；不应该熄灭阶级斗争，而应该把它贯澈到底。

“这就是说：要在政治上不犯错误，那么，就要实行不调和的无产阶级的阶级政策，而不要实行无产阶级与资产阶级利益协调的改良主义政策，而不要实行资本主义‘成长’为社会主义的妥协政策。”

由此可见，为什么列宁和斯大林不止一次地说：辩证法是马克思主义学说底革命的灵魂。同样显然的，谁起来反对革命的马克思主义底基础，反对辩证唯物论，他便永远地叛变了整个马克思主义。

争取整个马克思主义—列宁主义的理论底纯洁的斗争，争取马—列主义哲学底纯洁的斗争，如红线一样贯穿在整个布尔塞维克的历史中。

作为新型政党底布尔塞维克党有许多点是和西欧的机会主义的社会民主党不同的。作为新型政党的布尔塞维克党底根本的原则的不同点之一就是：在他的整个历史中，党的领袖——列宁和斯大林坚持着和发展着党的哲学——辩证唯物论底宇宙观。他们根据社会科学自然科学底发展所积累的新的成就，根据帝国主义和无产阶级革命时代的新事实充实了和发展了这个宇宙观。

而第二国际底社会民主党——首先是第二国际底领导政党——德国社会民主党，则深刻地陷于政治的机会主义中，被修正主义和对修正主义的调和态度所侵蚀，完全地叛变了辩证唯物论。

修正主义者和改良主义者底第一次的反对革命马克思主义的攻击就伴同着对辩证唯物论底宣战。在一八九八年修正主义之父——倍恩斯坦出版了他自己的悲惨的有名的书：《社会主义诸问题》，在这书中修正了马克思底学说：关于阶级斗争的性质，关于危机，关于工人阶级的贫困化，反对马克思主义关于革命的学说。在这同一本书中倍恩斯坦疯狂地攻击马克思主义底辩证法。他有个发明："辩证法是在走向真理的认识底道路上的陷阱"，并号召尽可能迅速的抛弃辩证法。倍恩斯坦喊出著名的口号：必须把马克思主义和康德哲学联结起来。在中派考茨基一派人的直接保护之下，在德奥社会民主党内养育了一批"哲学化"的作家。他们专门有系统地诽谤辩证唯物论。他们用一切方法唾骂辩证唯物论并写了几十本书，许多文章和小册子证明马克思和恩格斯没有创造自己的哲学。他们忙于将马克思和康德，和马赫，和亚芬亚里乌斯及其它资产阶级哲学和哲学派别联结起来，只要从马克思主义中清除其革命的灵魂，只要损害辩证唯物论。

列宁在给高尔基的信中以如下的语句说明这个哲学的修正主义底实质的特征。

"唯物论，作为哲学，在他们那里到处受到迫害。《新时代》——最坚定的和众所共知的机关报，对哲学取不关心的态度，永远亦不曾是辩证唯物论底鲜明的拥护者，最近不加附言而发表了经验批判论者底文章。要从马克思和恩格斯所教导的那个唯物论中得出死的市侩精神来，这是不正确的，不正确的！社会民主党内的市侩流派最大地反对哲学唯物论，倾向康德，倾向新康德主义，倾向批判的哲学。不，恩格斯在《反杜林论》中论证了的那个哲学，是不允许市侩精神入门的。"①

① 《列宁致高尔基书信集》，第15页。

列宁在一九〇八年写的著名的文章《马克思主义和修正主义》中对于这个哲学的修正主义给了致命的特征描写。在这文章中他写道：

“在哲学领域内，修正主义是追随于资产阶级教授的‘科学’底尾巴后的。教授们‘倒回至康德’——而修正主义者抓住了新康德主义的尾巴，教授们重复牧师反对哲学唯物论的那种不知说过几千次的滥调——而修正主义者卑贱地微笑着分诵（一句一句地接着最新手册中的话）唯物论早已‘被推翻’了；教授们轻视黑格尔为死狗，轻蔑地耸肩蔑视辩证法，而自己却宣传着比黑格尔的唯心论更小更庸俗到一千倍的唯心论——而修正主义者跟着他们跳进科学底哲学庸俗化的泥坑，用‘简单的’（和平静的）‘进化论”代替‘狡猾的’（和革命的）辩证法。……

“这类对于马克思的‘修正’有什么样的现实的阶级的意义是用不着说的了——事情本身就很明白。”[①]

正如在党史教程中以极大的力量显露着的一样，只有我们的布尔塞维克党自产生之日起就不倦怠的坚持和推动整个马克思主义的学说前进，其中包括着马克思主义底根本的理论基础——辩证唯物论。

列宁和斯大林高高地举起马克思主义底哲学之旗，带着这旗子经过三次革命，经过党底全部历史，以帝国主义和无产阶级革命时代底、社会主义在六分之一地球上胜利时代底阶级斗争底新经验来发展和充实辩证唯物论。

---

① 《列宁全集》卷十二，第184—185页。

列宁所实现的思想上摧毁民粹派就已经要把马克思主义底严整的和完整的哲学和科学——历史的理论来和所谓民粹派底主观社会学（及其对“英雄”“批判地思想的人”的崇拜和对民众的贱视和贵族态度）对立。列宁的著作《什么是“人民之友”和他们怎样反对社会民主派》乃是在和民粹派底主观主义和唯心论的斗争中，辩证的和历史的唯物论底古典的叙述、具体化和发展。

反对“经济派”和孟塞维克的斗争同样是充满着巨大的哲学内容，正如在《联共（布）党史简明教程》中所光辉地指明的一样。只有根据辩证唯物论底澈底地应用才能正确地解决关于工人运动中自发性和觉悟性的相互关系问题，关于必须将社会主义和工人运动联系的问题。列宁和斯大林以对第一次俄国革命时代底伟大事变底辩证的分析来和“经济派”与孟塞维克底完全仇视马克思主义的庸俗化及形而上学对立。

为马克思主义底哲学而斗争，反对它的取消派，反对以资产阶级的哲学垃圾来代替辩证唯物论，这些问题在一九〇五年革命失败之后有着极大的党的—政治的意义。

一九〇五年革命遭受了失败。这是暂时的失败。但是在革命运动高涨时参加到革命运动中来的各色各种革命底同路人，解释革命的失败绝不当做是暂时的失败，而当做俄国革命运动底完全失败，而离开了革命运动。在智识份子的队伍中看到了分化和消沉颓废。反动派的进攻进行着。这个进攻同样在意识形态的战线上进行了。一九〇七年——一九〇九年曾是各种唯心论流派、神秘主义和僧侣主义盛极一时之时。整批取消派从事于唾骂革命，唾骂马克思主义。发生了在“尊崇个性”底姿态下歌颂淫乱。列宁说：为着镇压民众，现在对于资产阶级—地主反动派仅仅靠一根鞭子——政治的和经济的鞭子——已经不够了。一九〇五年的革命虽然遭受了失败，但是无论如何是破坏了这根鞭子了。为着要使群众服从，还需要精神的鞭子。由此产生了统治阶级方面的培植唯心论和僧侣学说的企图。

这个思想上的腐化和颓废，僧侣主义和唯心论底时髦，在社会民主派智识份子底某部份中（布尔塞维克和孟塞维克中都有）得到了自己的反映。整批社会民主党员（鲍格唐诺夫①、巴柴洛夫、罗时科夫、苏芙洛夫、范零丁诺夫、夏世凯维奇、卢那却而斯基②等）起来宣传唯心论，企图以马赫主义底哲学来代替马克思主义底哲学。所谓马赫主义派哲学，即以哲学家马赫和亚芬亚里乌斯所代表的哲学流派，它在巧妙和狡猾的形式中宣扬唯心论。

马赫主义——主观唯心论底典型的哲学。这派底基本的哲学内容可以极简单地表现为：世界是主观底感觉底综合。马赫主义或经验批判主义由于“纯化”“经验底批判”的结果得到这个结论。由于这类“经验批判”底结果马赫和亚芬亚里乌斯断言：不依赖于我们的意识而存在的物质世界不是别的，只是我的——人底——感觉底综合。

大家知道，主观唯心论在哲学史上有很多自己的代表。列宁在其《唯物论与经验批判论》一书中公允地指出：还在

① 鲍格唐诺夫，即前译波格唐诺夫，通译为波格丹诺夫。——编者注

② 卢那却而斯基，通译为卢那察尔斯基。——编者注

一七一〇年大主教贝克莱以更大的澈底性发展了类似的主观唯心论哲学，而现在马赫和亚芬亚里乌斯及其追从者——鲍格唐诺夫、巴柴洛夫、范零丁诺夫、夏世凯维奇等又把它复活起来。

除了在对于工人阶级政党的关系上的取消派外，对于马克思主义底哲学基础的取消派同样亦得到了自己的传播。是的，马克思主义底哲学基础底取消派，行动得极怯懦。这，用列宁的话来说是“跪着的暴动”。他们在马克思主义哲学底旗帜下运进了全部马赫主义的废物。但是马克思主义底哲学底取消派并不因此而少危险些。它得到了这样的传播，以致列宁认为他必须澈底地从事哲学，并以一巨大的著作（即《唯物论与经验批判论》）来对抗这一反动的潮流。为着了解列宁在这时期中所处的状况，他以怎样的热情和紧张从事于自己的哲学工作，我们引用一段上面所提过的列宁和高尔基的通信。列宁写道：

“现在出版了《马克思主义哲学概论》。除了苏芙洛夫一篇（正在读它）外，我读毕了全部论文，而每篇文章直接使我愤怒。不，这不是马克思主义！我们的经验批判论者、经验一元论和经验象征主义陷入了泥坑。说服读者：‘相信’外部世界底真实性是‘神秘主义’（巴柴洛夫），最杂乱无章地将唯物论和新康德主义混淆起来（巴柴洛夫和鲍格唐诺夫）宣扬变态的不可知论（经验批判论）和唯心论（经验一元论）——教工人们以‘宗教的无神论’和高级的人的潜力底‘神化’（卢那却尔斯基）——称恩格斯的关于辩证法的学说为神秘主义（贝尔门）——从某个法国的‘实证主义者’——不可知论者或形而上学者底恶臭的源泉中取来‘认识底象征论’（夏世凯维奇），不，这已经是太过度了。自然，我们是普通的马克思主义者，并不熟习哲学的人——但是为什么这样侮辱我们，把这类东西当做马克思主义底哲学送给我们。我们宁可受五马分尸之刑，而不愿同意参加宣传这类东西的机关报或编辑委员会。”①

不久后列宁又写信给高尔基说：

“为着自己的哲学的狂饮我把报纸抛开了；今天我读了一个经验批判论者而以粗野的语言骂着，明天读别一个而竟骂起娘来了。而英奴金梯（杜勃洛夫斯基）则骂我，为着事业，为着对《无产者报》底不注意。”②

最后一九〇八年列宁坐下来写自己《唯物论与经验批判论》一书。他得出结论说，应该结束这些反马克思主义哲学的活动。一九〇九年这本极好的书出版了。

布尔塞维克党底领袖，那个在革命运动失败的环境中进行紧张的政治工作的人，在这时候正需要巩固队伍使它不惊惶失措，和打击各种取消派和同路人，可是他找出了时间来研究整堆的哲学和自然科学的书籍。结果，他创造了马克思主义的经典著作，这著作组成了马克思主义哲学发展上的新的阶段。列宁这书底意义远远超越了他自己所提出的直接的任务——摧毁马赫派，马克思主义哲学底取消派。这本书是战斗的著作，在这本书中布尔塞维克底领袖给了自然科学领域内的（特别是物理学领域内的）最新的发现以哲学的总结。他给对于唯物

① 《列宁致高尔基书信集》，第18页。

② 《列宁致高尔基书信集》，第24页。

论者——辩证论者应该怎样对待科学领域中的新发现的问题给予不可估价的材料。这本书就在现在，即写好后三十年之后还仍然是唯物论者—辩证唯物论者底南针，是愿意坚固地站在澈底唯物论立场上的自然科学底代表们底南针。在《联共（布）党史简明教程》中给了列宁底天才著作《唯物论与经验批判论》——这是马克思主义科学宝库中的伟大的珍藏——以如下的估计：

“……实际上，列宁这书不仅批评了鲍格唐诺夫、夏世凯维奇、巴柴洛夫、范零丁诺夫及他们哲学上的老师亚芬纳里乌斯及马赫，这些人企图在自己的著作中以巧妙地和狡猾的唯心论来对抗马克思主义的唯物论。列宁这书同时是保卫马克思主义底理论基础——辩证的和历史的唯物论，并且是整个历史时期（从恩格斯死后到列宁底《唯物论与经济批判论》出版以前这一时期）之中的科学（首先是自然科学）底一切重大与紧要成果的唯物论总结。”

二十世纪之初到来的新时代，在哲学领域内（因为在这时候在自然科学中所发生了的革命）亦在马克思主义者面前提出了许多新问题。正是在恩格斯死后（一八九五年），在物理学发展上进入了一个极风暴的时期。发明接一连二，创造了关于物质构造的新观念，破坏了以前的旧观念，当反动派在一切方面猖獗着的帝国主义的时代，整批唯心论的哲学家抓住了这些新的发现而开始断言：物质消灭了，质量消灭了，只剩下力了，等等。其次他们断言：科学底最新发现证明了唯心论底正确，唯物论被科学本身推翻了。罗马教皇从所有这些发明中可以惊喜若狂。

在马克思主义者面前提出了这个问题：即怎样给这些新发现以回答，怎样使辩证唯物论与这些最新发现“协调”。列宁在自己的著作《唯物论与经验批判论》中证明：在自然科学领域中的最新发现只证实了辩证唯物论底正确。他指明，旧的物质构成的理论破产了，它过时了，而新的理论代替了它。他指明：所有这些只证明物质底不可穷尽性，证明我们的知识愈益深刻，而完全不是证明：物质消灭了。创造地运用马克思主义到这些新发现上去，列宁大大地推进了马克思主义哲学底发展。

极可注意的，在同一时期内，在外高加索工作着的斯大林同志对哲学问题加以极大的注意。在一九〇六——九〇七年时，斯大林同志在好几篇文章（集会在总的题目《无政府主义与社会主义》之下）中以极大的深刻性发展了辩证的与历史的唯物论问题。斯大林同志进行着拥护马克思主义哲学基础的紧张的思想斗争，反对出版“NoBata”报底外高加索的无政府主义集团，这集团啜啜不休地反对辩证唯物论。斯大林同志在反对该报底哲学化的无政府主义者的斗争中，在几篇内容深刻的文章中说明了什么是辩证法，什么是唯物论，什么是历史唯物论。在这些文章中关于马克思主义哲学对费尔巴赫底直观的唯物论，对黑格尔哲学整个地——特别对他的革命辩证法的关系问题，斯大林同志给了展开的叙述。

某几个写哲学问题的孟塞维克的取消派（德波林、阿克雪洛得[①]）在自己的反布尔塞维主义底敌意中在当时企图污蔑地

① 阿克雪洛得，通译为阿克雪里罗得。——编者注

断言说，马赫主义是布尔塞维主义底哲学。但是不可变易的历史事实是：正是布尔塞维克，正是他们的领导者列宁和斯大林——在思想上理解，智识份子从党内逃跑的环境中，在取消派猛烈地反对党的环境中——高高地举起了辩证唯物论底旗帜。列宁底《唯物论与经验批判论》一书乃是马克思主义哲学发展上的新阶段。

在《联共（布）党史简明教程》第四章中，那里说到怎样布尔塞维克形成为独立的政党，那儿着重地指出："《列宁底唯物论与经验批判论》一书乃是这样的党底理论的准备。"

在以后的时期中列宁和斯大林不倦怠地进行拥护马克思主义底哲学的斗争，从事于更进的阐明辩证唯物论。在第一次帝国主义战争的几年中在工人阶级政党面前放着新的历史任务。在这时候，列宁准备着对于唯物辩证法的专门研究，做了著名的《哲学笔记》。布尔塞维克党底变帝国主义战争为国内战争的口号是列宁的革命辩证法底光辉的模范。

列宁在一九一五年所做出的关于社会主义可能在一个单独的国家内取得胜利的伟大的发现是马克思主义发展上的新的一步。唯物辩证法底熟练的应用，使列宁能够以新的内容丰富马克思主义并供给无产阶级政党以不可战胜的武器来进行将要到来的斗争。

即在苏维埃政权时代，在社会主义革命时代列宁和斯大林亦给马克思主义底哲学问题以头等重要的意义。

在一九二一年底职工会问题的辩论时，在反对企图破坏无产阶级专政的托洛斯基派和布哈林派的叛徒路线的斗争中，列宁摧毁了他们的完全仇视马克思主义的“方法论”。当揭破布哈林和托洛茨基底折衷主义和卑污的诡辩论时，列宁强调辩证逻辑底基本要求：各方面地研究对象，在对象的发展中把握它，从实践的观点上去对待任何问题，把实际当做真理的标准，最后，要理解抽象的真理是没有的，真理永远是具体的。应用这些辩证法底要求到职工会问题上来，列宁提出了关于职工会底著名的主义：职工会是共产主义底学校。在一九二二年列宁为了自己的著名的论文:《论战斗唯物论底意义》，这篇文章成了拥护马克思主义哲学及继续发展辩证唯物论的斗争底纲领。

在和托洛斯基、布哈林派恶棍们斗争中保卫着和发展着关于社会主义可能在一个国家内胜利的列宁的学说，斯大林同志光辉地应用了辩证唯物论底方法到一切阶级斗争和社会主义建设的问题上去。辩证法底古典的模例是：斯大林的阐明，关于资本主义发展不平衡性底规律、关于新经济政策底矛盾的两重的本性、关于集体农场底本性等等。斯大林同志澈底地完全地摧毁了资产阶级的机械论的平衡论，这是列宁主义底叛徒和敌人——布哈林企图用来对抗辩证唯物论的。

斯大林同志在一九三〇年末在关于和孟塞维克化的唯心论和机械论（这两者是隐秘的掩藏着的对辩证唯物论叛变的两种形式）斗争的问题上所给的指示，对于整个马列主义的理论及辩证的和历史的唯物论底更进的发展有着巨大的意义。

三

作为马克思主义底革命灵魂的辩证唯物论是正确地解决阶级斗争底最重要问题的战斗的武器。这里我们从我们党的历史上举出几个例子来，在这些例子上可以清楚地看到，这个武器有什么样的意义。试举在上世纪之末马克思主义者与民粹派的斗争。大家知道：民粹派曾是马克思主义在俄国传播的道路上的和社会民主派运动发展道路上的主要的思想上的障碍。为了要在思想上扫清社会民主党发展的道路，曾经需要完全的思想上的摧毁民粹派观点。为着这点曾经需要给俄国所经历的发展的性质问题及在这个时期放在工人运动面前的一切问题以自己的马克思主义的回答。

我们知道马克思主义者与民粹派这个斗争的全部政治的意义。在把对待这些问题的民粹派的和马克思主义的方法一比较时，就清楚揭露了民粹派底典型的反辩证的形而上的对待现实的态度和辩证的马克思主义的态度之间的一切区别。

在上面已经提到斯大林同志的论文《无政府主义和社会主义》中给了这些问题以极有内容的和深刻的检讨。

在这些论文中在说明辩证法底特征时，斯大林同志指出：唯物辩证法底最重要的要求之一就在不把生活当做不变的僵化的东西来观察。不论是在自然中或社会中，应该在不断的运动中在产生和在发展中观察生活。在生活中永远存在着某种东西生长和某种东西死亡着。在生活中必然的某种东西死亡，而同时某种东西产生。在生活中永远地存着新与旧。因此，假如我们愿意辩证地观察世界，那么我们应该观察（用斯大林的话来说）“生活向那里去，在生活中什么死亡着和什么产生着”。

辩证法底另一个要求就在：要清楚地看到，那在生活中失去着基础、向后退、死亡着的东西，归根结蒂是应该被战胜的，即使在目前看上去还是有力的。而一切在生活中生长、发展、组成的新东西，即使在目前还是如何薄弱，结果总是胜利的。从马克思主义辩证法底这些基本特征出发，斯大林同志写道：

“在十九世纪八十年代在俄国的智识份子中产生了非常的争论。民粹派说：能够担负‘解放俄国’的主要力量——这是贫农。为什么？——马克思主义者问他们。他们说——因为农民在俄国社会中最多同时最穷。马克思主义者回答道：对的，农民在今天是大多数和很穷，但是事情难道在这里么？农民早已就是大多数，可是他在争取‘自由’的斗争中至今没有无产阶级底帮助，从来没有表现过任何创造性。为什么？农民作为一个等级是在一天天地破坏着，分解为无产阶级和资产阶级，而无产阶级作为一个阶级一天天地生长着和巩固着。贫穷在这里没有决定的意义：‘乞丐’比农民更穷，可是谁也不能说，他们可以担负‘解放俄国’。

“事情只在谁在生活中生长着和谁衰老着。而因为无产阶级是唯一的阶级。它不断地生长和突进于生活中，因此，我们的任务是和他站在一起并承认他为俄国革命底主要力量——马克思主义者这样回答。你们可以看见：马克思主义者从辩证的观点上观察问题，而民粹派则形而上地议论，因为把生活看做是‘僵化在一点上的’。”[①]

斯大林同志在这个问题上绝妙地指明了马克思主义理论底全部力量，对现实底辩证态度的力量。我们想一想十九世纪之末的俄罗斯。工人阶级虽然以罢工等使人们感觉到自己，但总还是第一眼看来不大看得见的力量。居民底基本群众是农民。民粹派是典型的形而上学者，不了解社会发展底规律，不看见，在生活中什么东西生长着和什么东西分解着，因而指望着农民。他们认为：农民过去、现在、将来都是俄国居民底基本群众。他们不愿意看见在生活进行着的现实的过程。相反地，马克思主义者应用辩证唯物论底方法来分析俄国的现实，说道：在目前，工人阶级初初看来是不大的看不到的力量，是全部居民的极少数。但是由于俄国已经坚固地走上了资本主义发展底道路，工人阶级乃是那不断生长和扩大的力量。应该依靠这个力量，因为它是引导俄国经过革命斗争走向社会主义制度去的环节。

任何理论只有在生活中得到自己的证实才有价值。实践是任何理论底最好的考验。相反地，任何理论以及任何科学，不论它在外表上看来是怎样漂亮，不论它外表上如何光彩夺目，如果它在生活中、在实践中得不到证实——它是一钱不值的。

生活粉碎了民粹派底“理论”。谁还能在现在多少郑重地说到民粹派关于俄国发展问题以及其他一切问题底理论观点呢？相反地，生活证明了马克思主义者在一些问题上是如何的正确。马克思—列宁的理论庆祝着自己的完全的凯旋。

① 引自勃里亚：《关于外高加索布尔塞维克组织史问题》，第116页。

这个例子指明，根据在社会发展规律知识上的革命理论底、科学预见底最伟大的意义。这个例子指明辩证唯物论方法底全部力量。它说明，马克思主义的辩证法是革命政党手中的最有力的武器，如斯大林同志所说过的一样，它给予了夺取最坚固的堡垒的可能。

另一个例子以同样的力量暴露着在分析阶级斗争最尖锐的问题上辩证唯物论方法底意义。

正如《联共（布）党史简明教程》中所指出的一样，布尔塞维主义底革命策略底基础，曾经为列宁在其《在民主革命中社会民主派底两个策略》一书所制定的。这本书以及布尔塞维主义策略路线诸问题底一切解决，都充满着革命的马克思主义辩证法。可以这样说：假如不了解这些问题怎样在辩证法底基础上解决的，就不能深刻地和根本地研究布尔塞维克策略底基本问题。

决定布尔塞维克策略路线底基本问题之一，曾是在资产阶级革命中无产阶级领导权底问题。布尔塞维克和孟塞维克都从下面一点出发，即当前的革命按其性质说将是（至少在开始的时候）资产阶级的革命。

此后就开始了根本的分歧。孟塞维克的议论正如最典型的形而上学者，完全陷于形式逻辑的对待事情的态度中。他们说既然当前的革命是资产阶级的革命，那么，这个革命中的主要的动力应该是资产阶级。他们说，至今所发生的那些资产阶级革命曾经是这样的，我们的革命亦应该这样。在一七八九年法国革命时，站在一切所谓第三等级之前的主要的领导力量曾经是资产阶级。显然，在我们这里事情亦应该这样地进行。孟塞维克说：既然在当前的革命中资产阶级应该起主要的作用，那么，工人阶级就只能起资产阶级底尾巴的作用，反对派的推动底作用，等等。按照孟塞维克的聪明人的观点，任何独立的作用，更不必说，在革命中的领导作用，工人阶级是没有的并且不应该有的。普列汉诺夫亦同样地赞助和论证这个路线，虽然，他在一般理论方面很多和很详细地说过辩证唯物论。

布尔塞维克怎样看事情呢？列宁说：辩证法要求我们不从空洞的无意思的比拟出发。辩证法要求具体的分析特殊的历史环境。列宁指出：是的，我们的革命将是资产阶级的革命，但是它绝不是法国资产阶级革命底简单的重复。我们的革命有自己的特点，列宁提出论点说：在当前的资产阶级革命中，工人阶级将负起领导者的作用。这是矛盾的么？自然是矛盾的，但是这是正确地反映着生活底真正矛盾的辩证的矛盾。

当法国发生资产阶级革命时，工人阶级还是很少组织和很少觉悟的力量。他还没有完全和资产阶级分化清楚，还和资产阶级一起在所谓第三等级的范围中行动。无产阶级和资产阶级之间的阶级斗争，还没有带着如现在这样尖锐的性质。资产阶级还能够做反封建制度的革命运动中的领导力量。

在二十世纪之初在俄国已经造成了完全不同的条件。第一，工人阶级已经不是“自在”的阶级，它成了“自为”的阶级。他已经有了自己的科学制成的意识形态，工人阶级底伟大的领袖马克思和恩格斯所创造的科学共产主义的意识形态。在俄国，到这时候工人阶级已经长成大的力量，有了自己的社会民主工党。工人阶级和资产阶级之间的敌对在俄国已经来得及以全部力量展开起来。俄国资产阶级，老实说，怕工人阶级底行动比怕沙皇制度还厉害。列宁极有力地分析了为什么资产阶级在俄国不愿意资产阶级革命进行到底。作为革命辩证法底巨匠的列宁指明了：工人阶级利于把资产阶级革命贯澈到底。

“对于资产阶级——列宁写道——有利的是保留旧制度底某些残余（如君主制度和常备军等等）来反对无产阶级。对于资产阶级有利的是资产阶级革命不过份澈底地扫清一切旧制度底残余，而要保留其某几种；就是说，要使这个革命不要完全澈底，不要贯澈到底，不要坚决与无情…… 为了更有利于自己，资产阶级要使在资产阶级民主主义方向上的各种必要的改革，不用革命的方法，而用改良主义的方法缓慢地、逐渐地、小心地不坚决地来进行。…… 要使这些改革尽可能地少发展平民们底（即农民底特别是工人们底）革命的自动性、创进性和热情；因为，不然，工人们就更容易‘把枪支从右肩转到左肩’（如法国人所说），就是说：拿资产阶级革命所供给他们的武器，拿资产阶级革命所给予他们的自由，拿清除农奴制度后所产生的民主机关来反对资产阶级自己。

“相反地，对于工人阶级更有利的是要使资产阶级民主主义方向上的各种必要的改革坚决不用改良主义的方法，而用革命的方法来进行，因为改良主义的方法是停滞迁延、使国民机体中腐朽部份痛苦地、迟慢地渐归衰亡的方法。在这种腐烂中首先和最大地感受到痛苦的是无产阶级与农民。革命的方法是迅速地对无产阶级最少痛苦的施行手术的方法，是直捷痛快地割去腐烂部份的方法，是对君主制度及适合于他的那种讨厌可憎的、腐朽发臭的机体、毒疮最少让步最少的谨慎小心的方法。……

“因此——列宁继续说——无产阶级是站在先头队伍中为着共和国而斗争。憎恶地抛弃那些蠢笨的无价值的劝告，即要考虑资产阶级是否离开革命的劝告。”[①]

这就是列宁底极深刻的辩证的思想，它给予了应用辩证唯物论底方法来分析具体的历史现实的模范。

再举另一个问题，在和资产阶级—民主革命中策略问题上布尔塞维克底观点相联系着的问题。即社会民主党人应否参加临时革命政府的问题。大家知道：孟塞维克完全地为自己的有害的政治见解所束缚，为对事情的形而上的态度所束缚而拒绝了这种参加。孟塞维克底基本理由是：政府将是资产阶级的政府，所以，社会民主党不应该参加这样的政府。如果社会民主党参加了这样的政府，那么它就犯了法国社会主义者米勒兰所犯的一样的参加资产阶级政府的错误。

布尔塞维克驳斥这些孟塞维克的“理由”时说道：这是典型的形而上的提问题的方法。布尔塞维克说：首先应该具体地分析，临时革命政府是什么东西？布尔塞维克说：这样的政府只有是以推翻沙皇制度为目的的民众武装起义武装斗争底结果才能够产生。所以照其阶级的本性，这样的政府只能是代表工农利益的革命—民主主义的政府。布尔塞维克说：在法国，问题是在米勒兰在这样的时期参加了资产阶级政府，这时候在国

① 《列宁全集》卷八，第57—58、94页。

内没有革命情势和这时候资产阶级的政府是典型的资产阶级底反动政府。显然，米勒兰参加这样的政府是出卖工人阶级底利益，出卖社会主义底利益。

在我们这里则有完全不同的诸条件。临时革命政府只能在国内有革命情势的环境中产生，只能由工农武装斗争的结果产生。大家知道，辩证法要求具体的历史的态度。辩证法说问题应该每次在一定的环境、时间、和地点中去把握，而不应该根据空洞的比拟，不应该从形而上学的公式："过去曾经如此，将来亦应如此"出发。

这个问题，关于社会民主派参加临时革命政府的问题，不仅有历史的意义。现在，在新的条件下，在革命运动发展底完全不同的环境中，在许多其他国家的共产党人面前放着参加这样的政府的问题，例如在中国。只有依据在马列主义的理论上，根据具体的分析现实，才能够正确地解决这类问题。

只有根据在对待今日的一切事变的辩证的态度之上，只有依靠在历史发展规律底知识之上，才能够正确地解决这类问题。列宁和斯大林所给予的，布尔塞维克党所给予的解决这类问题的那些革命辩证法底范例，乃是全世界共产主义者在他们的实际的革命工作中的南针。

在这些例子上可以看到辩证唯物论底全部力量和意义，这辩证唯物论是我们的党底宇宙观，是全部布尔塞维主义理论底革命的灵魂。

现在我们再举一个有关于伟大的十月社会主义革命时代的例子。这个例子指明斯大林同志对阶级斗争最重要的问题的辩证法态度底典型的范例。在这个例子上，我们可以再一次地看到马列主义的预见底全部力量，马列主义理论底意义。在《联共（布）党史简明教程》中如下地说明了根据全盘集体化而消灭富农这一阶级的意义：

“这是最深刻的革命变革，是从社会底旧的质的状况到新的质的状况的飞跃，其结果之重大等于一九一七年十月的革命变革。

“这个革命的特点在于它是由上面、由国家政权底发动并得到从下面来的千百万农民群众的拥护而实行的，这些农民群众反对富农的剥削，为了集体农庄生活而斗争着。

“这个革命一举解决社会主义革命底三个根本问题：

“甲、它消灭了我们国内的人数最多的剥削者阶级——富农阶级，即资本主义复辟底支持；

“乙、它把我们国内人数最多的劳动阶级，农民阶级从产生资本主义的个体经济的道路，转入社会化的集体农庄的社会主义经济的道路；

“丙、它在国民经济中范围最大、生活上最必需、但同时又是最落后的部门中——在农业中给苏维埃政权建立了社会主义的基础；

“这样，在国内就消灭了资本主义复辟底最后根源，同时也就造成了建成社会主义国民经济所必需的、新的、有决定意义的条件。”

这就是简单的、但是充满深刻内容的消灭富农这一阶级的政策的意思和有意义的特征描写。这个政策是我们党在一九二九年末跟着集体农庄和苏维埃农庄的生长而执行的。按其意义说：这些事变等于一九一七年十月在我们国内所发生的变革底意义。这不是一句空话。事实上，整个我们十月社会主义革命底命运，全部十月底胜利底命运归根结蒂取决于这个问题：即我国底工人阶级能否在自己领导下将农民劳动群众从个人经济底轨道上转入集体的社会主义经济的轨道上去。一切十月底胜利取决于工人阶级能否和最广大的劳动农民群众一起消灭我们国内人数最多的剥削者阶级——富农。我们社会主义革命的全部命运正是取决于此。

在斯大林同志领导下，我们的党光辉地完成了这个伟大的历史任务。正确地解决关于使几千百万农民群众转入社会主义轨道的问题的意义是不容易过份估计的。它不仅有我们国内的意义——它有国际的意义，它向一切其他国家的工人阶级和在资本主义及封建残余羁绊下的几万万农民指明，告诉他们走向幸福和富裕的唯一的道路——这是在工人阶级领导下的道路，社会主义的道路。

在《联共（布）党史简明教程》中说：根据全盘集体化而实行的消灭富农这一阶级是最深刻的革命变革，是从社会底旧的质的状况到新的质的状况的飞跃。其次说明这个飞跃底特点在于这个革命是从上面，由国家政权底发动而实行的，它得到了千百万民众从下面来的帮助。我们知道在历史上曾有多次由国家政权底倡导而进行的“从上面来的革命”。这些从上面来的“革命”是由统治的地主和资产阶级实行的，用来反对千百万民众底利益。在我们这里，从上面来的革命是由工人阶级专政底国家政权进行的，用来保护民众的利益。这就是为什么这个革命得到了从下面来的这样卓越的帮助。为着要实行飞跃，实行从一种质的状况过渡到另一种，就应该准备这个飞跃的一定相当的条件，应该准备必需的“数的”变化。

由于我们党在许多年中在准备这个飞跃上所实行的明智的政策，由于我国工业化和集体化底斯大林计划的实行，由于党能够把新的技术新的人材送到农村中去，向千百万农民群众证明集体经营底有利，由于巧妙的准备以集体农庄和苏维埃农庄底粮食生产代替富农的生产的物质条件——这个飞跃才能够这样光辉地由我们国家政权在下层这样有力的帮助下完成。

为着要胜利地实行这样最深刻的革命变革，如根据全盘集体化消灭富农这一阶级，应该善于正确地选择时间，准备这一飞跃所必需的一切条件。我们知道：托洛茨基、齐诺维埃夫[①]叛徒们曾企图过提出消灭富农，当时期还没有到的时候，当胜利的进攻的条件还没有准备好的时候。现在已经完全清楚了：这里我们所遇到的是可恨的资本主义复辟派底挑拨的叛卖的行动。党打击了这些列宁主义底敌人。

斯大林同志底天才底伟大就在：他是辩证法底匠师，精巧地掌握着这个世界上最革命的武器，并以阶级斗争底新经验丰富它，他正确地决定了这个飞跃底开始时机，决定我们党应该从旧的限制富农政策走到消灭富农这一阶段的政策的时期。

这里我们可以作如下的比拟。我们记得，无产阶级革命底天才——列宁以怎样的算术上的确切性规定了一九一七年十月

① 齐诺维埃夫，通译为季诺维也夫。——编者注

已经成熟着的飞跃的时机。正是在一九一七年十月廿五日①的前夜，列宁写道：我们应该在十月廿五日夺取政权。列宁说：历史永远不会宽恕革命者的，假如有着夺取政权的一切条件而不利用的话。列宁在伟大的十月社会主义革命的前夜，在自己的热忱的发言中说：拖延等于死亡。正因为我们的党由列宁与斯大林这样的领袖领导着，它在一九一七年十月的战斗的日子里取得了全世界—历史意义的胜利。

以同样的真正算术上的确切性，斯大林同志确定了应该转入反对富农的展开的进攻及与国内人数最多的资本主义阶级决战的时机。这又一次地证明马列主义理论底力量，辩证唯物论底力量——这个人类思想最伟大的收获，它为布尔塞维克党所掌握并以阶级斗争底新经验丰富着。

应用马克思主义的辩证法来解决阶级斗争底问题的这类例子充满于布尔塞维克党的整个历史中。这就是为什么在《联共（布）党史简明教程》中说道：领会辩证的和历史的唯物论"是我们党的每个积极的活动者底责任"。

原著者：M. 米定，译自《马克思主义旗帜下》一九三九年一月号

① 十月廿五日：此为俄历。公历为十一月七日。——编者注

马克思主义底哲学的先驱者

引　言

列宁—斯大林底党，批判地总括了世界文化和阶级斗争底伟大经验，承认革命理论底显著的作用，以极大的精巧将科学共产主义底原则实现于生活中。

布尔塞维克党，在社会科学底历史上第一个根据着世界科学和文化底一切成就而决定了建成共产主义的具体道路、形式、手段和历史的时间。关于这个社会（在这个社会内人民底命运由他们的有计划的觉悟的活动来决定，在这个社会内社会的财富为人民所支配和用之于人民底福利），人类文化底最先进的代表在许多世纪中就梦想了的。现在这个梦想变成了现实，为我国千百万劳动者所实现了的现实。

因为这个原因，一切进步的和先进的人这样热烈地研究布尔塞维克党争取社会主义胜利的思想的和政治的斗争底经验。因为这个原因，马—列主义政党的宇宙观——辩证唯物论有这样伟大的吸引力。

辩证唯物论对于客观世界和认识底发展底一般规律给了唯一澈底的、严格科学的、完整的全方的图画。

国际工人运动底领袖列宁和斯大林根据苏联共产党（布）底斗争和发展底伟大经验，根据苏联社会主义社会建设领导国际共产主义运动的经验指明：真正的马克思主义的理解社会发展底规律，使得工人阶级政党成为强有力的和不可战胜的。

“马克思主义—列宁主义的理论底力量就在它给予党以一种可能，去在周围环境中判别方位，去懂得周围事变底内部联系，预见事变地进程，并且不仅认清事变在现在是怎样发展和向那里发展，而且认清将来事变将应当怎样发展和向那里发展。

“只有掌握了马克思主义—列宁主义的理论的政党能够有信心地前进并领导工人阶级前进。

“相反的，没有掌握马克思主义—列宁主义的理论的政党不得不摸索而行，在自己的行动中丧失信心并不能领导工人阶级前进。”

马克思主义—列宁主义底理论就是这样的理论，他为马克思和恩格斯，列宁和斯大林在和工人阶级底敌人的顽强的斗争中所锻炼出来，在巨大的理论的和科学的材料中所考验过的。

批判地、创造地克服了过去的哲学的和社会学的理论，马克思和恩格斯把制定新的哲学宇宙观看做在直接的党的工作领域中的、在建设能够领导工人阶级战胜资本主义的革命政党领域中的最主要的任务。马克思和恩格斯将组织工人阶级底革命政党问题和制定这个政党底意识形态问题密切地联结了起来。

在为创造工人阶级底澈底一革命的政党而斗争时，马克思和恩格斯依据在人类所累集的一切知识上制定了自然和人类社会底新的发展观。马克思关于这个宇宙观曾经写过：他给了一切先进的人们以“斗争的真理的口号”。列宁和斯大林根据伟大的布尔塞维克党底历史经验指明这个理论底正确性，历史的真理性，伟大的能动性和活力。

联共（布）第十八次代表大会①根据马列主义创始者底学说，号召伟大的社会主义国家底人民更进一步地掌握前几世纪文化上的和现代科学和技术上的积极的进步的成果，使这些成果为胜利的共产主义建设而服务。

莫洛托夫同志在十八次大会上在《关于苏联国民经济发展底第三个五年计划的报告》中揭露了人类过去的文化成果对于建设共产主义的巨大意义：“共产主义按自己意思来改造所有这一切财宝和成果——但是这不是为着社会上层底利益而是为着全体人民和整个人类底利益。要不惜力量来研究文化遗产。要认真和深刻地通晓它。须要利用资本主义和人类以往历史所供献出来的一切，利用那些在许多世纪内由人们劳动所造成的砖块来建筑新的大厦——便利于人民生活的、宽敞舒适的、充满着光线和阳光的大厦。”②

这一卓越的关于掌握过去的文化的论点，完全是从下述之

① 联共（布）第十八次代表大会：1939年3月10日—21日在莫斯科召开。——编者注

② 莫洛托夫：《十八次大会上的报告》，第62页。

列宁的学说中产生出来的，即正是工人阶级总是科学、哲学、文化底历史上所创造的一切优良东西底合法继承者；是从下述论点产生出来的，即马克思主义底产生乃是人类所创造的一切先进思想底总括，人类社会全世界发展底整个经验底总括。列宁写道，马克思主义不是脱离世界科学和文化发展底大道而产生的，而是他们的直接的继续和发展。

当创立工人阶级底革命政党底宇宙观时，马克思和恩格斯批判地、创造地、革命地总括和发展了英国政治经济学、法国空想社会主义、德国古典哲学底思想的成果。

在《联共（布）党史简明教程》第四章中指出，马克思批判地和创造地克服了黑格尔底哲学，只采取了他的“合理的核心”，抛弃了黑格尔的唯心论的外壳，继续发展了辩证法，给了它以现代科学的形态。

什么东西使黑格尔哲学成为马克思主义底思想的根源之一？这就是黑格尔哲学是一切已往的科学和哲学发展底伟大的总结，黑格尔的辩证法即使在歪曲的形式中总还是“最全面的、内容丰富的、深刻的、关于发展的学说……”[①]黑格尔（虽然是不自觉的）向我们指出了从体系的迷宫中走到现实的和积极的认识世界的道路。正是“这个黑格尔哲学底革命的方面，马克思接受了和发展了”[②]。然而不管黑格尔对马克思的无可争辩的影响，马克思底辩证法是黑格尔辩证法底对立物。马克思是唯物论者，黑格尔——唯心论者。马克思批判地、创造地克

① 《列宁全集》卷十八，第10页。

② 《列宁全集》卷十八，第11页。

服了黑格尔底学说和创立了工人阶级及其政党底哲学——辩证的唯物论。

马克思和恩格斯在前世纪四十年代之初所进行的实际的革命斗争推动了马克思主义底创造者去批判黑格尔底唯心的辩证法和批判旧的形而上的唯物论，部份地费尔巴赫底唯物论。

马克思和恩格斯热情地欢迎有着“解放的影响”的在前世纪四十年代出版的费尔巴赫底唯物论底著作。但是他们同时批评了费尔巴赫唯物论底抽象的、直观的、形而上的和不澈底的性质以及在历史领域中费尔巴赫底唯心论。

在《联共（布）党史简明教程》中辩证唯物论——工人阶级及其政党底革命的科学的宇宙观底产生是放在和马克思与恩格斯底哲学先驱者——德国哲学家黑格尔和费尔巴赫——底学说底积极的、进步的方面的历史联系上的。现在我们来简单地检讨一下他们的观点以及马克思主义创作者批判地利用他们的学说的性质。

一、论黑格尔辩证法底“合理的核心”

“在说明自己的辩证方法时，马克思与恩格斯常常援引黑格尔，把他看做是规定了辩证法底基本要点的哲学家。但是这不是说，马克思和恩格斯底辩证法和黑格尔底辩证法是同一的。实际上，马克思与恩格斯仅仅采用了黑格尔辩证法底‘合理的核心’，抛弃了黑格尔的唯心论的外壳并且继续发展了辩证法，给了它以现代科学的形态。”

黑格尔辩证法底这个“合理的核心”在那里呢？

德国的哲学家黑格尔（Hegel，Georg Wilhelm Friedrich，1770—1831）完成了资产阶级哲学思想底发展。他生活于多数欧洲国家已经经历了资产阶级革命的时代。德国在当时较之英法是一个落后的国家，它被分散为许多小的封建王国，它的工业和商业带着落后的性质。德国资产阶级曾是无组织的和怯懦的，他寻找与普鲁士皇朝的妥协来反对人民。在这些条件下，德国资产阶级及智识份子中的先进的人们并不在现实的迅速的坚决的改造德意志中找寻出路，而在抽象的哲学结构中找寻，用马克思底话来说，在哲学家的头骨下继续德国的历史。

恩格斯说：在“十九世纪的德国哲学革命成了政治破产底引言”。照恩格斯的话说：正是哲学家进行了公开的理论的战争反对愚昧和反对教会，并在学术的语言中，在黑格尔底恶劣的寂寞的时期中掩藏了革命。

一七八九年法国的资产阶级革命对黑格尔底进步的思想有巨大的影响。黑格尔底学生时代及以后独立的政论的科学的教育的活动正是和三级会议及国民会议召集同时。法国革命对于德国的哲学文学艺术给了巨大的影响。

在黑格尔受学于施多加脱[①]时的几年中，莱辛（Lessing，1729—1781）发表了《爱弥亚》《加绿蒂》；而在一七七九年发表了《贤者娜丹》。同时歌德出版了许多著作，席勒（Schiller，1759—1805）正写着《群盗》，康德出版了《纯理性批判》。这

① 施多加脱，通译为斯图加特（德语：Stuttgart），是位于德国西南部的巴登－符腾堡州的首府。——编者注

真正是在理论和文学领域中的“狂飙和袭击”底时代。

黑格尔曾做过纽伦堡中学的校长而在一八一六年担任了海德堡大学的哲学系主任。在海德堡过了三年，准备了自己的主要著作——《逻辑学》。这书出版于一八一八年，当时黑格尔已到柏林工作。在柏林他讲授了哲学史、宗教哲学、美学、法权哲学、历史哲学、逻辑、自然哲学。

虽然普鲁士政府曾经怀疑黑格尔为无神论及政治的激进主义，但是他说还是（如列宁所说）“专制的普鲁士国家底崇拜者，他以柏林大学底教授的资格为它服务……”[1] 他和普鲁士皇朝底反动政策妥协。但列宁以及马克思和恩格斯严厉地责备那些只片面地强调黑格尔和普鲁士现实妥协而只在这上面看到黑格尔的哲学发现底意义的人。

例如恩格斯因威廉·李卜克内西的一个这类的注释，在一八七〇年五月八日给马克思的信中写道：

“……糊涂到如此地步，再也不能忍受了。对黑格尔这一字，这个人作了如下的注解：‘更广大的群众知道他是发明和崇拜皇室普鲁士的国家观念的思想家。’为了这点我给了他以好好的打击并送出了书面的声明，用着在目前条件下最大限度的轻软的语调…… 这个笨虫竟不知羞耻至此，以为对黑格尔这样的人，他可以以‘普鲁士派’一字来清算他，而且他还有厚颜暗示听众说，这是我说的…… 完全不发表，较之发表后因李卜克内西而听驴鸣，为好。”[2]

① 《列宁全集》卷一，第410页。

② 《马克思和恩格斯全集》卷二十四，第335页。

“我写信给他说——马克思回答恩格斯道——假如他关于黑格尔只会重复路得克·维尔凯尔底旧的愚行，那么他最好不开口。这他叫做‘不用特别的客气来清算黑格尔’…… 这个人真是太蠢。”[①]

黑格尔——哲学家——唯心论者，在发展中观察现实，他承认这个发展底源泉不是自然而是精神，不是物质，而是绝对的、客观的观念。与主观唯心论不同，黑格尔不把宇宙底发展去服从个别人的意识，然而承认不属于主体的客观观念底存在。与唯心论者—形而上者不同，黑格尔在发展中，在矛盾底斗争中观察这个观念。按照黑格尔，自然底历史、认识底历史乃是历史地发展着的观念底统一。与唯物论相反，黑格尔认为全部历史生活底主要内容是不断发展着和丰富着的观念。照黑格尔底意见，这个观念不依赖自然和人，因此就有客观的、绝对的称呼。只有它，这个绝对的、客观的观念活着、发展着；现实世界——自然和社会；宇宙底全部丰富只不过是观念底反映，它的能动性底结果。

“绝对观念”在自己的运动中经三个基本阶段。第一，观念积聚起来和丰富自己。黑格尔在自己的《逻辑学》中观察了这个过程。第二，观念过渡为自己的对立物，表现自己于物质世界——自然上。这——黑格尔在《自然哲学》中观察了它。第三，观念底发展以“世界理性”和它所创造的自然和社会底完全符合，以观念与宇宙的同一——照黑格尔底名词——“绝对知识”——为结束。观念发展底第三阶段，黑格尔在其《精

① 《马克思和恩格斯全集》卷二十四，第 336 页。

神哲学》中指明了。照黑格尔，哲学底任务就在：揭发“绝对理性”底自己运动底历史道路。绝对理性乃是唯一的、能动的、现实地存在的力量。这样的理性底每一方面——特殊的绝对的真理，这真理是应该在历史过程底进程中被觉察、被显现和被展开的。

这样，黑格尔指出了“世界的”或“绝对的”观念底自己运动的三个基本阶段。但是在自己的历史发展中，照黑格尔底意见，这个“绝对观念”经过多数的更小的阶段，在每个这样的阶段上“世界精神”表现其本质底某一点。在《意志意识形态》的序言中，马克思和恩格斯写道：“黑格尔完成了积极的唯心论。在他那里，不仅整个物质世界变成了思想底世界，而且全部历史亦变成了思想底历史。他不满足于记述思想的事物，他并企图描写他们的生产底举动。”①

恩格斯在自己的古典著作《反杜林论》（在这一著作内严正地和有系统地叙述了无产阶级哲学宇宙观底基础）中关于唯心论的解释宇宙曾经写道：

“以为人类生活底条件是为他们的思想和观念所创造的，而不是相反；这种观点为全部历史所推翻了的；在历史上至今永远是：所达到了的不是人们所希望的；而在往前的进程中在大多数情形下甚至是相反的。”②

列宁和斯大林发展了这个对黑格尔唯心论的古典的批判。列宁写道：不是自然应该从精神底历史中探讨出来；而相反

① 《马恩全集》卷四，第4页。

② 恩格斯：《反杜林论》，第299页。

地，“逻辑和认识论应该是从全部自然和精神底生活中探讨出来的”[①]。

斯大林同志根据着马克思、恩格斯、列宁底著作，总括着全部世界科学底成果，写道：

“那以为思想以及一般的精神的方面在自己发展中**先于**自然……的思想是不正确的。”[②]

但是不论他的唯心论的解释宇宙观是如何错误，黑格尔在科学面前有巨大的功绩。较之任何以前的哲学体系，他能够包括更广大的科学领域。而实际上，黑格尔在研究了人的思想底产生和发展之后（在《精神现象学》中）得到了结论（用恩格斯的话说）说：人的个人意识在社会和科学生活的不同阶段上的发展可以看做是人类思想在历史上经历过的各种阶段底缩影。当研究逻辑、自然哲学、精神哲学、历史哲学、美学、法权哲学、宗教哲学史时，黑格尔力求在每个领域中“找寻并指出通过它的发展的线索。而且因为他不仅具有创造的天才，而且具有各方面的学说，所以他的出现到处都划了一个时代”[③]。

将人类思想底全部历史理解为辩证地发展着的统一的过程之后，黑格尔在思想底发展中猜到了事物底发展，在概念底出现和发展中猜到了现实的生活。但客观唯心论者的黑格尔神秘地以某种绝对理性来解释全部世界历史，将这个历史去从属于思想底历史并且如列宁指出的一样，他没有能够达到将自然和社会生活底历史在思想上自觉的表现起来。

---

① 列宁：《哲学笔记》，第 90 页。

② 引自勃里亚：《论外高加索布尔塞维克组织史问题》，第 118 页。

③ 恩格斯：《费尔巴赫论》，第 10—12 页。

马克思、恩格斯、列宁和斯大林，批评了黑格尔哲学底唯心论，同时却历史地尊重它。较之以前的哲学家和学者，黑格尔底长处，恩格斯以为是黑格尔底巨大的历史感。他的哲学与体系是异常抽象的和唯心论的，但是黑格尔底思想进程永远是和历史进程平行地展开来的。

恩格斯写道："在他的现象学中、在美学中、在历史中、在哲学中——到处像一条红线一样贯串着这个伟大的理解，到处历史地观察问题，在与历史的现实的一定的（虽然是抽象地曲解了的）联系中观察问题。"[①]

但是现实发展底这类猜想并没有消灭黑格尔哲学底抽象性和唯心论的性质。

按照黑格尔，"绝对观念"发展底实质是在它消灭了对象的世界并且将一切对象世界底内容转移到意识的范围中去。

列宁很好地揭露了这个以思想和概念来消灭自然的全部神秘的本质。他残酷地嘲笑了黑格尔底这类结论底反科学的本质："'自然 = 概念在外表上的堆积'（哈！哈！）"[②]

不管黑格尔怎样企图证明：自然是从属于思想的，他可没有找到这样的证明。马克思写过，虽然黑格尔早已把世界溶化于意识中了，但是世界仍然是真实的和不从属于人的。这样，甚至于唯心论哲学底最杰出的代表，当企图"证明"物质从属于意识底发展时，不得不和科学发生厉害的矛盾。

只有辩证唯物论给了唯心论的观念以致命的批判。照唯心

① 马克思：《政治经济学批判》，第 11 页。

② 列宁：《哲学笔记》，第 180 页。

论说来，思想是不从属于自然和社会发展的。

“与唯物论相反，唯心论认为世界是‘绝对观念’‘世界精神’‘意识’底体现——马克思底哲学唯物论底出发点是：世界按其本质说是物质的，世界上各色各样的现象乃是运动着的物质底各种不同的形态。为辩证法所确定的现象底相互联结和相互制约乃是运动着的物质底发展底规律性；世界是按着物质运动底规律而自己发展的，用不着任何‘世界精神’。”（《简明教程》）

虽然黑格尔在思想对自然的关系的问题上有着深刻的谬误，但是他还能够详细的阐明辩证思维底诸形式，给了形式逻辑的思维方法以严重的打击。

黑格尔尖锐地批评了形式的无内容的形而上的逻辑。他指出：站在这个逻辑底观点上，学者只应当限制于抽象的重复：对象等于对象自己，A=A，人是人，植物是植物。假如科学将一切问题底解决限制在这个意味上，那么它便永远不能做任何一个新发明，而将逗留在原处。按黑格尔，科学底发展是由于在概念中表现了对立底发展，由于在产生、发展和消灭中观察一切。形式逻辑虽然亦企图发现运动底原因，可是不在对象或概念本身中去找到这个原因，而在对象或概念之外去找。例如，按十七——十八世纪学者们的观点：力——这是一件事，物质——完全另外一件事，力——运动底源泉，物质——受外来推动的受动的东西。世界似乎被分裂为两个方面：在物质外的能动的方面及受动的方面——即物质。

举出这个例子时，黑格尔完全公正地称这种统治于十七——十八世纪科学上的“悟性底王国”为“不幸的意识”，它完全不正确地分裂世界。所以黑格尔认为“悟性的”或形式的——形而上的观点是片面的。

按照黑格尔，只有在把矛盾不看做外的，彼此相异的地方，只有在对于对象，对于自然“力”不是外来的，而相反地，是处于对象、自然内部的，组成对象、自然的本身的内容的地方，只有在这里“悟性底王国”才被“理性底王国”所替代。照黑格尔，理性底一切活动和悟性底活动相反，是建设在辨证的基础上的。理性已经不推开矛盾，而相反地，找寻和发现他们。理性不分裂对立的方面和倾向为独立出现的现象，而把他们联结在高级的统一中。理性不如“悟性”一样不是把握终结的彼此脱离的事物，而是把握发展底结果——即完全的和和协展开了的观念富藏。在这个意义上，理性和“悟性”底活动相反是不会错误的。因为在理性中已经包括了全部现实、全部存在，所以在认识事物的时候，理性便自己认识了自己。所以，按照黑格尔底学说，在理性底范围内，认识等于自我认识。

按黑格尔底理论，不依赖于我们意识的客观的、对象的世界怎样转变为自己的对立物而成为理性底内容呢？黑格尔在观念的活动中，在意识底能动性中看到了实现这个转变底手段。

黑格尔企图提高人的理性，给它以发现观念运动中和自然发展中的矛盾的能力，但是在这里，黑格尔得出了错误的结论，走向了神秘主义。

深刻地叙述黑格尔辩证法底重要结论的鲜明文件是《精神

现象学》底《奴隶与主人》一章。《精神现象学》（用马克思底话说）是黑格尔哲学底源泉和秘密。

简单地说来，这一章底内容如下：开始似乎是自然底对象统治着——他是主人，意识只跟着它，服从它——意识只起奴隶底作用。可是，对象，虽然它是主人，只有依赖意识才能认识自己。意识乃是奴隶。换言之，主人经过奴隶（意识）认识自己，而奴隶，在自己方面，依赖对象依赖主人认识自己是奴隶。对立物——意识和对象，奴隶和主人底互相联系和关系存在着。这个对立性底发展底辩证法是这样的，主人底意识是奴隶的。这是因为，对象——主人——在意识中找到自己，看到自己；意识乃是服从者、奴隶。其次，在分析主人底本质时，黑格尔确认，主人与事物的关系，只在事物给他以满足这一程度上。而且，事物中的这一方面，主人亦经过奴隶底活动发现的。奴隶出现为对象的、物质的世界和主人之间的中间人。结果，主人脱离了事物，离开了事物。奴隶（意识）仍然和事物联系着并巩固这个联系。这个联系经过劳动来巩固和加深。奴隶改变了事物，形成了事物。事物是他的活动底结果。事物抵抗奴隶、奴隶克服这个抵抗，这样来掌握事物。这个奴隶底活动和主人底无所作为底结果发生了什么呢？发生了惊人的变换：按黑格尔，那使奴隶成为奴隶的东西，劳动现在解除了他。奴隶成为事物底主人，而主人则成为依赖奴隶的，依赖奴隶底活动的，即成了奴隶。奴隶和主人对换了位置。假如注意到黑格尔在主人和奴隶关系上所包括的意义，则是由于意识底能动性对换了对象和意识底位置：意识成了主人，对象成了奴隶。

黑格尔所热烈地为着它斗争的能动性底原则，它还理解得非常有限。照黑格尔底学说，行动、能动性、活动，并没有越出纯粹理论的领域，而且按他的意思并需藉助于智力劳动。

这个例子令人信服地证明：黑格尔虽然研究了矛盾、辩证的发展，对立性底彼此过渡，但是以不正确的结论结束了这个研究，企图证明意识高于自然。黑格尔辩证法底神秘主义这里亦表现得很鲜明。所以，应该坚决地强调：孟塞维克化的唯心论者，对《精神现象学》底上述一章，企图几个把它当做辩证唯物论的著作，这是曲解和伪造事情的真实情形。

不管黑格尔著作的全部热情，不管精神现象学底一切热烈的号召行动、能动性，黑格尔所想改变的现象仍旧是原样未变的。

在这上面已经明白地说明了黑格尔哲学体系底唯心论的性质。虽然发展底观念在他那里带着辩证的性质，可是这个发展只在纯粹思想的范围中、理论底范围中实现，在《精神哲学》中黑格尔自己解释了“能动性”在他的哲学中的意义。他写道：“主观的因素应该得到客观的意义。并且相反地，对象应该做成我的对象，不仅因为对象是为抽象思想所创造的，而且因为他的一切内容是思想底结果。”[①] 所以，所说的不是实践的活动，而是思想底活动；按黑格尔，对象是思想及其内容底发展底结果。对象底变化是因为人关于它的思想已经变化的缘故。

但是为了改变对象，只在思想上改变它是完全不够的。马

① 黑格尔:《精神哲学》，第203页。

克思在《神圣家族》中就已经写道："为着要站起来，而只在思想中站起来而让现实的可感觉的重担仍然压在现实的、可感觉的头上，这是完全不够的。这个现实的可感觉的重担并非用任何观念的法术可以驱走的。"①

其次，马克思写道："观念不能走出旧制度底范围，他永远只能走出旧制度底观念底范围。观念一般地不能完成任何东西。为着观念的完成需要人，人应该应用实践的力量。"②

在黑格尔，现实是为意识所产生的。精神从自己的胸怀内产生对象的世界，为着经过一些时候来残酷地对付自己的创造。这个意识发展底全部神秘主义，列宁在他的《黑格尔逻辑学的笔记》中小心地揭露了的。正是黑格尔哲学见解底神秘主义引导到拥护和辩护十九世纪上半期的普鲁士国家。既然现实是观念，而且是完成形式的观念，那么就应该拥护这个观念。

十分明白的，吸引先进学说和革命家注意的不是黑格尔辩证法底上述的神秘主义的一点。吸引他们注意的是，他的关于发展的学说，关于对立底斗争是发展底源泉的学说。

在《逻辑学》中黑格尔详细地叙述了自己的关于矛盾的学说。对立和矛盾——不是规律中的例外，不是在人类思想发展中和自然发展中的偶然的东西，而是真正的"理性底王国"，因为只有经过矛盾才能揭露对象底本质。认识对立底运动是一切科学的目的。

黑格尔底关于发展的天才学说，他的如下的思想：即认识

① 《马恩全集》卷三，第106页。
② 《马恩全集》卷三，第147页。

是对立斗争底认识和矛盾是任何运动、任何生命发展底源泉，乃是他的巨大的历史功绩。他的辩证法底“合理的核心”底实质就在这上面。

但是黑格尔虽承认着矛盾是普遍的，但只把它们关连于意识底领域；照黑格尔，矛盾在实践活动中是没有位置的，对立底斗争不仅不普遍于全宇宙，而且甚至亦不普遍于意识运动底一切阶段上。

列宁曾说道：“黑格尔在概念底辩证法中天才猜到了事物底辩证法”时，指出：“正是猜到了不再多一点。”[①]

列宁写道：黑格尔“要求逻辑，在其中形式应该是内容的形式，活的现实内容底形式，与内容不可分裂地联系着的形式”[②]。关于思维形式底内容性的黑格尔底要求是辩证法底天才要求。但是关于思维形式底内容性的要求，对于黑格尔并不意味着：思维应该反映客观世界。他要求，思维应该是有内容的，即思维不应该成为空的和死的图式。只有辩证唯物论教导道：人底思想、概念、观念应该以自己的内容反映人们在与自然斗争中和社会生活发展中所积累的丰富经验。只有在这个条件下，人的思想底形式、逻辑，才不是空洞的、抽象的、死的，而是活的、有内容的。在黑格尔那里已经遇到关于必须将思维底形式和生活本身发展联系起来观察的猜想。但是列宁指出：黑格尔是唯心论者不能够澈底科学地发展底有内容的思维形式。

① 列宁：《哲学笔记》，第 189 页。

② 列宁：《哲学笔记》，第 93 页。

在《逻辑学》中黑格尔简单地说明了绝对观念生活底第一阶段。它的意义可作如下的叙述：永存的绝对观念在其基始的形态中乃是存在底概念。所谓“单纯的存在”——逻辑底开始，它不能有更进的规定并且作为完全无规定的，绝对否定的和本身无所区别的，他等于无。作为对立性的存在底观念和无是逻辑底开始，观念往前运动底开始。由于自己内部的矛盾的天性而彼此过渡——即处于推移底过程中，这些概念获得了更确定的性质，而变成为质——特殊的“存在底规定性”，而从所有这些“无”——存在底特殊的代表——底同一性的观点上来观察，则出现为量的方面。质——存在底内的规定性，量——他的外的规定性，不管量底变化，质在一定的时机前保存着自己的特点。存在与无的对立让位于另一对立——质与量，这两者是处于统一中的。这个他们的统一黑格尔称之为度量，这个一致为量底变化所破坏。质底更迭（这是在飞跃形态下到来的）引导到过渡为无度量的。这便结束了质与量底发展和实现了过渡到本质，这里特别鲜明地揭露了存在底内外矛盾。根据——存在底某种完整性，生存——存在底外的表现，形象——本质底一个表现，一个方面及现象——存在底某种丰富性，所有这些范畴整个地在自己的运动中引导到现实底概念。正是在这上面，黑格尔区别着自己逻辑底一切基本范畴：偶然性和必然性，因果性和互相作用，自由和必然，可能性和现实性。只有本质在其一切规定上的完全的揭露，造成了产生作为存在底真理的概念的先决条件。概念底发展以及本质底发展底所以成为可能，只是因为有思想中的内的对立。概念底自己发展正是为这些矛盾所产生的。概念底自己发展以自己的运动规定了客观世界底生存和发展，出现为宇宙底创造者。辩证家的黑格尔企图在普通的特殊的和单独的矛盾底概念中指明概念底具体性。逻辑上概念底一切发展完成于观念。

这就是简单地，黑格尔在他的《逻辑学》中的议论的进程。

列宁极重视概念运动底黑格尔的分析。辩证逻辑底任务就在：在科学的概念、观念底运动中反映客观世界底运动。所以黑格尔为着概念底灵活性而进行的斗争（虽然是站在虚伪的立场上的）有着巨大的意义。列宁关于黑格尔底《逻辑学》这方面写道：

“概念，普通以为是死的，黑格尔加以分析和指出：其中有着运动。终极的？——就是走向终极！无？——就是说非这、非那、一般地存在？——就是说，这样的无规定性，存在 = 不存在。各方面的包罗万象的概念底灵活性，一直达到对立底同一的灵活性——实质就在这里。”[①]

不管在黑格尔底《逻辑学》中一般概念底辩证分析底全部深刻性，他的逻辑带着抽象的思辨的性质，充满着神秘的内容。因此马—列主义底创造者，批判地克服了黑格尔底唯心的辩证法，创造了自己的澈底科学的唯物的辩证法。马克思在《资本论》第一卷德文版的再版序言中写过，他的方法和黑格尔底方法不仅在基本上不同而且和它直接相反。马克思写道：对于黑格尔，思维底过程是现实底创造者，“对于我，相反地，

① 列宁：《哲学笔记》，第20页。

观念的东西不过是移植在人的头脑中并在的头脑中改造过了的物质的东西”[①]。

恩格斯给了黑格尔所创造的哲学知识底体系以很好的估计。在《费尔巴赫论》中，恩格斯写道，黑格尔想创造终极的哲学体系。这个“体系”应该贡献人类以绝对的最后的不再有任何往后发展的真理。黑格尔在自己的《逻辑学》中企图证明“真理”发展着，日益丰富着，应该把它当做过程来观察——而自己却结束了这个对真理的观点。他宣布自己哲学体系底全部内容为绝对的、最后的、不变的真理，这样就和自己的“破坏一切独断的辩证方法发生矛盾。这就是说，在异常地生长了的反动方面的重压之下窒死了革命的方面”[②]。

恩格斯指出：唯心论者—辩证家黑格尔没有澈底地运用关于普遍发展的思想。黑格尔不得不给自然和意识的发展加上一个界限。自然底发展只能按照已经走过的道路来重新开始。发展实现在环状的圈子里。黑格尔底体系埋葬了他的方法。在这一点上包含着黑格尔方法底要求（揭露自然和意识发展底客观的辩证法）和他的体系底要求（以“绝对知识”底发现来结束发展）之间的深刻的矛盾。

在黑格尔哲学中有革命的方面，因此马克思称黑格尔为以自己有力的声音响澈于文化史上几十年的人；但是亦有其保守的方面，由于这方面，他常常和普鲁士的现实妥协。而且很明白的，黑格尔底方法和体系之间的这个矛盾不能简单化地了解

① 马克思：《资本论》卷一，第23页。

② 恩格斯：《费尔巴赫论》，第9页。

为在一只箱子中——革命的方法，在另一只箱子中——保守的体系。在黑格尔那里，辩证法和唯心论是混合着的。黑格尔有的是唯心的辩证法，黑格尔哲学中这个体系和方法之间的矛盾归根结底是和当时德国的诸条件底矛盾性，这时代德国资产阶级的地位矛盾性联系着的。

这个两重性就解释了为什么黑格尔不同地影响了在哲学和科学领域中的以后的事变和为什么他的同时代人同样不同地对待他。一些思想家，如费尔巴赫尖锐地和公允地批评了黑格尔，因为他的唯心论，但是没有理解在创造对宇宙的辩证观点上的他的功绩。另一些人——把他当做“死狗”而嗤之以鼻。而只有马—列主义底创始者给了黑格尔哲学——部份地是他的辩证法底意义以真正历史的科学的估计，能够批判地取其合理的核心和抛弃唯心论的外壳。

现代的资产阶级反动哲学家，依列宁的说法，这些“哲学研究院底头目”，坚决地和无保留地抛弃黑格尔底辩证法，而同时却不忘记和他勾搭。他们甚至号召“回到黑格尔去”。他们召开黑格尔学会底年会，宣读关于黑格尔学说底各种问题底报告。现代的极端反动主义者企图从黑格尔那里借用些甚么呢？回答只有一个：他们借用黑格尔底神秘主义，尽力鼓吹他的关于绝对观念的学说，伪造他的关于国家的学说，企图用他的《法权哲学》来辩护法西斯统治者底反动。

法西斯营垒中的极端反动主义者将黑格尔底神秘主义变成新黑格尔派底特殊体系——这是战斗的反动派底哲学。

真正的马克思主义者应该揭破任何脱离辩证唯物论。孟塞维克化的唯心论——这个法西斯主义和托洛茨基主义底意识形态上的掩护品，不是白白的企图以公开的黑格尔主义代替马克思和列宁的哲学唯物论。我们党揭破了孟塞维克化的唯心论是反动的仇视列宁主义的流派。党同样揭破了对于文化史底机械论的修正。

我们应该研究马列主义创始者对于黑格尔的态度，这种态度指明了黑格尔在世界文化史上的真实的作用。恩格斯在估计黑格尔哲学底意义时写道：

"…… 黑格尔哲学底……真正意义和革命性质就正在于它一下子永远地结束了那以为人的思维和行动底结果是终极性质的一切思想。在黑格尔看来，哲学所应认识的真理已经不是收集几条现成的独断的原理，在这些原理发现后，只要牢记它就够了；现在真理是包含在认识过程底本身中，在科学底长期的历史发展中，科学从知识的低阶段上升到高阶段，但是他永远不会达到这样的一点，即在这点上它——找得了所谓绝对真理——不能再前进，除了袖手静坐，惊喜地默想这个已经获得的绝对真理之外，再亦不能有所作为了。"[1]

列宁继续发展了对黑格尔哲学的这个古典的估计。他证明了，黑格尔底辩证学说是革命的。

"黑格尔对于人的理性及其权力的信赖和黑格尔哲学底基本论点：宇宙间进行着变化和发展底经常的过渡；使得他的那些不愿意和现实妥协的学生们达到这个思想，即和现实作斗争，和现存的不公允及罪恶斗争亦是在永远发展底世界规律中

① 恩格斯：《费尔巴赫论》，第7页。

有根据的。假如一切都发展着，假如一种制度为别种制度所更替，那么普皇或俄皇的专制制度，极少数人藉剥夺大多数人而发财，资产阶级对人民底统治为什么要永久地存在呢？”①

列宁和斯大林教导党：应该布尔塞维克式地去对待科学——即善于在黑格尔那里采用我们——布尔塞维克在为共产主义斗争中，为人类幸福的斗争中所需要的东西。为马—列主义创始者们所批判地创造地改造了的黑格尔学说底革命方面乃是黑格尔辩证法底“合理的核心。”黑格尔底关于宇宙经过内部矛盾的辩证变化的思想，即他的关于发展的学说，他和哲学上的反动的斗争，至今吸引着进步的、先进的科学底代表们底重大的注意。

曾经需要把黑格尔底基本思想——关于发展的思想——从他的唯心论的外壳中解放出来，需要改造黑格尔的辩证法。关于这点，马克思给库格曼写道：

“他（杜林——著作）很好地知道，我的研究方法不是黑格尔的，因为我是唯物论者，而黑格尔——唯心论者。黑格尔的辩证法是任何辩证法底基本形式，但是只有在清除了它的神秘形式之后，而这正是我的方法和它的区别。”②

《联共（布）党史简明教程》说：

“……马克思和恩格斯仅仅采用了黑格尔辩证法底‘合理的核心’，抛弃了黑格尔的唯心论的外壳，并继续发展了辩证法，给了它以现代科学的形态。”

① 《列宁全集》卷一，第410—411页。

② 《马恩通信集》，第230页。

在批判黑格尔的唯心论哲学上和在马克思与恩格斯的思想发展上起很大作用的是他们的同时代人，著名的德国哲学家——唯物论者路德维希·费尔巴赫（Feuerbach，Ludwing，一八〇四——一八七二）。

二、论路德维希·费尔巴赫哲学底“基本核心”

在黑格尔死后，在德国到来了一个尖锐的思想斗争底时期。一派黑格尔底追从者在法权、政治、历史领域内发展他的最反动的信念；另一派，所谓“左派黑格尔派”（布鲁诺·鲍威尔、爱德迦·鲍威尔、施铁纳尔等参加的）企图从黑格尔底哲学学说中做出急进的结论出来，批评宗教，甚至将哲学和政治联系起来。在参加“左派黑格尔派”的一切哲学家中（如果不算马克思和恩格斯的思想的发展，他们在学生时代曾经参加“左派黑格尔派”小组底工作的），著名的德国学者，哲学家＝唯物论者路德维希·费尔巴赫说出了和叙述了最进步的信念。

马克思和恩格斯在前世纪四十年代之初所进行的实际的革命斗争亦尖锐地侵入于理论底领域，部份地哲学底领域。马克思和恩格斯以巨大的注意注视了当时的哲学斗争，身受着费尔巴赫哲学底“解放的影响”。《联共（布）党史简明教程》以极大的深刻性揭露了马克思主义底创始者们对德国的哲学家＝唯物论者路德维希·费尔巴赫的关系。

“在说明自己的唯物论时，马克思和恩格斯常常援引费尔巴赫，费尔巴赫是恢复唯物论底权威底哲学家。但是，这不是说，马克思和恩格斯底唯物论与费尔巴赫底唯物论是一样的。实际上，马克思和恩格斯采用了费尔巴赫唯物论底‘基本的核心’，继续发展了它成为唯物论的科学 = 哲学的理论，抛弃了他的唯心论的和宗教伦理学的杂质。”

费尔巴赫哲学底内容是什么？他的唯物论底“基本核心”在那里？

路德维希·费尔巴赫生于一八〇四年德国的小地方兰德斯戈，他是著名的德国法律家和政治家安西姆·费尔巴赫的儿子，费尔巴赫生长于其中的家庭有着异常多方面的兴趣。一个哥哥是杰出的画家，另外一个哥哥专心致志于自然科学，第三个哥哥跟着父亲的道路从事于政治活动。

路德维希·费尔巴赫起初是爱兰根大学的学生，以后是柏林大学的学生，研究了神学、宗教史和哲学史，醉心于黑格尔哲学。在青年时代，费尔巴赫是黑格尔底热情的追从者。他的第一本著作《死与不朽的思想》引起德国警察底怀疑并造成了反动派对这个哲学家的不可忍耐的态度，这种态度一直继续到一八七二年即直到费尔巴赫之死。

神父、牧师、宗教的狂信者：政治的反动派对费尔巴赫特别仇恨。费尔巴赫把他们看做自己的最不可调和的敌人。例如，在保存着的费尔巴赫底一封信中，他关于自己的敌人这样说：“假如神父们是有思想的，那么他们是奸恶的、无良心的、虚伪的。假如他们是善良和忠实的，那么他们是蠢笨的。”

按其性格说，费尔巴赫是勇敢的和异常坚决的，他不忍受政治的压迫，特别是在科学创造的领域内。费尔巴赫是争取资产阶级民主制度的德国的有激进情绪的资产阶级底鲜明的思想的代表，他促进了对德国的普鲁士专制主义的先进的反对派情绪底生长。

费尔巴赫底大部份的生涯是在政治斗争之外，在风暴般的变动之外（这种变动在十九世纪中叶的德国历史上是很丰富的）渡过去的。“德国的斯宾诺莎”甚至没有能够走上广大的科学舞台，因为在他整个生涯中没有能够得到任何一个德国大学的哲学教授的位置。普鲁士政府害怕和迫害这个进步的、有民主情绪的、勇敢的和坚决的思想家＝唯物论者。不管一切阻碍，在革命时期，在一八四八年时期，费尔巴赫终于获得了在海得堡对学生、智识份子、工人、手工业者及一般地对普鲁士专制制度有反对情绪的人们宣读自己的演讲。但是甚至在这里，他亦遇到了阻碍。当费尔巴赫底演讲底组织者，请求借用海得堡大学的房屋以供演讲之用时，大学管理处拒绝了这个请求。费尔巴赫被迫地在市议会的房子里宣读自己的演讲。

费尔巴赫在极穷困中结束了自己的生命。好像是为着嘲笑哲学家，费尔巴赫所住的勃鲁克堡的房子，在他死后为当地政府所购得，并在那里建造了一所监狱，并任命一个神父——即费尔巴赫底最鲜明的敌人为这个特殊机关的首脑。

在自己觉悟生活底初年，大概至一八三九年止，费尔巴赫是黑格尔底追从者。他的著名的著作《关于死和不朽的思想》①，他的历史—哲学的著作，部份地他关于荷兰哲学家＝唯物论者斯宾诺莎的著作都是属于这个时期的。在这些著作中他

① 即前文所提《死与不朽的思想》。——编者注

企图把人类思想发展史当做理性底发展来研究，而个别的哲学体系当做历史生活和这个理性发展底特殊的表现和显视来研究。但是至一八三九年时，费尔巴赫已经确信：立足于黑格尔学说底观点上不能做出关于自然和人的生命底深刻的科学结论。如费尔巴赫所说，黑格尔号召其读者和听众去研究“天上的领域”。这不能满足费尔巴赫。一八三九年他写好了名著《黑格尔哲学批判》，在这书内给了黑格尔底唯心哲学以有内容的批判的检讨。以后在一八四一年在费尔巴赫最重要的著作《基督教底本质》中更发展了这些反对黑格尔的论据。费尔巴赫用以反对黑格尔的基本思想就是哲学，当它局促于纯粹的思想底范围中时，不能够达到自己的真理的结果。照费尔巴赫，哲学本身以他自己的力量是不能创造生活的。哲学并非自己本身产生其观念之丰富的。只有研究自然，哲学家才获得知识。按费尔巴赫底意见，哲学家底任务不在于局限在个别人底思维底范围中，而在于把自己的目光向自然看去。

费尔巴赫宣布了唯物论底胜利。他证明了，黑格尔哲学不过是哲学地粉饰了的神学，不过是对于世界及其发生的神父观点底哲学的表现。

费尔巴赫说：黑格尔底“绝对精神”乃是平常的人的意识，不过脱离了人罢了。

与这相反，费尔巴赫断言：意识是物质底产物。在这个哲学基本问题底唯物论的解决上，在这个给黑格尔的唯心论以坚决的打击上——费尔巴赫底历史功绩。

恩格斯在自己的古典著作《费尔巴赫论》中指出，当费尔巴赫底著作《基督教底本质》出现时，它一下粉碎了积累于唯心论体系中的旧的矛盾，宣布了唯物论底胜利。恩格斯写道：费尔巴赫思想底实质可以归结如下：

“自然不依赖任何哲学存在着。在这个基础上生长着我们、人们、自然的产物。在自然和人之外，并没有任何东西。由我们的宗教幻想所造成的最高存在——只是我们自身的本质底幻想的反映。妖魔取掉了；‘体系’被粉碎了和抛在一旁了……”

恩格斯接着写道：

“没有身受这本书底解放影响的人，他就不能想像这个影响。我们大家都兴高采烈，而我们大家一时都成了费尔巴赫底信徒。马克思以怎样的热情来欢迎这个新的观点以及这新观点怎样影响着他——不管一切他的批评的保留——可以从他的《神圣家族》一书中看出来。”①

按马克思和恩格斯底说法，《基督教底本质》使“黑格尔底世界精神退位”。在《神圣家族》中他们这样地估计费尔巴赫底历史功绩：

“谁消灭了概念底辩证法——只有哲学家才知道的神的战争呢？费尔巴赫。谁在旧导具的位置上，在‘无限的自我意识’的位置上，不放上‘人底意义’（好像人除了他是人外，还有甚么别的意义似的！）而放上‘人’本身呢？费尔巴赫而且只有费尔巴赫。”②

而且真的，费尔巴赫在热中于黑格尔之后，他的一切注意是用来反对唯心论的。高度地估价了费尔巴赫底唯物论哲学，

---

① 《马恩全集》卷十六，第642页。

② 《马恩全集》卷三，第117页。

马克思邀请费尔巴赫参加《法德年鉴》。马克思写道：你，历史赋予着反对谢林和黑格尔的使命。你——谢林底反面。既然谢林是唯物论的讽刺画，那么，真本—即费尔巴赫自己，他的一个出现就应该毁坏这个在黑格尔和谢林身上出现的唯心论的幽灵。

马克思和恩格斯这样高度的估价了费尔巴赫底功绩，但同时在一开始他们就看到了他的唯物论底局限性。

费尔巴赫，在批评黑格尔哲学时，抛弃了德国在古典唯心论所有的积极的东西，抛弃了黑格尔底辩证法。他从来没有了解黑格尔辩证法底意义，称黑格尔哲学为神学、宗教底最后躲避所和支持。

无疑的，费尔巴赫对唯心论的这类批评是由当时的落后的社会关系所产生的。

依列宁的话说，费尔巴赫没有了解政治在人的生活中的地位。例如，他拒绝提出自己为佛兰克堡国民会议的候选人。马克思在一封信中写过，费尔巴赫太多自然和太少政治。从这里便产生了费尔巴赫底局限性。他没有走出资产阶级民主主义梦想的限度。

在自己对社会生活的观点上，费尔巴赫仍旧是站在唯心论底立场上的。马克思与恩格斯，在完全克服了费尔巴赫唯物论底限制性之后，在《德国的意识形态》上写道：

“当他不研究历史时，费尔巴赫是唯物论者；而当他观察历史时，他完全不是唯物论者。”[①] 在关于社会的学说中，他力

① 《马恩全集》卷四，第35页。

图达到消灭过度的富与贫的财产分配，经过改良而不是经过革命来求得财产底平均分配。按费尔巴赫的意见，由于这样，便可消灭乞丐、贫困和专横，而在意识形态的领域内便可消灭愚昧和反动。人将成为和协地发展的生物，他将对“真理的宗教”和哲学发生兴趣。不管关于将来的和协地发展的人和关于没有专横、反动，没有在一极上过度地财富集中，另一极上贫困的社会的梦想，费尔巴赫承认，社会经过人们底宗教活动，经过爱底宗教，经过人们彼此间的真正的人的关系而实现其最高理想。费尔巴赫甚至按照何种宗教体系统治于某个时期来划分人类社会底历史时期。所有这些说明，在社会观点底领域内，费尔巴赫没有走出唯心论底界限。费尔巴赫唯物论底这种局限性底基本原因乃是他不了解社会人底实际活动底意义，他不了解发展底思想——辩证法，这是黑格尔所能已经有了的，虽然是唯心的形态的。

费尔巴赫底唯物论在他解决哲学底基本问题上可以鲜明地看到。

费尔巴赫在其《哲学改革刍议》中写道：思维，单独地、抽象地脱离了自然，便不给予任何积极的知识；积极的知识产生于人和自然交接的结果，或者用费尔巴赫底话说，“我”和“非我”交接底结果。自然——一切知识底来源；真理的哲学从自然开始，而哲学则是其他科学底始祖。自然——一切科学之母。一般的科学和哲学就在他们从自然中发生，在事实上把握自己的发端，他们有着共同的基础——物质世界。在《哲学改革刍议》和《哲学底基础》中费尔巴赫提出这个问题：即哲学应该把自己的结论依据在自然底事实之上。但是哲学怎样做到这一点呢？与黑格尔相反，费尔巴赫认为，哲学不仅在最后才转到现实，转到自然，而相反地，它应得从现实，从自然开始。“精神跟随在感觉之后，而不是感觉在精神之后”——费尔巴赫写道。人底思想——这是事物之末而非事物之始。从思想从意识到自然底过渡是“纯粹信仰底放肆”。在另一个地方他指出：假如人从研究现实、自然开始并留在在那里，那么哲学对于人将是经常的需要。假如人不去研究自然而建立哲学体系，那么这个体系是空洞的和无内容的，它将是僧侣主义。

费尔巴赫对于哲学基础的了解本身就已经反对了黑格尔的关于哲学底任务和对象的学说。在黑格尔，真理的哲学和宗教结合着。在费尔巴赫，真理的哲学在和宗教区分的地方把握自己的基始。在黑格尔，人从理性过渡到自然。在费尔巴赫，哲学从现实、从自然开始。在黑格尔，一切发展是由“绝对观念”底特殊的能动性来完成的。在费尔巴赫，自然本身的生活放在注意底中心。自然是能动的和完全独立的。这里可以看到不同的出发点；哲学内容和对象底相反的论证。

假如，照费尔巴赫底学说，哲学底全部内容和性质是由从人与自然的互相关系构成的，那么在费尔巴赫看来，人是什么呢？人，费尔巴赫把他看做是自然底一部份。主体、“我”、人同时亦是客体，自然底一部份，服从自然底规律的。因此，照费尔巴赫，“我”对“非我”，主体对客体，人对自然的关系是建立在这个基础上的，即人、主体同时亦就是客体，并在这个意义上他表现了与客体与自然的一致。

是的，费尔巴赫底人——这是抽象的生物，即与一定的政党、阶级、阶层没有联系的，又与一定的政治利益没有联系的，与一定的社会历史环境没有联系的。这样的人——自然底一部份并且仅仅如此而已。这样的人——只是生物学上的生物。在这个意味上，费尔巴赫底人还是抽象的、受动的，他是被动的直观的生物。能动的方面在客体中在自然中。照费尔巴赫底学说，只有自然作用于人，人则是受动的。

虽然，按费尔巴赫，人是外间世界、自然和主观世界的统一并在这个意义上他是哲学底最高对象；可是费尔巴赫没有能够指出从人到环境到自然的过渡。从人是无动作的被动的生物的这类哲学立场上亦是无法做到这点的。只有研究人改变世界的活动，只有研究人们底阶级斗争才能指出从人到自然的过渡。

当列宁说到德国唯物论哲学体系底缺点时，他首先指出费尔巴赫底所谓“人类学主义”。它使费尔巴赫底哲学成为直观的，而哲学底对象——人成为抽象的生物。

费尔巴赫哲学学说底这个人类学主义是什么东西呢？人类学这个字是从两个希腊字来的：“Anthropos”——人，“Logos”——学说、文字、思想。人类学即关于人的学说、科学。费尔巴赫企图根据人类学建立整个哲学体系。

最初的影象是：假如费尔巴赫底人是和自然统一的，假如人本身是自然底一部份，那么人是现实的，具体的。但是这只不过是最初的影像。只要看一看，自然底特点怎样表现在人身上以及人和动物界区别在那里，就可以发见费尔巴赫底学说底弱点。恩格斯在《费尔巴赫论》中指出，虽然费尔巴赫底人是现实的，但是他是抽象的，处于世界之外的生物。

“……他以人为出发点。但是他没有一句话提到人底周围环境，所以，他的人仍然是在宗教中出现的抽象的人。”[①]

恩格斯底这个分析揭露了形而上唯物论（费尔巴赫是其代表）底最重要的缺陷之一。这个缺陷就是他的哲学底直观性。

假如按照辩证唯物论底学说，人和自然底最高的一致表现于人底实践活动，表现于工业，那么，按费尔巴赫底学说，事情就完全不是这样。对于他，人是一成不变的。他的属性是不变的。费尔巴赫不能够揭发人底实践 = 批判的、革命的政治活动。他脱离其周围的社会环境来观察人。在这上面亦就是他的哲学学说底所谓人类学主义之所在。不是偶然的，马克思底《费尔巴赫提纲》底第一条说：费尔巴赫底唯物论是直观的，费尔巴赫不了解社会人底革命的实践批判的和生产的活动底作用。

不管费尔巴赫对于人的观点底机智和深刻，他的理论是局限的，不充分的。因为，不管人们如何从生理学和生物学的观点上去研究人的手（举例说）底构造，但是他们永远亦不能达到认识那经手所创造的巨大的历史事业。为着弄清人的手在社会史上的意义和作用，要求去注意人底生产活动，在这里人的意识和人的手底功能实践地实际地表现着。

上述一切就说明了为什么费尔巴赫在自己的认识论上亦仍然是抽象的唯物论者。他在一切成熟的著作中宣称：感觉是决定的，不从别的东西引导出来的，哲学上最初的。他指出感官

① 《马恩全集》卷十四，第 657—658 页。

是哲学底器官。费尔巴赫把感觉看做是人被动的感受自然。在不大的一篇叫做《哲学改革底必要》① 的论文中，费尔巴赫在第廿九条提纲中写道："哲学底主观的基始和发展同时亦是它的发展底客观基始。在你思想质量以前，你先感觉到质量。受动的状况先于思维。"人类意识底变动的状况（这在费尔巴赫是和一般地感觉等同的）是任何知识底第一阶段。这样，在费尔巴赫那里只能在局限的范围内，在感觉活动的形态中找得活动底理解。但在他那里没有实践 = 感觉的活动。辩证唯物论和形而上唯物论底重大区别之一就在这里。当费尔巴赫说感觉活动时，他说的是意识底活动。当辩证唯物论者说到感觉的活动时，他指的是实践 = 革命的感觉的活动，其中包括着政治的活动。这里的区别是原则的区别。

费尔巴赫终于是直观的唯物论者。他分认识底过程为两个阶段，在经历这两个阶段时，人表现为受动的被动的物体。认识底第一阶段他称为"心底"活动，第二阶段——"脑底"活动。照费尔巴赫，心比悟性革命些，他充满着感觉力。头脑集中注意于自然间的统一的东西。这个统一的东西，头脑在抽象的形态下记录下来。当人抛弃心底活动和过份热中于脑底活动时，自然将凋萎下去。头脑有时会跑前去，但是在头脑中常常很久坐着旧的东西。在这个意味上，头脑是保守的，只有心指出科学发展的道路，在《哲学改革底必要》中，费尔巴赫这样地解决了自己的哲学底这个重要的问题："头脑（烦闷，形而上的局限性，唯心论底来源）和心（苦难底来源）……是哲学最

① 即前文所提《哲学改革刍议》。——编者注

重要的工具、器官。对象决定直观的‘我’，在思维中我决定对象。在思维中我是我，在直观中我是非我。”

认识底基础，费尔巴赫承认是自然在人底头脑中的反映。但是它同样地很高的估价理性在认识中的作用。他认为，当人企图深入自然底秘密时不能避开理性。自然底诸事实底一切概括，只有藉助于理性产生的观念才能进行。一切知识底真理性底标准，按费尔巴赫的意见是在人们在意见上的相同，假如观念在社会中为大家接受，那么他们就是真理。假如对某个理论或观念有争论，有不同的意见，这就是说，这个观念还没有得到完成的形式；即按费尔巴赫，哲学和科学理论底真理性和虚伪性底标准是在意识底界限内的。但是这是人的知识的真理性和虚伪性底唯心论的标准。因为停留在意识底界限内，只靠观念在社会内是否流行是不能估计理论底真理性或虚伪性的。为着找到理论底真理性底客观标准应该走出理论底界限，即转到现实本身底发展，转到人底实践活动。费尔巴赫在这里没有贯澈自己的唯物论，虽然他宣称自然是精神、思想底基础。

费尔巴赫在哲学思想史上，不仅以唯物论者著名，而且以杰出的宗教批评者著名。列宁对费尔巴赫底《宗教本质演讲录》一书给以重大的意义。这是批评宗教底古典著作。列宁札记了这部著作和指明了这本书底最鲜明的处所，并注释了在批评宗教、基督教和唯心论上底积极收获的一切思想。

在这本书中，费尔巴赫这样地提出问题：一切过去的哲学和宗教结了不平等的婚姻，这婚姻应该离开的。批评宗教底结果“不信仰代替信仰，理性代替圣经，寺院代替宗教，地代替天…… 物质的贫苦代替地狱，人代替基督”。照费尔巴赫底意见，这应该是人的观点从宗教的催眠剂中清醒过来的结果。

但是费尔巴赫没有提出科学从宗教中完全解放的问题。他认为有可能和必要把宗教所有的“优点”包含到哲学中去，使宗教成为哲学的，哲学成为宗教的。在费尔巴赫那里，无神论和宗教批判与承认宗教和哲学结合底必要惊人地综错在一起。

费尔巴赫把宗教规定为非实在的非现实的幻想式样底综合。宗教是无知之女。按费尔巴赫底意见，宗教不过是移植在自然上的人底属性，自然底神化。按宗教的观点，自然获得了人所固有的能力、力量、利益、性质，因此成了神明的。只要人们在自然中发现真正的自然，而在人身上发现真正的人，宗教的外壳马上就会自己脱去的。费尔巴赫在其《宗教本质演讲录》中证明了，人在不同的时代创造了不同的宗教观念。从这里他得出结论：人照自己的式样创造神，而不是神创造人。

费尔巴赫没有能够暴露产生宗教底阶级的社会的基础；他还不知道：宗教底发展是由于社会矛盾的结果。

假如看一看费尔巴赫所提议的和宗教斗争的手段，那么其中没有一个超越出纯粹道德的、伦理的本能和标准底界限。提高到教育水准的道德——与宗教斗争的主要手段。假如宗教是无知之女，那么反宗教底武器就是教育。

列宁称费尔巴赫的只用一个教育来反对宗教的斗争是传统的资产阶级的宗教批判。在另一地方列宁说到费尔巴赫反对宗教斗争是传统的战争。恩格斯同样指出，费尔巴赫完全不想废除宗教，他只想充实它。

在费尔巴赫底宗教批判中同样应该注意到他所加强的和完全公允地强调的各种宗教阻碍科学进步的作用。例如，费尔巴赫详细地研究了“基督教产生于社会生活颓废和堕落的时代”的问题，他写道：“假如人们企求达到真理，达到天上的生活，这就是说，地上的生活是谎语和欺骗。”费尔巴赫在结束这个宗教批判时，指出上帝不过是神秘地理解着的人的本质及其一切固有性。因此，谁信从关于上帝的学说，信从神学，他便是信从无知。相反地，无神论给科学以生命、力量、能力来达到有益的结果。

费尔巴赫在他的宗教批判中所提出的正面的思想带着妥协的性质。这在费尔巴赫企图创造新宗教来代替旧宗教上就已经表显出来了。在自己企图创造新宗教——爱底宗教上，他是从理解社会为人们底自然 = 种族关系出发的。规定社会为种族的联系时，他亦规定人底幸福为企求道德的完善，道德的自足。在这个意味上，人当求得幸福时应该牺牲自己，不应该追求实际的利益，因为他的利益是在道德的领域内。这里鲜明地显露了在宗教及其与社会的关系的定义上的神秘的契机。费尔巴赫观点底这个方面将特别清楚，如果注意到他的下述的结论：即在社会中人对人是神而不是兽——如十七世纪英国哲学家汤姆士·霍布士所想像的一样。这样，费尔巴赫把爱看做宗教，而神——爱底最高表现与收获。他把爱看做是人底感性底特殊状态，而感性在其最高表现上等于神。因为，感性神化了和爱底本质就在感性，而这个感性最鲜明地表现在心底活动上，所以心亦被承认为宗教底本质。按费尔巴赫，没有宗教就没有道德没有善行。因在自己任务中包括着人底道德教育的哲学应该和这类的宗教符合。这里费尔巴赫最鲜明地暴露了自己的不澈底性。人和自然底属性底综合在他那里出现为在人身上特别的神。甚至可以说：费尔巴赫底神——这就是人底本质而人的本质亦就是神。因此人不应企图创造这样的关于宇宙的图画，即神支配着这个世界。按费尔巴赫人不应该想像站在宇宙之上的神，而应该在自己身上，在自己的最高本能、表现，特别是爱之中发现它。性爱、男女关系是费尔巴赫宗教底核心。他的将宗教包括于哲学中的观点是根据在这上面的。既然人及其一切热情，道德的本能，感觉的自爱应该成为哲学底对象，所以表现在爱上的人底感性同样亦应该成为哲学底对象。

虽然，费尔巴赫没有完全从德国唯心论和德国资产阶级底宗教梦想中解放出来，可是他的宗教批判总还是带有进步的和积极的性质。

假如注意到上述一切，而对于费尔巴赫在德国哲学史上及在文化史上的地位，对于他的哲学的积极的“核心”要做一个结论的话，那么这个结论可以写成下述的基本的诸要点。首先应该注意，不管他的唯物论底直观性，不管他对历史过程底唯心论的解释，他的哲学底形而上性，无神论和承认特别的等同于爱底宗教的结论——不管所有这些局限性，费尔巴赫底唯物论较之十七——十八世纪底唯物论是哲学和科学思想发展底更高阶段。在十八世纪法国唯物论者底活动之后，费尔巴赫第一个在德国的基地上恢复了唯物论，并且没有停留在十八世纪唯物论所已经达到的水准上而推动了它前进。费尔巴赫底哲学学说，在马克思和恩格斯底哲学观点底形成上有巨大的影响，帮助了他们给黑格尔唯心论以坚决的批评。大家知道：费尔巴赫第一个起来批评最“聪明的唯心论”——黑格尔的唯心论。费尔巴赫详细地、唯物地阐明了哲学底基本问题；他证明了：哲学本身是第二次 [性] 的，主观是依存于客观并和它处于深刻的统一中。费尔巴赫阐明了自然怎样产生人，及和自然一致的人怎样认识自然。依据在斯宾诺莎及其著作《神学 = 政治论文》之上，依据在十八世纪法国唯物论者费尔巴赫[①]底著作之上，费尔巴赫做了给宗教以历史批评的极佳的企图。他证明了：关于神（基督教内各宗教派以他来行动的）的观念是为人本身创造的。假如像基督教那样理解神，那么神是没有的。神并不站在自然和人之上。这个结论是费尔巴赫在宗教批评领域内的历史功绩。最后，当估计费尔巴赫在哲学史及社会思想史上的功绩时，不能不提到费尔巴赫底民主主义的思想。不是偶然的，法西斯野蛮派将费尔巴赫底著作和罗曼·罗兰、高尔基、爱因斯坦及其他杰出的文化、科学巨匠的著作一起焚烧。法西主义——野蛮主义和厌人主义的思想——反对费尔巴赫。这不是偶然的，不仅因为费尔巴赫是一切神秘和野蛮底敌人，而且因为费尔巴赫为民主主义而斗争，反对十九世纪德国底反动和专横。他深刻地仇视政治上的反动派，科学上的神父，哲学讲座里的“棍子”。所有这些说明，为什么费尔巴赫是马克思主义底哲学先驱者之一。正是由于所有这些，我国的革命人民极高地估价着费尔巴赫在世界文化史上的作用。

① 十八世纪法国唯物论者费尔巴赫，原文如此，似有误。“法国”，应为德国。——编者注

三、辩证唯物论——马列主义政党底宇宙观

马克思和恩格斯以前的哲学理论，虽然有时亦包涵着伟大的发现，但是总还不是澈底的，完全科学的，在一切结论上无畏的，本质上是澈底革命底理论。不论黑格尔底辩证学说，不论费尔巴赫底唯物理论都是一样。完全明白的，为什么在一八三〇——一八四〇年代在欧洲许多国家中形成起来的工人阶级不能简单地借用这些在当时是先进的理论。它应当锻炼出自己的理论武器，澈底革命的和有效的勇敢的打击劳动者底敌人们的武器。

马克思和恩格斯底哲学学说不是黑格尔底辩证思想和费尔巴赫唯物论学说底“合命题。”但是如马克思和恩格斯曾经写过的一样，费尔巴赫曾经给了他们以巨大的“解放影响”。马克思在当时的一篇文章中这样地估计了杰出的德国唯物论者底哲学：

“而你们，思辩的神父和哲学家，我劝告你们，假如想要知道事物如他们在现实中存在的一样——即达到真理，那么就要从过去的思辨哲学的观念和成见中解放出来。而对于你们没有别的道路可以达到真理和自由，除了经过费尔巴赫这一道路外——这是‘炼狱’……它是我们时代底涤罪所[①]。”马克思与很高的估计费尔巴赫同时就开始批评他的观点底局限性。马克思这样地结束《费尔巴赫提纲》：“哲学家只是各色各样地解释了宇宙，但是事情是在改变它。”[②]

① 《马恩全集》卷一，第120页。

② 《马恩全集》卷四，第589、591页。

这已经是新的社会阶级底——无产阶级底——新的宇宙观底叙述。

引导工人阶级走上争取共产主义斗争的道路——这是马克思和恩格斯在制定关于解放工人阶级的天才学说时，放在自己面前的任务。

在一八四四——一八四六年时的早年著作中马克思已经给了鲍威尔所领导的一个学派以批评，这派否认革命人民在社会发展上的创造作用。鲍威尔及其拥护者宣传一种理论，按这种理论，历史过程底一切缺点都算在群众行动底账上，而这个过程底一切进步点都归之于个别活动家底精神创造。这时候马克思第一次完成了历史唯物论底那个最重要的论点：即历史是为人民本身所创造的和人民的斗争决定历史发展底方向。马克思在《神圣家族》中写道："假如社会主义作家将这个全世界历史的作用归之无产阶级；那这绝不是由于（如批评的批评家告诉我们的那样）他们认为无产者是神的缘故。"①

"毋宁是——马克思写道——相反地。因从一切人的东西，甚至从人的形态中的抽象，在形成着的无产阶级身上找得了实践地完成的表现；因为在无产阶级底生活条件上，现代社会底一切生活条件达到了非人底顶点；因为在无产阶级身上人失去了自己，并同时不仅发现了这个失去底理论意识，而且受着什么都不能停止的、把捉不住的、绝对权力的穷困（必然性底实际表现）底命令而直接被迫地起来反对这非人状况——所以无产阶级能够而且应该自己解放自己。但是他不能解放自己，如

① 《马恩全集》卷三，第56页。

果不消灭自己本身的生活条件……不消灭集中于他自己地位上的现在社会底一切非人的生活条件。他不是枉费地经过劳动底严格的锻炼的。”①

马克思做了极著名的结论说：在整个历史上精神的发展是在有损于人类一般群众的情况下进行的。但是在工人阶级创造的那个社会制度内，人们思想的发展将与劳动者物质幸福底高涨同时并进。

苏联的伟大经验便是这个思想底最好的证明。斯大林同志在其在斯达汉诺夫式工作者会议上的演说中指明了我们革命底那些特点，由于这些特点，全民底文化高涨乃是过渡到共产主义和消灭智力劳动和体力劳动对立底必要的阶段；他指明只有伟大的十月社会主义革命才保证了我国人民一切力量繁荣怒放底物质条件。

但是假如全部社会历史是以人民底活动为基础，假如历史上不朽的和肯定的一切东西都取决于人民怎样为它斗争和人民怎样创造它；那么显然的，马克思和恩格斯首先看到自己的任务是在组织人民并使它他的活动对于历史过程成为更加有效果的。

马克思和恩格斯一步步地揭破自由资产阶级代表们所做的所谓“保护”人民。人民应该自己解放自己——这是马克思和恩格斯底结论。

和人民在社会发展中的作用的学说直接联系着的是马克思和恩格斯关于改变现实是革命的理论和实践底任务的学说。马

① 《马恩全集》卷三，第56页。

克思证明了，思想永远没有引导社会走出旧社会底界限，它只引导走出了旧社会底思想底界限，为着真实地实现这个过渡，就需要应用实践的力量。为着解脱现实的枷锁，就需要应用现实的斗争手段。只有在斗争中吸收人民底大多数，这种手段才能算是充分的。

在这个条件下“与历史动作底根据一起将生长着群众底规模，历史行动就是群众底事业”①。

人民，他的活动，他的组织，他的争取政治自由的能力，他的无尽藏的力，能够消除一切旧的保守的政治制度和一切旧的死去了的学说的力——这就是马克思写过的那个改造世界的伟大的历史力量。

马克思和恩格斯底事业底伟大的继承者——列宁和斯大林对马克思底这个思想赋予极大的意义。列宁尖锐地批评了民粹派底抹杀群众活动。他证明：只有在无产阶级革命之后，“从社会主义起才开始在社会和个人生活底一切领域内的迅速的、真正的、群众的、在人民大多数参加下的以后为全体人民参加的前进运动”②。

斯大林在发展马克思和恩格斯第一次在《神圣家族》中所说出的著名的思想时，同时指明了，民族和国家底命运决定于千百万劳动群众，只有社会主义才解决了全体人民为着人民本身利益的自觉活动的问题。

劳动者——历史过程底真正创造者，历史底真正创造者。

① 《马恩全集》卷三，第105页。

② 《列宁全集》卷廿一，第439页。

当我们注意到斯大林同志在接见五金工业和煤业工作人员时所说的关于人民不朽的话，可以看到，马克思和恩格斯关于人民活动底作用的思想得到了更鲜明的、更深刻的意义。

马克思认为改变现实，只有在认识这个现实的条件下才可能。现实的、实际的历史应该成为哲学底基础。在这个基础上，马克思尖锐地批评了乌托邦社会主义者底思想，这些思想妨碍了工人阶级自我意识底更进的发展。

马克思和恩格斯不是简单地赞成改变现实，而是主张这个改变底一定性质，这个改变底结果应该是共产主义社会。

马克思在共产主义上看到这样的一个社会，在那里没有私有财产和剥削，在那里历史自觉地创造着，在那里人在社会历史上第一次得到了和谐的各方面的发展底可能。

马克思和恩格斯在许多著作中（其中包括天才的《共产党宣言》）所发展的关于共产主义革命和无产阶级革命的思想指明了一切民族底将来，指明了工人阶级胜利底必然性。

他们以不可击破的逻辑向全体先进的和进步的人类宣布了工人阶级底全世界历史的作用，共产主义革命和劳动者夺取政权底必然性。马克思底话："一个巨影①在欧罗巴踯躅着——共产主义底巨影"，这是高傲的、充满着对工人阶级胜利信心的、号召被压迫者起来作解放斗争的、有力的号召。

马克思和恩格斯在《共产党宣言》中指明：资产阶级社会，创造了强大的生产手段和交换手段，好像一个魔术师一

① 巨影：此为成仿吾、徐冰所译《共产党宣言》1938年版中的译语。此后到1943年，在博古所译《共产党宣言》中，译为"幽灵"。——编者注

样，却不能对付他所呼唤出来的力量。日益尖锐化的阶级斗争和无产阶级组织性底增涨——资本主义快要死亡和社会主义革命底必然性底证明。

世界发展底全部以后的经验光辉地证实了马克思主义创始者底天才的预言。

马克思主义创始者们底全部以后的生活是争取那个新社会制度——共产主义底鲜明的和澈底的斗争，它的产生底历史必然性马克思和恩格斯在上世纪四十年代就预言了的。

*　　*　　*

随着无产阶级底革命群众运动底生长和展开创造了和琢磨了它的宇宙观，它的革命理论。这个宇宙观，这个理论，用列宁的话说是只有在和真正群众的和真正革命的运动密切联系中才能形成的。这就是为什么马克思主义的“理论是在其一般形态取来的各国工人运动底经验”（斯大林）。

马克思和恩格斯所创造的、列宁和斯大林所提高到新的更高阶段的理论从第一步起就和无产阶级底革命运动，和无产阶级政党底斗争联结着。正因为工人阶级底政党掌握着澈底 = 科学的马列主义的理论这样的有力武器，他能够给劳动者指出走向他们解放的道路和科学地发现反对旧世界斗争的有效的手段。马克思主义在无产阶级身上找得了自己的物质的武器。无产阶级在革命理论身上找得了思想的武器：理解自己的任务，理解社会发展和阶级斗争底规律，理解实现自己的最后目的底道路。列宁写过：没有革命的理论就不能有革命运动，吸引各国澈底革命家走向马克思主义理论的不可克服的力量乃在马克思主义内部地和不可分离地结合着严格的高度的科学性和澈底的革命性。

还在自己的早期著作——《什么是"人民之友"和他们怎样反对社会民主派》及《做什么》[1]中，列宁小心地说明了关于革命人民及其先进阶级（无产阶级）战胜沙皇制度和资产阶级底条件的问题。这个最重要的条件，列宁认为是将工农底群众革命运动和科学社会主义结合起来。科学社会主义，用斯大林同志底话来说，是从辩证唯物论中逻辑地必然地产生出来的。

列宁和斯大林教导道：留在自发运动和工会主义意识底阶段上工人阶级是不能胜利的。马克思和恩格斯为其创立而工作的，列宁和斯大林在最大的革命战斗中所抚育、锻炼、教育的工人阶级政党实现了自觉的澈底＝革命的斗争。正是布尔塞维克党能够把群众的工人运动和科学社会主义结合起来，正是它，以辩证唯物论的宇宙观为领导，将世界工人运动提高到更高的阶段，引导沙俄工人阶级夺取政权，引导苏联走向全世界历史意义的胜利。

工人阶级底导师和领袖——马克思、恩格斯、列宁、斯大林，将世界历史底一切成果用来为革命的改造社会及繁荣真正科学的知识服务。跟着无产阶级底阶级斗争底发展产生了历史的必然性来确定这个斗争底原则和在历史上唯一的澈底革命的阶级——无产阶级底宇宙观。由于各个别知识部门的发展和巨

① 《做什么》，今通译为《怎么办》。——编者注

大的事实材料底堆积出现了一种可能来创立严格科学的、深刻革命的哲学理论作为“自己发展底完全范围上”[①]的知识。马克思和恩格斯所创造的、列宁和斯大林所发展的就是这样的理论，它是工人阶级澈底 = 革命政党底宇宙观。

“马克思主义不仅是社会主义底理论——斯大林同志写道——这是完整的宇宙观、哲学体系，从这里面，逻辑地产生马克思底无产阶级社会主义。这个哲学体系叫做辩证唯物论。”[②]

马克思和恩格斯、列宁和斯大林所创造的唯物辩证法是工人阶级及其政党底哲学，是无产阶级阶级任务和斗争经验底自觉的表现，是人类在几千年社会和科学发展中所积累的一切肯定的、有生命的、进步的东西底天才的概括。

与一切以前的形而上的理论不同，列宁和斯大林底党把自然和社会底全部生活看做是矛盾发展底结果，即辩证地永远运动着和发展着的。辩证法作为一种方法是和形而上学直接对立的，其特征是“不把自然看做彼此脱离彼此孤立，彼此没有依存的对象和现象底偶然的堆积——而看做联结着的统一的整体，在这里各种对象、现象有机地彼此联结着，彼此依存着，彼此制约着”。

辩证法与形而上学相反，形而上学把自然底对象、现象抽象地、彼此孤立地，在他们的生活和历史发展之外去观察。辩证法具体地，在一切周围条件底联系中去观察每个现象。因此，辩证的认识是正确的、丰富的、多方面的。

---

① 列宁:《哲学笔记》，第 103 页。

② 引自勃里亚:《关于外高加索布尔塞维克组织史问题》，第 115 页。

不仅自然，而且社会人底一切认识，一切他的思想和概念，辩证法都在发展和变化中去观察。在人底思维中正如在自然间一样没有甚么绝对不变的、永远如是的东西。

客观地应用着的概念底灵活性底典型例子可以举出列宁关于资产阶级革命转变为社会主义革命的学说，部份地他的《论策略书》。在指出了政策底任何科学论证应该出发于“最确切的，客观地考验过了的估计阶级底互相关系及每一个历史时机底具体特点”[①]之后，列宁制定了严整的历史地具体的关于资产阶级民主革命到社会主义革命的转变的学说，并无情地揭破了社会主义革命底叛徒们，以后变成间谍、军事破坏者、暗害者和暗杀犯的匪帮的托洛茨基、加米业夫、齐诺维埃夫、富可夫、布哈林等资产阶级应声虫们的反革命的“理论”。这些叛徒曾经反对社会主义革命，叛变了工人阶级底事业。这些叛徒企图使革命的发展向后转，消灭工人阶级夺取政权底可能，“重复着无意义地死记着的公式而不去研究新的、生动的现实底特点”。列宁揭破了加米业夫——齐诺维埃夫立场底叛徒的仇视无产阶级的实质。

“‘无产阶级和农民底革命＝民主专政’——列宁在一九一七年四月指出道——已经实现了，虽然是在异常特殊的苏维埃和临时政府两个政权并存的形式中。社会主义革命和争取工人阶级专政已经放在日程上了。生活使概念从公式底王国走入现实底王国，充实之以血肉，具体化了它，并且这样便变

① 《列宁全集》卷二〇，第100页。

化了它的形态。”[1] 这就是关于辩证认识底具体性和灵活性底列宁的提法。

与这个相联系的应该特别指出斯大林同志所更进的发展的马—列主义关于社会主义国家是保证顺利的完成建设无阶级的社会主义社会和逐渐从社会主义过渡到共产主义的伟大的、创造的改造的力量的学说。十八次大会上的斯大林报告，在国家的学说中加进了些什么新东西呢？斯大林同志证明：我们国家发展底全部经验及社会生活底全部现代的环境和马克思及恩格斯生活着的时代的社会发展有着根本的区别。对于那个时代，对于前几世纪中叶，以为社会主义社会只能同时在一切或大多数大资本主义国家中同时胜利的观点是完全正确的。但是在帝国主义时代，这时候，资本主义发展不平衡底规律表现得更加有力，这时候工人阶级坚强和发展了，这时候在政治斗争底长久的经验中生长了有锻炼的工人阶级底共产党，它能够领导工人阶级获得胜利和巩固胜利，在这时代，社会主义首先在少数或者一个单独的国家内的胜利成为可能的和必然的了，而社会主义在一切国家内同时胜利是不可能的了。

这就是说，历史环境较之马克思和恩格斯在世时发生了根本的变化。马克思和恩格斯底观点是从资本主义在垄断前的发展的条件出发的，那时候社会主义在大多数文明国家中同时胜利是现实的前途，并且预计着，在那确立了无产阶级专政并在社会主义的邻邦包围中的国度里，国家在过渡到共产主义去时，跟着共产主义社会高阶段底实现就可以完全衰亡。

① 《列宁全集》卷二〇，第 100 页。

但是在帝国主义时代，历史环境剧变了，苏联社会主义建设底具体的历史条件鲜明地证明了列宁和斯大林关于在一个国家内和在资本主义国家底包围中社会主义建设的新学说。斯大林同志总括苏联社会主义建设底伟大经验证明：在新的历史条件下，处于资本主义包围中的社会主义国家，在过渡到共产主义去时，不应该衰亡下去而应该巩固起来。如果共产主义社会建立在一个国家中，并处于资本主义包围下，那么，就在共产主义下，国家仍然存在的。

斯大林同志所阐明的关于苏维埃国家发展底两个阶段的问题，关于跟着社会主义建设底任务和具体条件的变化，社会主义国家底作用的变化的学说乃是列宁的关于社会主义时期内社会主义国家底作用的学说底光辉发展。

与形而上学不同，“辩证法观察自然不把它当做静止和不动，停滞和不变的状态，而看做不断的运动的变化，不断的更新和发展的状态。在这里永远是某种东西产生着发展着，某种东西破坏着过完了自己的时代”。作为澈底＝革命的理论的辩证唯物论，科学地揭露一切发展底前途、将来，并指明在这个发展中什么东西应该胜利和什么东西应该死亡。这样，辩证法在马列主义政党手中乃是战斗的有效的领导的理论武器，用以争取进步的有生命的肯定的东西的胜利和消灭反动的过时的旧的东西。《联共（布）党史简明教程》以列宁—斯大林的明智指出，对于我们党首先重要的不是那目前似乎巩固而已经开始衰亡的东西。重要的是产生着和发展着，未来属于他的东西。正是从辩证唯物论底这个论点中产生了那个对于马—列主义者在争取共产主义社会底建成中的领导的训示："就是说，要在政治上不犯错误，要向前看，而不要向后看。"

从辩证法底下列的这个要点中同样产生着对于一切先进的进步的人类的极端重要的结论，这个要点就是一切发展看做是从小小的和隐秘的数 [量] 的变化到公开的、根本的、质的、突然的飞跃的变化底过渡。按照马克思主义辩证法底这一要点，"从一种状态到另一种状态底一切过渡，其到来不是偶然地，而是规律性地，是看不见的和逐渐的量的变化底积累底结果"。自然，社会生活和人的认识底发展进行于从旧的状态到新的状态的各种过渡底过程中，并且不是转圈子的运动和"过去了的事物底简单的重复而应该了解为前进的运动，为依向上升涨线的运动，为从旧的质的状态到新的质的状态底转变，为从简单到复杂、从低级到高级的发展"。

由于马克思主义的辩证法，人类社会底历史得到了唯一正确的科学的解释。劳动者在争取自己解放底斗争中有了不可替代的武器。

辩证唯物论是下述马—列主义创始者底极佳的学说底科学的根据；这学说就是工人阶级从资本主义奴役下的解放只能经过革命，而不能经过资本主义底缓慢的量的变化。正从这里，产生了下面的著名的结论："就是说，要在政治上不犯错误，就要做革命家，而不要做改良主义者。"

在《联共（布）党史简明教程》第四章中我们读道："与形而上学相反，辩证法底出发点是自然底对象，自然底现象都固有着内部矛盾，因为所有他们都有自己的正面和反面，自己的过去和将来，自己的腐朽的和发展的，而这些对立底斗争，新与旧之间的斗争，衰亡与生长之间的斗争，消灭与发展之间的斗争组成了发展过程底内部的内容，从数量到质量转变底内部的内容。”

辩证唯物论提供了一种可能去渗透社会和自然发展底历史规律性底意义和使认识了的规律来为工人阶级及其政党底革命行动服务。辩证唯物论暴露统治于自然和社会中的矛盾，指出革命的解决这些矛盾的道路。在全部客观世界和思维历史上看到的对立底斗争带着普遍的性质。列宁关于辩证唯物论底这方面写道：

“统一物底分解为二和认识其矛盾的部份……是辩证法底实质（‘本质’之一，基本的要点和特点之一。如果不是唯一的基本要点）。”[1] 客观世界和认识底一切方面经过这个斗争而发展着。因此，在自然和社会底一切过程中，在科学发展底一切领域中发现“互相排除的对立的倾向”乃是“在其‘自己运动’中，在其自发的发展中，在其生动的生活中去认识宇宙底一切过程”[2] 的决定的条件。在自然和思维底最简单的和最基始的现象和联结上，辩证唯物论就已经揭露了区别和矛盾，对立底相互联系。甚至最简单的机械运动已经是深刻的矛盾和同时是这个矛盾底不断的再生和解决。

跟着转入更复杂和多方面的自然现象，那他们的矛盾发展成为更丰富的了。反映、发现活的生命底矛盾，和组织斗争来

① 《列宁全集》卷十三，第 301 页。

② 《列宁全集》卷十三，第 301 页。

革命的实践的解决它们——这是辩证法底基本要求。从这里产生了对于无产阶级及其政党的全部实践活动的结论：

"假如发展底进行是经过内部矛盾的发露，是经过基于这些矛盾之上的对立力量底冲突来克服这些矛盾，那么，很明白的，无产阶级底阶级斗争是完全自然的与必然的现象。

"这就是说：不应该掩饰资本主义秩序矛盾而应该揭发和暴露这些矛盾，不应该熄灭阶级斗争而应该把它贯澈到底。"

正是这些亦就解释了为什么列宁认为可能给唯物辩证论下定义为关于对立底一致和斗争的学说，为研究在对象底最本质上的矛盾的科学，并指出这个定义包括着辩证法底核心。"辩证法是关于对立怎样能够和怎样会（成为）同一的——在那些条件下他们是同一的，彼此转化着的——为什么人底智慧不应该把这些对立当做死的、僵化的，而应该当做活的、有条件的、活动的、彼此转化的来把握它的学说。"[①]——列宁写道。

辩证唯物论关于一切是根据对立底斗争而发展着的论点底最好的例子和范例，是苏联工人阶级专政底发展。社会主义底无数敌人做了不少的企图，想使苏联底发展脱离巩固工人阶级专政底道路而走上剥削和"衰亡"它的道路。人民底凶残的敌人，法西斯的走卒布哈林力主立即消灭军队和维护革命秩序的机关等等。

斯大林同志揭露我们发展底辩证法。斯大林同志在我们党底第十八次代表大会上说：

"我们正继续前进，向共产主义前进。是不是在共产主义

① 列宁：《哲学笔记》，第109页。

时期，国家在我们这里同样亦保存着呢？

“是的，还保存着的，假如那时候还没有消灭资本主义的包围，假如还没有消灭外来的武装进攻的危险。而且很明显的，我们国家底形式又会跟着国内和国外环境的变化而改变的。

“不，不会保存而会衰亡下去，假如资本主义的包围已被消灭，假如它在那时候已为社会主义的包围所代替。”[①]

苏联社会主义建设底经验完全证实马—列主义底这个古典的论点。我们的国家底向共产主义去的发展依靠在社会主义国家及其军队底日益增长的力量上。

我们党底辩证法是自然和社会底唯一科学的理解，它与任何改良主义，任何形而上学是不可调和的。它将全世界发展底经验用来替革命斗争服务。它给了工人阶级和党以对列宁—斯大林事业底正确和对他的实现底不可摇撼底信心。

辩证唯物论不仅是认识自然和社会现象底澈底科学的和革命的方法，而且是自然现象底科学的、马列主义的解释。他同时是唯物论的理论，马克思主义的哲学唯物论。

辩证唯物论给我们党以认识和改变现实底有力的思想武器。苏联共产党（布）由于辩证唯物论，在自己的活动中，依据在历史发展规律底确切的全面的知识上。

列宁和斯大林党底宇宙观底出发点是承认客观的在我们之外存在着的世界，即自然和社会。党在人底周围底物质世

① 斯大林：《在十八次大会上关于联共（布）中央委员会工作总结报告》，第56页。

界上看到一切思想出现和发展底来源。辩证唯物论底宇宙观和各色各种唯心论底最重要的根本的区别就在"关于我们认识底来源，关于认识（及一般的'心理的东西'）对物理的世界的关系……"[1]的问题上。马—列主义政党宇宙观底澈底＝唯物论的性质根本地破坏着任何主观主义、烦琐哲学、理论之脱离生活。

由于辩证唯物论底出发点是物质世界本身，所以，马—列主义政党底宇宙观就有着不断充实的无尽的来源。辩证唯物论底基本论点，按形式是和客观世界规律有区别的，按内容是和它完全符合的，因为逻辑底规律不过是自然和社会底发展在人底意识中的反映。

辩证唯物论底这种性质是为下述这点规定的，即它在自己的内容中包涵着自然、社会和思维各方面发展底总结、富藏。唯物辩证法"应该从自然和精神底全部生活中引导出来"。辩证唯物论要求："将一切人的实践加进于对象底完全的定义中去，作为真理的标准以及从人的需要上实际地规定对象底联系。"[2]

马—列主义政党底宇宙观底全能、正确和深刻的生命力，是产生于关于革命理论对实际的关系问题底正确的科学的解决。由于这个和生活有内部的和深刻的联系，我们党底科学的宇宙观获得了深刻的客观内容，多方面地为社会人底实践，社会主义建设，世界共产主义运动及整个科学发展底实践所

① 《列宁全集》卷十三，第213页。

② 《列宁全集》卷二六，第135页。

考验。

但是在社会史上没有超于社会和人之上的抽象的“生命”和“实践”。这个“生命”永远是历史地和社会地具体的，它存在于社会阶级、政党底活动底形态中。辩证唯物论在科学史上第一次具体的和多方面地揭露了实践本身。

马—列主义底创始者看到前世纪底哲学家和自然研究者底最重大的局限性之一正是在：他们“完全轻视了研究人底活动对他的思维的影响；他们——恩格斯写道——在一方面只知道自然，在另一方面，只知道思维。但是人的思维底最重要的和第一个的基础却正是人底改变自然，而不是一个作为自然的自然，而人底理性底发展正是比例着他怎样学会了改变自然。[①]

马克思和恩格斯就已经科学地论证了辩证唯物论底对象和性质，解释了辩证唯物论是论客观世界和认识发展的一般规律的科学。马克思主义底创始者指明：为着渗透于客观世界和认识发展底最一般的规律的意味和把认识了的世界发展底规律来为工人阶级服务，就要求共产党底积极活动，克服一切旧的意识形态，和批判地、创造地概括世界科学底一切成果。

马克思不倦地重复指出：我们哲学底特点在于他的行动性、能动性，在于他的改造、改变世界底意图和能力。他批评了过去的一切哲学理论和体系，因为他们是非行动的、受动的、直观的。他科学地阐明了什么叫做改变世界这一问题。只有布尔塞维克党才能够把这一问题从理论的范围转入生活中

① 《马恩全集》卷十六，第406页。

去。它根据革命底经验阐明了这一问题：即应该如何改变世界，用什么手段和怎样可以把哲学和能够实现这个改变现实的强有力的实践力量结合起来。这样，列宁和斯大林底党把马克思底公式——哲学至今只是解释了世界，而任务是在改变世界——从公式变成了现实。正是我们的党，苏联劳动者在它的领导下能够改变了世界，基本上建成了社会主义社会和进入了从社会主义到共产主义的逐渐的过渡的阶段中。

马克思在《神圣家族》中已经指出：过去许多哲学体系底错误是在：人们常常想改变他们周围的现实，可是认为：只要藉助于观念就可以改变现实。一切乌托邦社会主义者是这样做的，许多伟大的哲学家亦是这样做的。马克思证明，简单一个观念不能消灭奴隶制和使人走出旧制度底界限。观念只能脱出旧制度观念底界限。而为了找到真正的出路应该采用实践的力量。

列宁和斯大林发展了马克思底这个思想。他们指明：马克思主义的布尔塞维克党底宇宙观底特点就在：与认识理论、思想在社会生活中的作用一起，最坚决地承认群众底革命毅力、革命创造、革命倡导底意义。

在经济工作人员代表会议的演说中，斯大林同志曾举过极好的例子来说明替我们党底斗争服务的、替共产主义社会建设服务的伟大历史经验。斯大林同志在这演说中说：在军队、民族和国家史上曾有这样的情形，即因为不知道走向胜利的正确道路，军队遭受了失败。只有布尔塞维克能够将两个伟大力量——革命理论和群众底实践活动结合起来。

这个改变世界的思想在斯大林同志底一切著作中得到了光辉的发展。斯大林同志指明：马克思主义不仅是社会主义底理论，而且同样是整个的宇宙观、哲学体系，从其中逻辑地产生出马克思和恩格斯底无产阶级的社会主义。这个哲学体系叫做辩证唯物论。在这意义上，斯大林同志在全部地解答了最复杂的问题底意义和意思，这个问题就是哲学至今只解释了世界而任务是在改变世界。斯大林同志天才地揭露了，称为辩证唯物论的哲学体系，照耀着夺取无产阶级专政的道路，在无产阶级专政的条件下，科学共产主义底思想掌握着人民而成为能够改变世界的有力的力量。

布尔塞维克党底革命思想在一九一七年十月以前就已经是杰出的有力的力量。在夺取了工人阶级专政之后，这些思想更获得了全世界＝历史的意义，这时候辩证唯物论在六分之一的地球上成了统治的宇宙观了。由于这，布尔塞维克党，在社会生活史上第一个团结了千百万人来为着达到一个目的而奋斗。产生了一个有力的运动，在这运动中人民和共产主义合而为一。

作为马—列主义政党底宇宙观的辩证唯物论是唯一的哲学思潮，它已经实际地实现了共产主义科学和人民之间的生命的深刻的统一。

在文化、科学、哲学史上，还不曾有过这样的情形，即科学的宇宙观、先进的哲学理论成了全民的资产，成了千百万人底理论武器。并且在工人阶级专政出现以前这亦是不可能的，因为过去的哲学体系不能完全适合人民底利益，甚至过去先进的科学理论亦不能成为人民底资产，因为意识形态影响的手段和意识形态底传布是操在统治阶级手中，这些统治阶级永远无意于使人民知道社会生活底规律和科学地理解自己的任务。所有这些，从工人阶级夺得了政权以后，就根本地改变了。

我们的党正和一切共产国际底党一样，和资产阶级的及改良主义的政党相反，力求使全体人民掌握现代的科学宇宙观——辩证唯物论。而且列宁和斯大林底党有着一切手段来实现这点。实现这个伟大任务底基础是社会主义在我们国内的胜利，是斯大林宪法。

十八次党大会提出的任务——共产主义的教育人民，这真是最伟大和崇高的任务，是人们和国家所从未提出过的。需要以全部的注意力深刻地思索这一任务底实质。将全体人民团结在一个宇宙观（马—列主义）的旗帜之下，把对社会发展规律的科学观点变成苏维埃社会底唯一的宇宙观。

在过去，任何一个社会，任何一个阶级，任何一个政党都不能提出这样巨大的任务。资本主义国家中的统治阶级现在也不能提出这样的任务，因为没有一个剥削者阶级高兴使科学成为人民底资产，使人民积极参加政治生活，更不高兴人民将自己的运命掌握在自己手中。这些归根结蒂就决定了剥削者阶级反对在劳动者中传布对社会发展的科学观点。

由于伟大的十月社会主义革命底结果，情形就根本改变了。苏联所获得的成功使得可以有这样的迅速的和各方面的我国人民底文化高涨，这样的他的社会主义意识底生长，以致科学的宇宙观成为统一的宇宙观。现在要求我们来进行巨大的更进一步的工作来共产主义的教育劳动者，来提高苏维埃社会底思想＝政治水准。

列宁和斯大林底伟大的党底十八次大会给了苏维埃人民以他们的物质和文化水准更进一步的生长的纲领，更大的道德＝文化的和思想的团结苏联劳动者在布尔塞维克党周围。党所进行的共产主义的教育群众使全苏联的人民，千百万劳动者——积极的共产主义建设者去研探人类科学知识底伟大宝库——马克思主义—列宁主义。

把世界工人运动底经验，全部科学的发展包涵于马克思哲学理论中去的列宁和斯大林的学说，使这个科学成为在他的历史发展底全部范围上的知识。我们党底哲学宇宙观底绝对的丰富和正确，使这个宇宙观成为唯一的，能够完全包括研究者的现象底重要的内部的矛盾的要点。辩证唯物论的宇宙观要求研究对象底一切方面，一切他的联系和媒介。这种要求全面性防止我们不犯错误和不僵化[①]，它使辩证唯物论成为革命的改变现实的科学。

列宁给了全面的同时具体的研究社会现象的模范。当他揭露帝国主义发展底不平衡性时，正如马克思在创作《资本论》时一样，列宁研究了极大的事实材料，他在许多古典的著作中达到了在帝国主义时代资本主义发展不平衡性底规律更加尖锐化的结论。列宁揭破了资产阶级底走狗考茨基。考茨基宣布有组织的资本主义底阶段——超帝国主义——到来了，在这阶段上资本主义比半世纪前更强。为了削弱革命，考茨基伪造资本

① 《列宁全集》卷二六，第134页。

主义发展底规律，夸大和在曲解的形态中描述资本主义社会发展底个别趋向，抹杀社会生活底一切其他条件和方面，而把夸大的方面用做决定的和唯一的方面。列宁澈底地揭破了考茨基底这个叛卖的假科学的“方法”。列宁写道：假如抽象地、简单化地、非辩证地、因而是不正确地论断，假如“不依据在现实中进行着的发展而预先脱离它……”，那么可以以为发展是走向一个唯一的吞灭一切企业和国家的托拉斯。在分析中只停留在这上面——就是说，曲解现实和表现垄断的大资产阶级底最坏的愿望。假如从革命无产阶级底立场上（即唯一科学地、客观地、澈底＝唯物论地）来观察资本主义发展底方向，那么应该说：资本主义发展底进行“在这样的条件，这样的速度下，在这样的矛盾、冲突和震动下（而且绝不仅经济的，还有政治的、民族的等等）无疑地在事情走到一个全世界托拉斯，走到民族财政资本‘超帝国主义的’全世界联合之前，帝国主义必然地将要破产，资本主义将应该变为自己的对立物”[①]。这一个例子已经鲜明地指出：马—列主义政党底宇宙观是对于社会发展底真正科学的观点，这个宇宙观看到新的、生长着的，有其将来的东西，另一方面，旧的、死亡下去的、应该消灭的东西。这个宇宙观底全能和有力同样还在于它指出这个新的、进步的东西底发展底道路，促进他的胜利和动员党和劳动者底注意和力量来消灭旧的、过时的和反动的东西。辩证唯物论给我们以真正历史发展底深刻地正确的图画，在辩证唯物论中，在理论地＝澈底的形式上给与着历史现实

① 《列宁全集》卷十八，第357页。

底反映，这种反应是从模糊发展底基本倾向的偶然性和不主要现象中解放出来了的。

在苏联共产党（布）和共产国际底理论和实践的活动中，他们的创始者和领袖——列宁与斯大林底活动中，辩证唯物论在新时代，帝国主义与无产阶级革命、无产阶级专政时代，在我国直接建设共产主义时代得到了光辉的全面的发展、论证、具体化和应用。

作为马克思和恩格斯所创造的辩证法底更进一步的发展的列宁底辩证法是在“和第二国际底机会主义搏战过程中成长和强壮起来的，而与这个机会主义斗争，曾经是，并且还是为战胜资本主义所必要的条件”[①]。斯大林同志指出：列宁不仅复活了恢复了马克思和恩格斯底辩证唯物论，清除了机会主义和修正主义，“而且他更进一步，向前发展了马克思主义……”。[②]

“列宁底方法中所给予的东西——斯大林同志说——在马克思底学说中大致已经都有了。这个学说，照马克思自己的话来说，‘实质上是批判的和革命的学说’。正是这种批判的和革命的精神，自始至终地贯澈着列宁底方法。但是假如以为列宁底方法仅仅是马克思的方法底恢复，那是不正确的。实际上，列宁底方法不仅只是马克思底批判的和革命的方法底恢复，不仅只是马克思底唯物论辩证法底恢复，而且是这个方法底具体化和往前发展。”[③]分析了帝国主义世界发展底新阶段，科学地照耀了无产阶级争取社会主义革命和工人阶级专政的斗争底道

① 斯大林:《列宁主义诸问题》第十版，第 2 页。

② 斯大林:《列宁主义诸问题》第十版，第 2 页。

③ 斯大林:《列宁主义诸问题》第十版，第 12 页。

路，创造和发展了在一个国家内建成社会主义的伟大学说，创造了关于布尔塞维主义底战略战术问题上的观点底严整的体系，阐明了无产阶级政党底学说，总结了马克思和恩格斯之后的整个科学的发展，列宁和斯大林全面地发展了和丰富了马—列主义政党底宇宙观——辩证唯物论。

例如，当阐明布尔塞维主义底战略和战术时，列宁和斯大林发展了辩证法和马克思主义哲学唯物论底一切方面。他们指出：为着保证党底战略和战术的任务，要求对于历史过程底一般规律以及当前时机底具体条件要有全面的知识。列宁写道：无产阶级底斗争能够成为胜利的斗争，只有在这样的条件下，即他的政党底纲领是“现实过程底确切的公式”。正是辩证唯物论给了党可能去规定社会诸阶级底行将到来的搏斗底规律性的结果，指明战略的路线和斗争底目的。马—列主义的政党在自己的口号中反映着在其规律性运动中展开着的事变的客观过程，严格地估计到工人阶级及其政党底积极活动。这就是为什么列宁说过：

“在那以学说是否适合社会经济发展底客观过程为学说底唯一的和最高的标准的地方，在这里教条主义是不能有的。”[①]

由于执行这个辩证唯物论底基本要求，工人阶级及其政党底战略路线指出实现提出了的目的唯一正确的道路。以澈底科学的宇宙观武装着的工人阶级政党在历史发展底一切偏差和偶然性中看到斗争底领导路线，发展底基本倾向。这就说明了为什么如恩格斯所说：事变永远不会使无产阶级底革命政党出于

① 《列宁全集》卷一，第192页。

意外。

估计到历史“永远比最好的政党底、最先进的阶级底、最觉悟的先锋队底想像，来得更富于内容、更多样、更多方面、更生动、更‘狡猾’”[①]，苏联共产党（布）和共产国际深刻地分析具体环境，建立永远地适合着变动的环境的原则的和灵活的策略。策略底灵活性应该反映现实底灵活性并成为工人阶级用以改变这个现实的工具。

列宁和斯大林所制定的革命斗争底策略和战略鲜明地指明作为马—列主义政党底宇宙观底辩证唯物论底全部意义。

斯大林同志实现了辩证唯物论底更进一步的发展，以和工人阶级一切敌人斗争底新经验，以现代科学的发展底经验，以国际工人运动及苏联社会主义建设底新经验丰富它。极复杂的在苏联的经验前历史所不知道的到共产主义之路，斯大林同志以革命的理论照耀了它，给了党和全体人民以“信心，判别方向的力量和对周围事变内部联系底理解”[②]。斯大林同志在苏联共产党（布）十八次代表大会上的报告，他对苏联发展底远景，社会主义国家底巩固的分析，对于苏联的整个共产主义建设有特别的意义。斯大林同志发展了辩证唯物论，给了苏联走向共产主义底全部运动以明智的分析。和马克思、恩格斯和列宁一样，承认认识社会发展底客观规律性底巨大的作用，斯大林同志认为党底伟大胜利底条件之一是党应该怎样领导事业和领导向何处去。“……党是不可战胜的，假如他知道，领导事

① 《列宁全集》卷廿五，第230页。

② 斯大林:《列宁主义诸问题》，第13页。

情向那里去和不害怕困难。”[①] 斯大林同志要求严格的估计革命的远景，善于正确地将国家底政治和经济任务和对社会主义建设底个别问题的日常的“平常的”工作结合起来，他把在国家发展中每一步的前进看做是在总的苏联走向完全共产主义中的一个契机；每一个个别的成绩看做是在走向共产主义的一般发展上的表现，每个个别胜利看做是苏联发展（即为工人阶级专政指挥、领导和实现的共产主义社会）底一般规律底表现和揭露。

追随着马克思和恩格斯，他们在自己的战斗的革命活动中，进行了无情的斗争反对各色各种唯心论、形而上学（从少年黑格尔派——鲍威尔、施铁纳尔等至亚芬亚里乌斯）和机械主义（从庸俗唯物论福格脱、布赫纳②、摩勒萧特，直到繁琐哲学者——折衷论者如杜林等）。列宁和斯大林继续着和一切形态的唯心论和形而上学斗争，澈底地揭破了民粹派、马赫主义者、新康德主义者，斯脱鲁维派、孟塞维克派、考茨基派、托洛茨基派—布哈林派资本主义复辟派等底哲学问题上的一切著作底反动的、反科学的、诡辩哲学的性质。

斯大林同志，苏联人民底领袖，澈底地揭破了托洛茨基派、布哈林派、资产阶级民族主义者（他们在自己凶恶的仇恨和反对苏联上结合为间谍、破坏者、暗杀犯的法西斯匪帮）底反革命性。

在斯大林同志底直接领导之下，党粉碎了孟塞维克化的唯

① 斯大林：《列宁主义诸问题》，第 512 页。

② 即前文的布希纳。——编者注

心论和机械论，它们作为托洛茨基—布哈林蜕变者，法西斯雇佣者底卑污的间谍活动直接的思想上的掩护而出现于哲学战线上。在和人民公敌作不可调和的斗争中斯大林同志发展了马克思主义＝列宁主义，辩证唯物论。

为列宁和斯大林底党，为那个有辩证唯物论为自己的哲学宇宙观的党所组织的苏联社会主义的胜利是马—列主义理论底伟大凯旋。全世界的发展以及苏联的发展光辉地证实了辩证唯物论——马克思、恩格斯、列宁、斯大林所创造的宇宙观底完全的真理性，深刻的科学性和现实性。

斯大林同志在党十八次代表大会上的杰出的报告中以天才的远见揭露了共产主义的教育劳动者和我们干部精通理论对于胜利地建设共产主义底意义。

“我们应该承认——斯大林同志说——这一个定理。即在国家和党的工作的任何一个部门中，工作人员的政治水准和马克思主义＝列宁主义的觉悟愈高，则工作本身也愈高和愈有成效，工作底结果也愈有效力；相反的——工作人员底政治水准和马克思主义＝列宁主义的觉悟性愈低，则在工作中就愈会失败和瓦解，工作人员本身也愈会狭小和堕落为目光如豆的事务主义者，而他们亦愈易蜕化。可以确信地说：假如我们能把我们所有各部门中的干部，在思想上造成这样的程度，在政治上锻炼到这样的程度，使得他们在国内和国际的环境中能够自由确定方针，假如我们能够把他们造就成为成熟的马克思主义者＝列宁主义者，使他们能够不犯许多严重错误地来解决国家领导问题，——那么，我们就有一切根据认为我们所有的问题底十分之九都已经解决了。”

我们党底主义，它的明智的决议引导到党和国家底干部及全苏联劳动者底理论和政治水平的高涨。

全部人类社会在工人阶级夺取政权以前是自发地、矛盾地、经过风暴般的震荡和敌对而发展的。这个发展常常伴随着退步、倒退，社会发展底进步趋势为反动趋势所替代等等。

无产阶级专政时代是以完全不同的社会发展底特点为其特征的。这里没有劳动者对异己的外来的、脱离他们的力量的盲目服从。掌握了政权的人民自己支配着自己的运命。但是正是这种情形亦就给自由的独立地创造自己生活的人民以巨大的责任，要求党和非党布尔塞维克底广大阶层各方面地精通社会发展规律的科学。

我们的国家正按着历史上前所未见的道路前进，向共产主义前进，共产主义底历史的必然性曾为马列主义底创始者们所科学地证明了的。马克思和恩格斯在理论上所预言的东西，在我们的条件下成了真实的现实，千百万人民底实际生活。在这些条件下先进的革命理论底作用巨大地增长起来了。我们事业底胜利取决于我们的干部如何精通社会科学，取决于我国千百万劳动群众如何把这个知识变为自己的亲近的和接受的东西，，取决于苏维埃人民底意志和经验及其用不尽的革命力如何用来完成党十八次大会决议所拟定的计划。

在我国人民底一切创造活动上，在他们的共产主义的觉悟的增长上，在胜利地克服人们意识中的资本主义底残余上，我们布尔塞维克党有决定的意义。因为它领导着全部共产主义底建设，团结和动员人民底一切创造力来建设共产主义。放在党面前的任务，它的作用极大程度地增高了。

列宁和斯大林底党领导着国家在极复杂的道路上走向了社会主义。

假如我们自己问一问自己，不管一切暗害者、杀人犯，托洛茨基—布哈林变节者们、间谍、外国侦探机关底代理人们底企图阻碍我们向共产主义的前进，而我们还是得到了惊人的胜利，其原因在那里，那么，我们应该说，原因是在我们党底列宁=斯大林的政策，在它的战斗力，在它的队伍底一致，在我们党底中央底斯大林的领导。

不是偶然的，现在对于我国人民底一切阶层以及对于资本主义国家中一切忠诚和先进的人们，我们党的领袖的名字，斯大林同志的名字乃是自由、幸福、进步、文化这类字的同义语。

马克思和恩格斯所教育的无产阶级革命家底政党，列宁和斯大林所教育和锻炼的伟大的布尔塞维克党，对于社会科学、革命规律底知识永远是给以巨大的意义。

在党对科学的关系上，在真理地反映社会生活底规律于理论中的问题上，在过去和现在都没有一个资产阶级和小资产阶级的政党可以与布尔塞维克党相比拟。这是因为：只有布尔塞维克党在自己的斗争纲领上表现着一切人民底将来。它的目的，它的建成共产主义的计划非但不和社会底历史发展底客观过程相矛盾，而且相反地，是从这个过程中产生出来并促进这个发展的。

这就是为什么我们党底伟大思想永远地号召着人民前进，去争取社会生活底更高形式，在这些思想本身中包涵着走向胜利的有力的号召，这个思想能够团结千百万劳动群众来进行新社会制度战胜旧社会制度的斗争。而相反地，由于资产阶级和小资产阶级政党底目的和纲领、立场是拥护已成的资产阶级社会关系，保守和辩护它，所以这些政党底目的必然要和社会生活中一切进步的东西发生矛盾，所以这些反动政党和阶级底意识形态不得不以一切手段来替已成的并且已经过时了的社会制度辩护。因此，便可以了解这个事实：即资产阶级的思想永远不能真确地和全面地揭露社会生活规律底意义。

资产阶级的学者过去和现在都曲解历史事实，偏向地概括各民族历史中的政治事变，造成关于社会发展前途和将来的不正确的观念。反对那些为工人阶级的事业而进行斗争的，和那些将自己的思想、愿望、政治目的和组织用来反对统治的剥削者的阶级的科学和文化活动者。资产阶级的社会科学因为它不正确地、曲解地解释历史过程，所以实质上已经不是科学了。

对于现代的社会主义党及社会民主党底所谓社会“科学”亦可以说同样的话。只要指出那种理论和实践活动之间，思想和人民生活之间，纲领和斗争底实际手段与形式之间的深刻的脱节（这是对于任何一个社会民主党都是特征的），就足以相信这些对社会的观点亦不能成为真正科学的和有用的。

斯大林同志在自己的天才的古典著作《论列宁主义底基础》中揭露了社会民主主义思想体系底基本罪过——理论与实践底脱离，而这个脱离底结果则是社会民主党底“理论家”完全不能认识社会生活底规律及使这些规律来为无产阶级底革命活动服务。

斯大林同志指出：由于理论和实践深刻的脱节的结果，在第二国际的社会民主党和社会主义党中就有着这种情形：“不是完整的革命理论，而是脱离了群众底实际革命斗争的和变成了死板教条的理论论点和理论片断。为着装饰门面，当然也曾提出马克思底理论，但是为的是阉割掉他的生动的革命精神。

“不是革命的政策，而是萎靡的庸俗态度和畏缩的政客手腕，议会的外交和议会的拉拢。为着装饰门面，当然也曾通过‘革命的’决议和口号，但是为的是把他束之高阁。

“不是使党在自己的错误中领受教育和学习正确的策略，而是小心避开痛切的问题，抹煞和掩饰他们。为着装饰门面，当然也曾不嫌说说病痛的问题，但是为着以某种‘橡皮性的’决议案来结束事情。

“第二国际底面目，他的工作方法，他的武器库就是这样的。”①

继续发展着关于社会关于布尔塞维克党的马克思主义的科学，列宁和斯大林给了第二国际底理论教条以致命的批评。如斯大林同志所说，需要恢复那被破坏了的理论与实践之间的一致，消灭两者之间的脱节并在这个基础上创造以最先进的澈底 = 科学的革命理论武装着的真正无产阶级的政党。

---

① 斯大林：《列宁主义诸问题》，第8页。

斯大林同志不止一次地指出：理论和实践底脱离，不会把社会生活规律底知识来替革命斗争服务可以给工人运动带来什么样的害处。

在一九二六年的共产国际执委第七次扩大会议上，斯大林同志转述了一个瑞士的革命工团主义者所讲的故事：

“事情发生于一九〇六年，在我们党的斯托哈姆代表大会上。这位瑞士同志，在自己的故事中把社会民主党引证马克思和恩格斯的样子描写得十分可笑，我们——大会的代表听了之后，简直笑倒了。故事内容如下。事情是发生于克里姆[①]，在海陆军起义时，海军和步兵底代表去见社会民主党党员们并向他们说：近年来你们号召我们举行起义反对沙皇制度，我们确信你们的号召是对的，我们海军和陆军士兵已讲好了起义，现在请你给我们指示。社会民主党党员们呆了一会回答道，他非召集专门的会议不能解决起义问题。海军士兵说明：不能再迟延了，事情已经准备好了，如果他们得不到社会民主党人的直接回答，而社会民主党人不来领导起义，那么事情会失败的。海陆军士兵走了出来，等候训令，而社会民主党人就召开会议来讨论这个问题。拿来了《资本论》第一卷，拿来了第二卷，最后连《资本论》第三卷也拿来了。大家都来找马克思关于克里姆关于西凡斯托堡，关于在克里姆起义的指示。但是在三卷《资本论》中不论关于西凡斯托堡，关于克里姆，关于海陆军兵士起义都没有找得一条指示（笑声）。再翻过马克思和恩格斯底其他著作，找寻指示——仍然没有任何指示（笑声）。怎

① 克里姆，通译为克里木。——编者注

样办呢？而海军士兵们已经又来了，等候回答。怎么了呢？社会民主党人迫得承认在这种情形之下，他们不能给海陆军士兵们以任何指示。‘海陆军兵士底起义就这样没有成功。’——瑞士同志这样结束了自己的故事。”（笑声）

完全明白的，把革命规律知识和实践的革命活动这样的来“联结”永远亦不会引导到胜利，引导到伟大的社会主义的成功。只有马克思、恩格斯、列宁、斯大林，我们胜利的布尔塞维克党创造了将对社会生活对革命规律及共产主义建设的科学观点与劳动者的反对资本主义奴隶制争取社会主义胜利的群众革命运动联结起来的伟大的历史意义的经验。

一个例子，一八四六年三月二十日马克思在自己家中召集了一个会议，来解决团结一切德国人民底革命力量以反对反动和专横，来决定工人运动领导者行动之间尽可能的一般的式样。在这个会议上除马克思和恩格斯外，参加者有：宣传宗派的空想的共产主义的威脱灵[①]，参加共产主义者方面的爱德迦·封·维斯脱方林，美国的工人运动家、美国的第一个马克思主义宣传者威德梅尔，俄国的自由主义新闻记者安宁科夫[②]等。安宁科夫在其《著作回忆》[③]中写道，马克思提出这个问

① 威脱灵，通译为魏特林。——编者注

② 安宁科夫，应为巴维尔·华西里耶维奇·安宁科夫（1812—1887），回忆录作者，文学史家，文学批评家，第一本学术性的普希金传记的作者。19世纪40年代曾与马克思相识。其回忆录有《1841年夏果戈理在罗马》《1888—1848，引人注目的十年》《1840—1856，屠格涅夫的青年时代》等等。[参见翁文达译：《残酷的天才》上，上海译文出版社1989年版，第158页；（苏）沃林著，沈颖译：《列宁在伏尔加河流域》，北京：人民出版社1956年版，第19页。]——编者注

③《著作回忆》，原文如此。——编者注

题，即现在已经是结束手工业者底宗派共产主义的时候了，要求宣传科学共产主义。威脱灵——宗派共产主义底代表——发展这样的思想以为对于无产阶级，他在理论领域中准备到怎样是没有意义的，对于他有大的意义的是商店、咖啡店、工人的商业等等。威脱灵，大概还会继续说下去的，如果不是马克思带着愤怒的紧皱的双眉起来打断他和开始自己的反对的意见。他的辛辣的演说底本质就在：觉醒了人民而不给他以任何坚定的深思熟虑的行动底根据，那就简直是欺骗他。“刚才所说的幻想的希望底觉醒——其次马克思指出——只是引导到最后的灭亡，而不是被难者底得救，……号召工作人而没有严格地科学的思想与积极的学说等于空洞的和不正直的说教者底把戏，在这种把戏下，一方面有灵感的预言者，另一方面，只允许张开嘴听他的驴子。”

当威脱灵开始坚持自己的庸俗的反动的计划，并否认革命理论对于达到工人阶级胜利的意义时，“完全激怒了的马克思猛力地拍桌子，以致台灯响着和摇摆着，并站了起来说道：‘愚蠢从来亦没有帮助过任何人’”。

这个例子及整个马克思底活动说明了他的反对关于工人阶级的历史作用的反科学观念的斗争。马克思力主国际工人运动中理论与实际底深刻的一致。

正是这个马克思的卓越的思想为列宁在其许多著作中，特别是《做什么》一书中发展了和丰富了。

列宁关于结合革命理论和群众的工人运动的天才学说在斯大林同志的著作中得到了进一步的发展。列宁底伟大的同伴，我们的领袖和导师——斯大林教导布尔塞维克党以明智的列宁的结合理论和实际，知识和行动，以善于在复杂的社会事变中判明方向及善于用列宁的方法组织胜利。斯大林同志发展了马列主义的关于社会的学说，揭露了人民底伟大的创造的作用。对于革命理论，无产阶级革命论，无产阶级革命发展底规律的智识，斯大林同志给以极大的意义，同时，他对革命人民底有组织的战胜一切的创造活动给以巨大的意义。

斯大林同志教导道，人民在自己的活动中是不朽的，历史过程底真正创造者是工人、农民、智识份子；只有在最深刻的内部的结成着科学和人民、共产主义和劳动群众活动的地方，伟大的胜利和勇敢的成功才可能的。这个观点底真理性底最大的成果和伟大的证明是在苏联科学和人民活动的极好的结合，人民和共产主义的结合。下面这个结论，现在已经是对于我们任何一个劳动者都已经十分清楚了的：假如伟大的列宁和斯大林底党没有严格科学地发现建设共产主义社会底历史道路、规律，假如布尔塞维克党在自己决议中没有拟定建成社会主义和共产主义的具体手段、形式和历史时间，假如为三次革命底光荣所辉耀着的党，领导苏维埃人民走向幸福生活的党不能把这些思想深入人民，团结人民在自己周围，领导人民追随自己，那么，就不能有我国劳动者现在所享有的这些伟大的胜利和成就。

布尔塞维克党这些无疑的成功乃是马—列主义关于结合革命规律、共产主义建设底规律与人民群众底有力的创造活动的学说底最深刻的和全面的证明。

所有这一切放在我们党底每个党员及非党布尔塞维克们身上以一种责任，即不断的研究我们党底伟大的历史经验，他关于无产阶级革命底规律的学说，善于在自己争取实现党底决议的斗争中以这个学说为领导。

原著者：亚历山大洛夫，译自一九三九年出版之小册子

斯大林对于马列主义哲学底伟大贡献

一

斯大林同志为《联共（布）党史简明教程》所写并作为该书底一个构成部份——有机部份的《论辩证唯物论与历史唯物论》一著，有着巨大的思想上的意义。斯大林同志底这一著作，表示着辩证唯物论发展上底一个新的阶段——最高阶段，它是马列主义哲学底最高峰。

马克思和列宁就曾经想对于辩证唯物论给一个简明而有系统的阐释。马克思于一八五八年一月十四日在其致恩格斯的一封信中说："……我很愿以两三张报纸的容量，把黑格尔所发现而同时又模糊了的那方法上的合理东西，使之通俗化，而成为一般人类的理性所能接近的东西。"（《马恩通信集》一〇五页）但是，由于某些原因，马克思没有完成自己的愿望。同样列宁也曾经想对辩证方法作个简明而通俗的阐释。大家都晓得，他曾作了很大的准备工作，他的《哲学笔记》就是证据。然而，列宁也没有完成这一任务。在这方面，马克思和列宁没有来得及作成的，斯大林同志把它完成了。

斯大林同志在马列主义科学底发展史上首次以极度的科学的深刻性和明确性，对马克思主义哲学底一切组成部份：辩证方法、哲学唯物论及历史唯物论，给了简明、通俗而有系统的阐释。在这部完整而严密的马列主义哲学理论的概论里面，每一句话和每一个命题，都是科学地加以思考和熟虑过的。

斯大林同志《论辩证唯物论与历史唯物论》一著，对布尔塞维克党底巨大的理论的和实践的经验，作了一个哲学的概括。我们看到，这一著作，不仅对马克思主义宇宙观底各命题加以总括，而且对于马克思和恩格斯关于辩证法问题所给与的一切以及对于列宁添加于辩证唯物论学说的一些新东西，也都加以深刻的概括。并且，斯大林同志对极丰富的理论经验底这一概括，是根据科学的最新材料和工人阶级底全部革命实践来作成的。

斯大林同志底《论辩证唯物论与历史唯物论》一著，乃是他从前的关于马克思主义哲学问题的理论著作之总结。要是把斯大林同志从最早的时候起所写的哲学著作都研究一下，那么，这些著作底真正宏伟的完整性、一贯性、内在的逻辑联系以及连续性，真是令人惊异的。

二

从他的革命活动和理论活动底最初起，斯大林同志就异常重视马列主义底哲学。比如，你把去年所发表的斯大林同志的几篇文章：《无产者阶级与无产者政党》《社会民主党怎样了解民族问题》，以及他的其他的早年的著作仔细想一想，就可以看到，这些著作都深刻地贯澈着革命的辩证法。这些都是把辩证唯物论底方法创造地应用于解决那些摆在工人阶级政党面前的各种任务之典型模范。

尚在俄国一九〇五年革命以前，在指出普列哈诺夫底一些哲学著作（关于明确地阐发革命的宇宙观底基础的，如《史的一元论》《论唯物史观》《论个人在历史上的作用问题》等）底意义时，斯大林同志同时就看到了普列哈诺夫①底理论著作之一切缺点，即他不善于架起一座桥梁，从辩证法底一般观念渡到正确的解决阶级斗争底战略和策略问题上去。普列哈诺夫底错误竟达到这个地步，就是终于陷入机会主义，落在俄国日益展开的工农革命斗争所提出而摆在工人阶级政党面前的那些新任务后面了。

那时，斯大林同志在列宁的著作——比如《什么是“人民之友”和他们怎样反对社会民主派》《做什么》等里面，就已经看到了马、恩著作底进一步的发展，看到了对于阶级斗争底迫切任务的答案，看到了马克思主义方法之创造地应用于俄国底特殊条件。

斯大林同志在一九〇五年所写的著作，比如《略谈党内的争论》《答“社会民主党人”》，都是列宁《做什么》一书底思想之直接继续和发展。

① 普列哈诺夫，即前文的普列汉诺夫。——编者注

从马克思主义哲学发展底观点看来，斯大林同志于一九〇六——一九〇七年用乔治亚文在梯夫里斯出版的一些合法的布尔塞维克报纸——《新生活》《新时代》《我们的生活》及《时代》等上面所连续发表的著名论文《无政府主义还是社会主义》，更有特殊的意义。斯大林同志底这些战斗的、在思想上内容充实的论文，都是反对无政府主义派的。该派散落在高加索，曾是反对布尔塞维主义的那些势力底最积极的队伍之一。

该派复制巴枯宁、克鲁泡特金、蒲鲁东及其他无政府主义"权威"底"观念"，曾经力谋教工人不要参加政治斗争，在一切十字路口大声高呼任何国家底"有害"，各方努力破坏布尔塞维克党底理论基础——马克思主义哲学。无政府主义者"领袖"之一 ——切尔克佐夫，在无政府主义者机关报"No biri"上面，曾经写了好多文章，来反对马克思主义底哲学。

对于"无政府主义者"底这种解体作用的"说教"，应当给一个当头棒喝了；把这个企图使革命运动队伍分化和解体的派别，应当加以粉碎了。于是斯大林同志便在"无政府主义还是社会主义"这个总题目之下，写了好多文章，回击该派。这些文章都作为对于马列主义科学底极重大的贡献，而放在布尔塞维克党底思想宝库里面了。

斯大林同志对马、恩、列底著作有着极渊博的知识，并有着将理论的结论独立地应用于工人阶级实践之才能。他在这些文章里面，以十分通俗的形式，解释了作为无产阶级宇宙观的辩证唯物论与历史唯物论。他指出马克思底无产阶级的社会主义——无产阶级专政和社会主义革命的学说就是从这一哲学体系中逻辑地得出的。

在反对无政府主义者的斗争中，斯大林同志展开了马克思主义关于无产阶级专政的学说——关于达到社会主义底唯一而必要的条件的学说。在他的这些差不多于三十五年前所写的论文里面，斯大林同志就对社会主义制度做了个评述，这一评述直到今日看来还是新鲜的。他以巨大的力量揭穿了无政府主义者对马克思主义底尽其诽谤能事的攻击。斯大林同志以明瞭而典型的形式，阐明了社会主义革命到来底历史的必然性，发展了关于工人阶级政党在争取社会主义革命和社会主义胜利斗争中的作用之学说。用他的话说，社会主义革命和社会主义胜利的不可避免，正如黑夜过后白天到来的不可避免一样。

斯大林同志底这些文章，都是跟无产阶级底革命的阶级斗争之迫切任务密切联系起来去阐发马列主义理论问题的模范。

在《无政府主义还是社会主义》诸文里面，在马克思主义哲学底阐释上，斯大林同志那时就已是高出于普列哈诺夫底一些马克思主义哲学作品底水平之上。哲学和无产阶级斗争实践之联系，这些文章之特有的主动性，将哲学和无产阶级专政学说之联系，它们之不是充满抽象例子，而是充满从无产阶级底日益展开的革命斗争中所采引的活的例子——这些特点都在使他的文章成了马列主义哲学底杰出的作品了。

只有从斯大林同志关于马列主义哲学问题的所有这些理论著作的见地上，才可以理解他于一九〇九年在读了列宁底《唯物论与经验批判论》一书后立即对该书所作的那种历史的评价。斯大林同志在其《高加索来信》之一中曾指出谓，“伊里奇底这本书乃是对马克思主义哲学（认识论）诸命题底一种唯一的总括”，“伊里奇底唯物论，在好多方面，是跟普列哈诺夫底这样的东西不相同的”。

在《唯物论与经验批判论》一书出版后，实在需要一种真正天才的炯眼、马克思主义哲学底渊博知识、对于普列哈诺夫底当时最高的哲学权威之批判态度及独立研究问题的立场，才能如此评价该部巨著的。要是把那时的环境具体想一下，那么列宁此书底这一评价之意义，更其增长了。

列宁底这部著作，曾引起了反动阵营内的疯狂攻击。它首先遇到了马赫主义者波格达诺夫派底攻击，这是毫不足奇的，因为它给了马赫主义以决定的打击。其次，孟塞维克、普列哈诺夫及其在哲学上的孟塞维克化的学派（亚克雪洛德[1]），也都以恶意和轻蔑态度，来迎接列宁此书底出版。普列哈诺夫在其与波格达诺夫通信集注解里面对于伊林（列宁）底著作也说了几句盛气凌人的轻蔑的话。亚克雪洛德被普列哈诺夫所怂恿，也对列宁底这部著作加以卑劣的批评，他在这一批评中，在好多最主要的地方都放弃了马克思主义底哲学。

只有在布尔塞维克中间，《唯物论和经验批判论》一书底出版，曾经引起了莫大的高兴，大家都觉得敌视无产阶级的马赫主义的理论，从此澈底粉碎了。只有斯大林同志在此书出版后，一下子便看清楚了它是辩证唯物论发展上的一个新的进步。

① 亚克雪洛德，即前文的阿克雪洛得，今通译阿克雪里罗得。——编者注

要是回想一下，在二十年后——在一九二九年——一九三〇年还需要来粉碎机械论和孟塞维克化的唯心论对列宁《唯物论与经验批判论》一书底攻击，那么斯大林同志尚在一九〇九年对此书所作的评价之意义，更其一目了然了。这一评价，在斯大林同志的《列宁主义底基础》和《联共（布）党史简明教程》里边，仍被继续并使之更加深刻了。

三

斯大林同志底《辩证唯物论与历史唯物论》一著，将他全部革命活动期间关于马克思主义哲学所作的一切，都加以总括、蒐[①]集及有系统地阐释。它体现了马列主义底全部智慧，它在哲学上概括了无产阶级斗争底世界经验，它在辩证唯物论和历史唯物论底进一步的发展上给了好多新的东西。

在这一著作里面，斯大林同志更进一步发展了列宁的哲学党性原则。该书开头所说的头一个命题，即辩证唯物论乃是马列主义政党底宇宙观一点，就有力着重地指出了马克思主义哲学与布尔塞维克党全部历史底内在的、有机的联系。它教导我们要把马克思主义哲学看做为着解决阶级斗争和社会主义建设任务所必要的战斗的理论武器。此著把一切极深刻的结论和命题，都阐释得很通俗明白，使每个读者都可以明瞭它们的实践的意义。

斯大林同志从马克思主义哲学底一般命题到阶级斗争底迫

① 蒐（sōu），同“搜”。——编者注

切问题架了一座桥梁。他指出，无产阶级底政党，要是它愿成为真正地马列主义的政党和正确地解决摆在它的路程上的任务的话，那么，它就应当以马克思主义底革命灵魂——唯物辩证论为指导。

斯大林同志指出：“无产阶级政党在其实际活动中，应当不是以某种偶然的动机为准则，而是以社会发展规律中所得出的实践结论为准则。”①

斯大林同志教导我们干部要把社会看做新与旧之间的斗争，要理解在反对旧势力的斗争中新者、增长者、进步者之不可克服性。这样，他便唤起了人们为新者胜利而奋斗的勇气和力量，提高了人们对新者定必战胜旧者和衰亡者的信心。这是直接从马克思主义的辩证方法所得来的：“在辩证方法看来，最重要的，不是那在现时似乎巩固，但已经开始死亡的东西，而是那正在产生着和正在发展着的东西，即使它在现时还似乎是不坚固的；因为在辩证方法看来，只有正在产生着和正在发展着的东西才是不可克服的。”②

斯大林同志特别着重地指出了从自然和社会现象在其中存在着的有机的相互联系之见地上去观察它们之重要性。他把马列主义关于矛盾及其斗争、关于矛盾底各种类型及其解决底各种形式的学说作了进一步的探究。在他的著作里面，他指出了有着对抗型的矛盾，这种矛盾是要消失和泯灭的，而对抗秩序底矛盾，则只有用残酷的阶级斗争底方式才能解决。

① 《联共（布）党史简明教程》。

② 《联共（布）党史简明教程》。

马克思和恩格斯曾创造了马克思主义底哲学科学，对于旧的古典的遗产，从根本上加以改造。他俩结束了黑格尔底观念论，从他的辩证方法中采取了合理的核心；他俩克服了费尔巴赫唯物论底狭隘性，而采取了他的唯物论底基本核心。马克思和恩格斯在把唯物辩证法底法则定式化时，一般说来，对于这些法则仍保存了他俩所遇到的那些哲学术语。这不仅是自然而然的事，而且是直接从摆在马克思主义创立者面前（在刚要制定新宇宙观的基本原则之那些历史条件下）的那些任务中产生的。

后来列宁在发展辩证唯物论时，他在这一关系上更向前推进了。在他的《哲学笔记》里面，他重新撮述了辩证方法底好多基本特点和成份。可惜，列宁底著作，未曾完成——他没有来得及将自己的以有系统的形式阐发辩证唯物论和历史唯物论的志愿进行到底。

现在在完全另一个时代底条件之下，对唯物辩证法底有系统地阐发，就需要充实以新的现代的内容，新的现代的例子了。应该选取新的术语、新的例子，作为辩证方法底根据了。斯大林同志熟虑了布尔塞维克党所积蓄的巨大经验，并将恩格斯底古典著作《反杜林论》里面所阐释的辩证方法底内容及列宁在其《哲学笔记》里面所发展的关于辩证法诸成份的丰富材料，加以概括，对于马克思主义辩证方法和马克思主义哲学唯物论底基本特征又以新的方式给了一个典型的评述。

四

斯大林同志关于历史唯物论问题给了好多新的东西。他把社会生产力的命题当做生产底最革命的要素，当做生产发展底决定要素的命题而加以发展，他以澈底详尽的完全性和明白性，指明了物质财富生产方式在全部社会生活中起着怎样的作用。在资产阶级的关于社会的科学里面，对于这个问题，曾经造成了莫大的混淆。资产阶级社会学底代表者，曾经提出而且现在还在提出作为社会发展底主要原因的不知有多少了！有的说是观念底作用，有的说是英雄和征服者底作用，有的说是地理的因素，以及什么人口问题、家庭底形式和性质、社会的需要等等。资产阶级的社会学，简直纠缠不清，而不能对社会发展的主要与决定的原因问题，给以答案。

然而，就是在马克思主义的文献中，对于这个问题，也可以遇到不清楚和混淆的地方。比如，我们把普列哈诺夫底所谓“地理偏向”回想一下。他放弃了唯物史观，而夸大了地理环境在社会发展中的作用和意义。

甚至恩格斯关于这个问题，也有一个不明确的说法。恩格斯在他的《家庭、私有财产及国家底起源》一书序言（于一八八四年写的）里边曾经写道：“生活在一定的历史时代和一定的国度里的人们之社会制度，是由两种生产所规定的：一即劳动底发展阶段，一即家族底发展阶段。”

这样，我们便看到，恩格斯在他的这个命题里面，和他关于历史唯物论的其他一切说法不同，跟马克思底说法不同，而断言物质生产和家族两因素乃是社会发展中的决定原因。恩格斯底这一命题是不明确的，是错误的，问题是在于家族形式本身在人类历史上是依着在社会生活底各种阶段上所支配着的物质生产方式而变化的。所以，不能把家族跟物质生产并列起来，而作为社会发展的决定原因。恩格斯本人在他的名著《家庭、私有财产及国家底起源》一书里面所引举的大量的实际材料，就十二分确定地说明了这一点。

可以说，在我们的宣传和教育工作中，恩格斯底这一命题曾经引起了若干的困难，因为不仅教师，甚至有时连学生也都看出了恩格斯在这一点上的若干不澈底性。但是科学战线上底工作人员当中，不论那一个人却都没有理论上的勇气，去澈底把这个命题思索一下，而说出它的错误性。

斯大林同志底《论辩证唯物论与历史唯物论》一著，在这个问题上便用锐利的马列主义的武器把我们的干部武装起来了。斯大林同志对社会发展底主要而决定的原因之光辉的分析表明，为什么不论地理环境或人口论，都不能成为这种原因，至于家族更不用说了。这一分析表明，在社会物质生活条件体系上决定社会面貌的这种主要力量，乃是“人们生存的必需的生活资料谋得方式，就是物质资料底生产方式——这些物质资料就是食品、衣服、鞋靴、住房、燃料、生产工具以及其他各种为社会能籍以生活和发展的必要资料”（斯大林语）。

斯大林同志底这一著作，对于人类全部历史上人们生产关系底发展作了个简明的概述。在这一概述里面，把历史上彼此更替的各种社会经济结构底基本规律性底定式化了，这一概述可说是对马克思为其《政治经济学批判》一书所写的有名的“绪言”之直接补充。对生产关系发展底这一简明的概述，给了一切社会科学工作人员以创造工作底出发点。

不论历史学家，尤其是物质文化历史学家，或经济学家、哲学家，都在这一概述里面找到了指导的指示。这一概述里面所举的巨量材料，乃是上述一些科学领域内进一步研究工作之钥匙。封建主义起源底一些最困难最麻烦的问题，古代史、中古史及近代史底一些未曾解决的和复杂的问题，从斯大林同志在这个简明的概述里面对历史过程和其基本规律性所作的那些概括的见地看去，便都迎刃而解了。

斯大林同志关于先进观念在社会发展中的作用的学说，更有着独特的意义。他指出历史唯物论乃是唯一科学的理论，这一理论澈底揭开了在社会里面观念起源底物质源泉。同时，马克思主义则强调观念在社会生活中底严重意义和作用。历史底经验，特别是无产阶级革命运动和社会主义底革命底经验，教导我们：新的社会秩序，如果没有新的观念，那是不能胜利的；社会里面新的、先进的观念，只有在新的社会关系底地盘已经成熟的时候，才能出现的。斯大林同志对于这个问题所发展的天才的思想乃是唯物史观进一步发展上的一个重大的进步。

斯大林同志《论辩证唯物论和历史唯物论》① 一著中的新东西便是对社会主义生产方式底基本规律性之定式化——在社

① 即前文的《论辩证唯物论与历史唯物论》。——编者注

会主义国度里面生产关系和生产力完全相适应底定式化。在苏联已经建设成为的社会主义社会是以工人、农民及知识份子底劳动合作为基础的。在苏联，已经创造了这样的制度，就是在这个制度里面已经没有劳动社会性与占有私人形式之间的矛盾了，已经确立了生产手段社会公有制，已经消灭了失业现象，已经消灭了生产底无政府性——产生经济危机底可能性。

自然而然的，在社会主义国度里面已经产生了新的社会发展规律性。斯大林同志首先在马列主义历史上发见了这些规律性。他指出了社会主义生产关系底全部特色，说它们是一种解除了剥削的人们底合作和互助关系，斯大林同志对于苏联生产力和生产关系之间所存在着的那种独特的联系，首次给了一个评述，他说，在苏联，“生产关系是完全适合于生产力底情况的，因为生产过程底社会公共性质是由对于生产资料底社会公共所有制所巩固”。

斯大林同志在他的《论辩证唯物论和历史唯物论》一著里面所说的这些命题，乃是马克思《〈政治经济学批判〉绪言》及列宁著作里面所阐发的唯物史观底指导观念之直接的继续。

斯大林同志对历史唯物论底这些补充和进一步的发展，是根据对社会主义时代底经验之概括而来的，现在没有这些补充和进一步的发展，便没有也不能有唯物史观了。

斯大林同志《论辩证唯物论和历史唯物论》一著底科学的丰富性，就是这样的。

*　　*　　*

联共（布）中央在一九三八年十一月十四日的决议里面，曾说党底中央出版《联共（布）党史简明教程》一书，所抱目的，是在于在好多马列主义理论和党史问题——比如关于个人在历史上的作用问题，关于现代战争性质问题，关于降低社会主义国家底作用和意义问题等——底解释上将马克思主义的著作，将宣传工作，从庸俗化和简单化之下解放出来。尤其对于不正确地人工地割裂马克思主义学说各构成部份（辩证唯物论和历史唯物论与列宁主义，马克思主义哲学与党史）的情形加以结束的这个任务，有更重要的意义。

斯大林同志底《论辩证唯物论和历史唯物论》的著作，便是用革命理论底战斗武器，以马列主义底精神来理解这些问题的方法，把我们的干部武装起来了。

原著者：米汀·贺甫，译自《真理报》

附　录

辩证唯物论与历史唯物论研究提纲

——苏联共产党（布）中央所属列宁训练班辩证唯物论与历史唯物论研究室审定

第一部份

第一题　辩证唯物论——马列主义政党底宇宙观

马列主义的理论——关于社会发展，关于无产阶级革命，关于无产阶级专政，关于共产主义社会建设的科学。辩证唯物论——马列主义底哲学，革命的无产阶级底哲学。马列主义科学底创造性。马克思主义对人类所积累的全部知识之概括和改造。

马克思主义底三个根源和三个组成部份。辩证的和历史的唯物论——共产主义底理论基石。辩证方法的研究自然现象和唯物论的解释自然现象。历史唯物论——辩证唯物论的论点扩展和应用于研究社会生活。

辩证唯物论和历史唯物论——完整的宇宙观、哲学体系——其中逻辑地产生马、恩、列、斯底科学社会主义。无产阶级阶级斗争底战略和战术与马列主义底哲学。辩证唯物论和历史唯物论对于马列主义政党底实践活动底意义。

《联共（布）党史简明教程》——马列主义基本知识底百科全书。马克思和恩格斯底学说和列宁与斯大林所加于马克思主义科学的新的东西底联系、统一、完整和承继性的模范。

参考书

列宁:《马克思主义底三个根源和三个组成部份》(俄文:《列宁全集》十六卷。中文:《卡尔·马克思》读书版)。

斯大林:《无政府主义或社会主义》(俄文：见勃里亚:《关于外高加索布尔塞维克组织史问题》，第119—128页)。

斯大林:《关于列宁主义底基础》第二章——方法，第三章——理论(俄文:《列宁主义问题》十一版。中文:《列宁主义问题》莫斯科外国文书籍出版局一九四〇年版。《斯大林选集》第一卷或《列宁主义概论》单行本，解放社版)。

斯大林:《论辩证的和历史的唯物论》(俄文:《列宁主义问题》十一版。中文:《联共（布）党史简明教程》第四章，或《哲学选辑附录》)。

补充参考书

恩格斯:《社会主义从空想到科学的发展》(俄文：单行本。中文：单行本，生活版)。

列宁:《卡尔·马克思》(俄文:《列宁全集》十八卷。中文:《卡尔·马克思》，读书版》。

斯大林:《在十八次大会上关于联共（布）中央工作的总结报告》(俄文:《列宁主义问题》十一版。中文:《列宁主义问题》外国文书籍出版局一九四〇年版；或单行小册子，《新华日报社》版或《解放》周刊第七五期）。

《联共（布）党史简明教程》：结论。

《论因联共（布）党史简明教程之出版应如何进行党的宣传》（联共中央，一九三八年十一月十四日决定。中文：《联共（布）党史简明教程》下册附录，生活版）。

第二题　唯物论与唯心论

哲学上的两个营垒：唯物论与唯心论。一切哲学底基本问题。这个问题底两方面。唯物论和唯心论——社会上阶级斗争的反映。列宁论哲学上的党性。唯心论和宗教的联系。

唯物论和唯心论底诸形式。在哲学史上唯物论和唯心论的斗争，列宁对唯心论的批判。

马克思以前的唯物论底积极方面及局限性。

辩证唯物论——哲学发展上之最高阶段。马列主义哲学底行动性和革命性。

参考书

恩格斯：《路得维希·费尔巴赫与德国古典哲学之末日》（俄文：《马恩全集》十四卷，中文：《费尔巴赫论》，生活版）。

列宁：《唯物论与经验批判论》代序及第四章第四节："哲学上之政党和哲学的无头脑者"（俄文：《列宁全集》十三卷，中文：译本有神州国光社版，傅子华译）。

列宁：《论战斗唯物论底意义》（俄文：《列宁全集》二十七卷。中文：《马克思恩格斯与马克思主义》）。

斯大林:《论辩证的和历史的唯物论》(俄文:《列宁主义问题》十一版。中文:《联共(布)党史简明教程》第四章,或《哲学选辑》附录)。

补充参考书

恩格斯:《自然辩证法》旧序(俄文:《马恩全集》十四卷。中文:《自然辩证法》,神州国光社版)。

斯大林:《无政府主义或社会主义》(俄文:见勃里亚:《关于外高加索布尔塞维克组织史问题》120—125页)。

普列哈诺夫:《论一元论历史观之发展》第一章(俄文:单行本。中文:单行本,读书版)。

第三题 马克思主义底哲学先驱者(黑格尔、费尔巴赫)

德国的古典哲学及其历史意义。黑格尔哲学——德国古典唯心论哲学底完成。黑格尔底客观唯心论。黑格尔底唯心论辩证法。黑格尔哲学中方法与体系之矛盾。黑格尔辩证法底“合理的核心”。马克思主义辩证法与黑格尔的方法底对立性。

费尔巴赫及其与黑格尔唯心论的斗争。费尔巴赫唯物论底“基本核心”。费尔巴赫唯物论底局限性,费尔巴赫哲学中的唯心论的和宗教——伦理的杂质,费尔巴赫唯物论在马克思和恩格斯底哲学观念的形成上的作用。

参考书

马克思:《费尔巴赫提纲》(俄文:见恩格斯:《路德维希·费尔巴赫与德国古典哲学之末日》一书附录。中文:见

《费尔巴赫论》附录)。

恩格斯:《路得维希·费尔巴赫与德国古典哲学之末日》。中文:《费尔巴赫论》,生活版)。

斯大林:《论辩证的和历史的唯物论》(俄文:《列宁主义问题》十一版。中文:《联共(布)党史简明教程》第四章)。

补充参考书

斯大林:《无政府主义或社会主义》(俄文:见勃里亚:《关于外高加索布尔塞维克组织史问题》,第119—121页)。

普列哈诺夫:《论一元论历史观之发展》第四章(中文:读书版)。

第四题　马克思与恩格斯底哲学观点之形成

马克思主义产生底历史条件

马克思与恩格斯底实践——政治活动在其哲学发展上之作用,马克思和恩格斯从唯心论到唯物论、从民主主义到共产主义的过渡。马克思与恩格斯对先驱的哲学、政治经济学和社会主义理论的批判的改造。

马克思与恩格斯之创造辩证唯物论和历史唯物论、经济学说与科学社会主义。

马克思与恩格斯——第一个无产阶级政党"共产主义者同盟"底组织者和领袖,《共产党宣言》的创作者。

参考书

列宁:《卡尔·马克思》(俄文:《列宁全集》十八卷。中文:《马克思恩格斯与马克思主义》)。

列宁:《纪念恩格斯》(俄文:《列宁全集》卷一。中文《马克思恩格斯与马克思主义》)。

斯大林:《论辩证的和历史的唯物论》(俄文:《列宁主义问题》十一版。中文:《联共(布)党史简明教程》第四章或《哲学选辑》附录)。

补充参考书

恩格斯:《卡尔·马克思》(俄文:《马克思选集》卷一。中文:《论马恩列斯》,解放社版。马克思小传)。

列宁:《马克思与恩格斯通信集》(俄文:《列宁全集》十七卷。中文:《马克思恩格斯与马克思主义》)。

马克思与恩格斯合著:《德意志意识形态》,费尔巴赫章(俄文:《马恩全集》第四卷)。

第五题　关于恩格斯底著作

《路德维希·费尔巴赫与德国古典哲学之末日》

恩格斯底《费尔巴赫论》一书——马克思主义的宇宙观底基础之有系统的阐述。恩格斯论马克思主义与黑格尔哲学、费尔巴赫哲学之关系。哲学基本问题底古典式的定义。辩证方法底特征和恩格斯对它的阐述。批判康德底唯心论的认识论和黑格尔哲学底矛盾。批判旧的、马克思以前的唯物论底局限性,恩格斯底《费尔巴赫论》一书底历史意义。

参考书

恩格斯:《路德维希·费尔巴赫与德国古典哲学之末日》（俄文：单行本。中文:《费尔巴赫论》，生活版）。

补充参考书

普列哈诺夫:《论一元论历史观之发展》第五章（俄文：单行本。中文：读书版）。

第六题　十九世纪俄国唯物论哲学之发展

十九世纪的俄国哲学史——唯物论与反动的唯心哲学及僧侣主义斗争底历史。

赫尔岑及其走向革命民主主义之路。赫尔岑著作中之唯物论与辩证法。

倍林斯基——革命民主派底思想家。倍林斯基底政治的和哲学的发展。

车尔尼雪夫斯基——革命民主派，社会主义者，乌托邦主义者。车尔尼雪夫斯基著作中的辩证法。

杜勃洛留勃夫，它的哲学观点及文学批判活动。

倍林斯基、赫尔岑、车尔尼雪夫斯基、杜勃洛留勃夫是俄国社会民主党底先驱者。马克思主义在俄国的传播。

参考书

恩格斯:《致巴普里兹书》（俄文:《马恩全集》二十七卷，第389页）。

列宁:《诸等级与阶级在解放运动中之作用》(俄文:《列宁全集》十六卷)。

列宁:《过去俄国工人刊物摘引》(俄文:《列宁全集》十七卷)。

列宁:《论大俄罗斯底民族的自傲》(俄文:《列宁全集》十七卷)。

列宁:《纪念赫尔岑》(俄文:《列宁全集》十五卷)。

补充参考书

恩格斯:《论俄国的社会关系》(俄文:《马克思选集》卷二)。

列宁:《我们拒绝那一种遗产?》(俄文:《列宁全集》卷二)。

列宁:《“农民改革”》和《无产者农民的革命》(俄文:《列宁全集》卷十五)。

列宁:《唯物论与经验批判论》第四章，第一节之补充。《车尔尼雪夫斯基从那一方面去批判康德主义》(俄文:《列宁全集》十三卷。中文：单行本，神州国光社版)。

列宁:《论战斗唯物论底意义》(俄文:《列宁全集》二十七卷。中文:《马克思恩格斯与马克思主义》)。

列宁:《共产主义中的“左派”幼稚病》第二章，(俄文:《列宁全集》二十五卷。中文：单行本，外国工人出版社版)。

普列哈诺夫:《倍林斯基》(俄文:《普列哈诺夫全集》卷十)。

普列哈诺夫:《车尔尼雪夫斯基》(俄文:《普列哈诺夫全集》卷五)。

译者附注：对于中国的研究者本题可以省略，而另行研究近百年来中国哲学思想之发展，或中国哲学发展史略一题。

第二部份

第一题　在自然与社会中现象底普通联系和相互依存

唯物辩证法为论自然、社会和人的思维底发展底一般规律的科学。马克思主义的辨证方法与形而上的方法之直接对立。

自然是有机地联系着的统一的整体，是运动与发展底规律性的过程。现象底互相联系和互相制约。每一现象之各方面底互相依存和不可分割的联系。原因与结果是客观世界中现象底普遍联系底一个契机。

普遍联系底辩证规律与对现象的历史态度，真理底具体性。估计对象底联系和关系底全部总和是正确的认识和行动底条件，列宁和斯大林论“基本环节”。

扩展和应用辨证联系底规律于研究社会生活、社会历史、无产阶级政党底实践活动。

参考书

恩格斯:《自然辩证法》：作为科学的辩证法底一般性质(俄文：单行本。中文：单行本，神州国光社版)。

恩格斯:《反杜林论》概论，旧序中《论辩证法》一节（俄文：单行本，一九三八年版。中文：单行本，解放社订正版）。

列宁:《再论职工会》（俄文:《列宁全集》二十六卷，第131—139页）。

斯大林:《论辩证的和历史的唯物论》（俄文:《列宁主义问题》十一版。中文:《联共（布）党史简明教程》第四章，或《哲学选辑》附录）。

补充参考书

恩格斯:《社会主义从空想到科学的发展》（俄文：单行本，一九四〇年版。中文：单行本，生活版）。

恩格斯:《路得维希·费尔巴赫与德国古典哲学之末日》第四章，（俄文：单行本。中文:《费尔巴赫论》，生活版）。

列宁:《论金子在目前以及在社会主义完全胜利后的意义》（俄文:《列宁全集》二十七卷）。

斯大林:《社会民主党怎样了解民族问题》（俄文:《布尔塞维克》杂志，一九三九年，第23—24号。中文:《解放》周刊一二一期）。

第二题　关于运动变化与发展的学说

运动——物质存在底形式、不可割裂的方式。辩证法——论发展底最全面的内容丰富的深刻的学说。辩证的理解运动为一般的变化。运动底基本形态。运动与静止。不断的运动与变化——现实底客观规律、合规律地产生着和发展着的东西底不可克服性。辩证的发展论底革命的本质和形而上的现象底“停滞”和“不变”论底反动性。

扩展与应用关于发展的辩证学说于社会生活、社会历史、无产阶级政党底实践活动。

参考书

恩格斯:《自然辩证法》,《自然辩证法》旧序，运动底基本形式（俄文：单行本。中文：单行本，神州国光社版）。

列宁:《卡尔·马克斯》,《辩证法》一节（俄文:《列宁全集》十八卷。中文:《马克思恩格斯与马克思主义》，解放社版）。

斯大林:《论辩证的和历史的唯物论》(俄文:《列宁主义问题》十一版。中文:《联共（布）党史简明教程》第四章，或《哲学选辑》附录）。

补充参考书

恩格斯:《自然辩证法》,《辩证法与自然科学》一节（俄文：单行本。中文：单行本）。

斯大林:《无政府主义或社会主义》(俄文：见勃里亚书第二章）。

《联共（布）党史简明教程》结论。

第三题　发展为量变过渡至根本的质变

小的和隐秘的量变转化为公开的、根本的质变乃是自然和社会底发展底规律。进化与革命，它们的辩证的互相关系。发展底飞跃式的性质，列宁论飞跃底多样性。

马列主义论发展底过程为前进的运动，按上升线的运动，从简单到复杂、从低级到高级的发展。批判形而上的理解发展为纯粹的量的过程，为简单的生长，为过去了的东西底重复。

应用量到质底过渡底规律于研究社会生活、社会历史、无产阶级政党底实践活动。

参考书

恩格斯:《反杜林论》第一篇，哲学，第十二、十三章（俄文：单行本。中文，单行本订正版）。

恩格斯:《自然辩证法》，作为科学的辩证法底一般性质（俄文：单行本。中文：单行本）。

列宁:《论辩证法》（俄文:《列宁全集》十三卷。中文：《马克思恩格斯与马克思主义》）。

斯大林:《论辩证的和历史的唯物论》（俄文:《列宁主义问题》十一版。中文:《联共（布）党史简明教程》第四章，或《哲学选辑》附录）。

《联共（布）党史简明教程》第九章，第二节。

补充参考书

列宁:《什么是“人民之友”和他们怎样进行反对社会民主主义者底斗争》第一册（俄文:《列宁全集》卷一，第80—100页）。

斯大林:《无政府主义或社会主义》（俄文：见勃里亚书第二章）。

斯大林:《伟大转变之一年》(俄文:《列宁主义问题》十一版。中文:《列宁主义问题》外国文书籍出版局一九四〇年版,或《斯大林选集》第四卷,解放社版》。

第四题　发展为对立底斗争

辩证法论自然和社会现象所固有的内部矛盾,新与旧、衰亡的与新生的东西之间的斗争——发展过程底内部内容。量变转化到质变底内部内容。列宁论对立底斗争为辩证法底实质、核心。

辩证法论基于内部矛盾底揭露和其克服上的从旧到新的发展过程。

敌对性和非敌对性的矛盾。批判形而上的理解发展为"现象底和协的展开"。反对在理论上和实践上机会主义的熄灭阶级矛盾。

应用对立底统一与斗争律于研究社会生活,应用它到无产阶级政党底实践活动上。

参考书

列宁:《论辩证法》(俄文:《列宁全集》十三卷。中文:《马克思恩格斯与马克思主义》)。

斯大林:《论辩证的和历史的唯物论》(俄文:《列宁主义问题》十一版。中文:《列宁主义问题》,外国文书籍出版局一九四〇年版,或《联共(布)党史简明教程》第四章,或《哲学选辑》附录)。

斯大林:《论联共(布)党内的右倾》(俄文:《列宁主义问题》十一版。《列宁主义问题》外国文书籍出版局一九四〇年版，或《斯大林选集》第三卷，解放报社版)。

补充参考书

马克思:《哲学之贫困》第二章(俄文：单行本，一九三九年版。中文：单行本，作家版)。

恩格斯:《自然辩证法》[俄文:《马恩全集》十四卷，第396、410、414、425、426、432、437、445、447、502、506、509、512、515页。中文：单行本，神州国光社版。(上述俄文页数，无原书对照，暂缺中文页数)]。

列宁:《哲学笔记》(俄文：单行本，第30、32、110、140、141、188、211、213、262、263、325、328页，一九三六年版)。

斯大林:《无政府主义或社会主义》(俄文：见勃里亚书第二章)。

斯大林:《中央委员会向联共(布)十五次大会的政治报告》第三段(俄文:《列宁与斯大林》,《研究党史文件资料集》第三卷。中文:《斯大林选集》第三卷》)。

斯大林:《论苏联的土地政策》(俄文:《列宁主义问题》十一版。中文:《列宁主义问题》外国文书籍出版局一九四〇年版，或《斯大林选集》第四卷)。

斯大林:《再论我们党内的社会民主主义的倾向》(俄文:《列宁与斯大林》,《研究党史文件资料集》第三卷。中文:《斯大林选集》第二卷)。

第五题　唯物辩证法底范畴

本质与现象，在客观世界中的本质与现象，本质与现象底统一。认识外间世界底规律性——人底合目的活动底基础。

形式与内容。在自然和社会现象中的形式与内容。他们的辩证的一致。内容底决定的作用，形式对内容的依赖性。形式对内容的积极的反作用。自然和社会中的因果性。必然性和偶然性。必然性与偶然性——自然与社会现象底联系和发展底客观形式；它们的辩证的一致。偶然性为必然性底表现形式。

自然与必然。自由是认识了的必然。

可能性与现实性，在自然与社会发展中的可能性与现实性。产生真实的可能性之条件及其转化为现实性。在可能性转化为现实性中社会实践底作用。

列宁和斯大林论社会主义在一个单独的国家内胜利的可能性及这个可能性底转化为现实性，斯大林论在我们国家内共产主义胜利底可能性。苏联人民为转化这个可能性成现实性的斗争。应用唯物辩证法底范畴到无产阶级政党底活动实践上去。

参考书

恩格斯:《自然辩证法》(俄文:《马恩全集》十四卷，第444—447、502—506、521—522页。中文：单行本)。

斯大林:《论农村中的工作》(俄文:《列宁主义问题》十一版。中文:《列宁主义问题》外国文书籍出版局一九四〇版，或《斯大林选集》第五卷》。

斯大林:《论辩证的和历史的唯物论》(俄文:《列宁主义问题》十一版。中文:《联共(布)党史简明教程》第四章,或《哲学选辑》附录)。

斯大林:《新环境和新经济建设任务》(俄文:《列宁主义问题》十一版。中文:《列宁主义问题》外国文书籍出版局一九四〇年版)。

补充参考书

恩格斯:《反杜林论》第一篇,第九章(俄文:单行本,一九三八年版。中文:单行本,订正版)。

列宁:《唯物论与经验批判论》第三章,第三与第六节(俄文:《列宁全集》十三卷。中文:单行本)。

列宁:《论欧洲联邦的口号》(俄文:《列宁全集》十八卷。)

列宁:《无产阶级革命底军事纲领》(俄文:《列宁全集》十九卷)。

斯大林:《无政府主义或社会主义》(俄文:见勃里亚:《关于外高加索布尔塞维克组织史问题》,第121—126页)。

斯大林:《关于列宁主义问题》(俄文:《列宁主义问题》十一版。中文:《列宁主义问题》外国文书籍出版局一九四〇年版,或《斯大林选集》第二卷)。

第六题 关于恩格斯底著作《反杜林论》

恩格斯:《反杜林论》一书出版之历史环境。

《反杜林论》——马克思主义思想底完整和澈底的叙述。在《反杜林论》中对于马克思主义底根源及其组成部份底分析。

批判杜林底小资产阶级的“社会主义”，庸俗唯物论。机械论和唯心论。《反杜林论》在与工人运动中的无政府主义及机会主义斗争中的意义。

恩格斯对马克思主义辩证法的发展。

关于物质与运动、时间与空间的恩格斯底学说，恩格斯对十九世纪自然科学最重要发现底概括。历史唯物论在《反杜林论》中的发展，社会主义底历史和理论在《反杜林论》中简要叙述。

参考书

恩格斯:《反杜林论》第一篇和第三篇（俄文：单行本，一九三八年版。中文：单行本，订正版）。

补充参考书

列宁:《纪念恩格斯》（俄文:《列宁全集》卷一。中文：《马克思恩格斯与马克思主义》）。

列宁:《唯物论与经验批判论》第四章，第七节,《论对杜林的二重的批判》（俄文:《列宁全集》十三卷。中文：单行本）。

第三部份

第一题　世界底物质性及其发展底规律性

世界底物质性，世界底发展及物质运动底规律性。物质运动底基本形式。世界中的多样的现象——运动着的物质底不同的形态。

物质底哲学和自然科学的概念。空间与时间——物质存在底客观形式。

扩展世界发展底物质性与规律性的论点来研究社会生活。

参考书

恩格斯:《自然辩证法：运动底基本形式》(俄文:《马恩全集》十四卷。中文：单行本，神州国光社版)。

列宁:《唯物论与经验批判论》第一章，第三章，第一、二、三、四、五节（俄文:《列宁全集》十三卷。中文：单行本)。

斯大林:《论辩证的和历史的唯物论》(俄文:《列宁主义问题》十一版。中文:《联共（布）党史简明教程》第四章，或《哲学选辑》附录)。

补充参考书

恩格斯:《反杜林论》第一篇，第四、五、六章及附录（俄文：单行本，一九三八年版。中文：单行本，订正版，缺附录)。

列宁:《唯物论与经验批判论》第五章（俄文:《列宁全集》十三卷。中文：单行本)。

第二题　物质底第一性与意识底第二性

马克思主义的哲学唯物论关于物质底第一性和意识底第二性的学说。物质——感觉、表象、概念底来源。思维——高度组织的物质底产物。意识为物质底反映。

辩证唯物论论从无机物质到有机物质，从非感觉物质到有感觉物质底过渡。劳动在人底意识发展上的作用。

扩展马克思主义哲学唯物论关于物质底第一性和意识底第二性的论点来研究社会生活；应用这个论点到马克思主义政党底实践活动上去。

参考书

恩格斯:《自然辩证法：劳动在猿猴人化过程中底作用》（俄文:《马恩全集》十四卷。中文：单行本，或《中国青年》延安版，第三卷第一期）。

列宁:《唯物论与经验批判论》第一章，第五、六节（俄文:《列宁全集》十三卷。中文：单行本）。

斯大林:《论辩证的和历史的唯物论》（俄文:《列宁主义问题》十一版。中文:《联共（布）党史简明教程》第四章，或《哲学选辑》附录）。

补充参考书

恩格斯:《自然辩证法：读书礼记》（俄文:《马恩全集》十四卷。中文：单行本）。

恩格斯:《反杜林论》第一篇，第七、八章（俄文：单行本，一九三八年版。中文：单行本，订正版）。

恩格斯:《路德维希·费尔巴赫与德国古典哲学之末日》（俄文：单行本。中文:《费尔巴赫论》，生活版）。

第三题　世界之可认识性及其规律性

马克思主义的哲学唯物论论世界底可认识性及其规律性。为经验实践所考验的人的知识底可靠性与真理性。根据社会实践和科学发展将“自在之物”转化为我们之物，批判不可知论和怀疑论。

扩展论世界底可认识性及其规律性的论点于研究社会生活；应用这个论点于马克思主义政党底实践活动。

参考书

恩格斯:《路德维希·费尔巴赫与德国古典哲学之末日》(俄文：单行本。中文:《费尔巴赫论》，生活版)。

列宁:《唯物论与经验批判论》第二章，第四章第一节、第六节(俄文:《列宁全集》十三卷。中文：单行本)。

斯大林:《论辩证的和历史的唯物论》(俄文:《列宁主义问题》十一版。中文:《联共(布)党史简明教程》第四章，或《哲学选辑》附录)。

补充参考书

恩格斯:《社会主义从空想到科学的发展》：英文版序言(俄文：单行本。中文：单行本，解放社版)。

恩格斯:《马克思底资本论》(俄文:《马克思选集》卷一。中文:《政治经济学论丛》，解放社版)。

恩格斯:《反杜林论》附录(俄文:《反杜林论》，一九三八年版。中文译本缺附录)。

列宁:《论辩证法》(俄文:《列宁全集》十三卷。中文:《马克思恩格斯与马克思主义》)。

第四题　关于真理的学说

辩证唯物论论客观真理，绝对真理和相对真理的学说。科学认识从无知到知，从不完全的知识到更完全的知识。人的思维、认识由相对真理总和构成绝对真理的能力。辩证唯物论的真理底具体性的学说。应用关于真理底具体性的学说于马克思主义政党底实践活动。实践在认识论上的作用。

斯大林论先进的科学。科学与实践活动的联系；理论与实践底统一——无产阶级政党底路标。

参考书

马克思:《费尔巴赫提纲》(俄文:《马克思选集》卷一。中文:《费尔巴赫论》附录)。

恩格斯:《反杜林论》第一篇，第九章(俄文：单行本，一九三八年版。中文：单行本订正版)。

列宁:《唯物论与经验批判论》第二章，第四、五、六节及第三章，第一、二节(俄文:《列宁全集》十三卷。中文：单行本)。

斯大林:《论辩证的和历史的唯物论》(俄文:《列宁主义问题》十一版。中文:《联共(布)党史简明教程》第四章，或《哲学选辑》附录)。

斯大林:《在克里姆林宫招待高等学校工作人员宴会上的演

说》(俄文：单行本。中文:《斯大林选集》第五卷)。

补充参考书

斯大林:《关于列宁主义底基础》第二章——方法，第三章——理论(俄文:《列宁主义问题》十一版。中文:《列宁主义问题》，外国文书籍出版局一九四〇年版，或《斯大林选集》第一卷)。

斯大林:《论苏联宪法草案》第二节(俄文:《列宁主义问题》十一版。中文:《列宁主义问题》外国文书籍出版局版，或《斯大林选集》第五卷)。

斯大林:《在第一次全苏联斯大哈诺夫工作者会议上的演说》(俄文:《列宁主义问题》十一版。中文:《列宁主义问题》外国文书籍出版局版，或《斯大林选集》第五卷)。

第五题　辩证逻辑与形式逻辑

辩证逻辑为论客观世界与思想发展底规律的科学，为世界认识史底总结、总和、结论。在辩证逻辑中认识形式底客观性和内容性。

辩证唯物论的逻辑和形式逻辑的根本区别。形式逻辑底基本要点。

马列主义创始者论形式逻辑及其对于认识的意义。列宁和斯大林反对折衷论和诡辩论的斗争。

辩证唯物论逻辑在科学认识上，在马克思主义政党底实践上的意义。

参考书

列宁:《再论职工会》(俄文:《列宁全集》二十五卷，第125—139页)。

斯大林:《论辩证的和历史的唯物论》(俄文:《列宁主义问题》十一版。中文:《联共(布)党史简明教程》第四章，或《哲学选辑》附录)。

恩格斯:《自然辩证法》(俄文:《马恩全集》十四卷，第391—398、414—415、475—492、493—499页。中文:单行本)。

补充参考书

列宁:《哲学笔记》(俄文:单行本，第92—103、170—195、199、207、211、213、241页)。

列宁:《第二国际底破产》(俄文:《列宁全集》十八卷。中文:《列宁选集》第九卷)。

斯大林:《关于列宁主义的基础》(俄文:《列宁主义问题》十一版。中文:《斯大林选集》卷一，或《列宁主义问题》，外国文书籍出版局一九四〇年版)。

《联共(布)党史简明教程》结论。

第六题　关于列宁底著作《唯物论与经验批判论》

列宁创作《唯物论与经验批判论》时的历史环境。

列宁底《唯物论与经验批判论》一书——布尔塞维克党的理论准备。列宁概括恩格斯死后整个时期内科学底最重要的成果。列宁对主观唯心论底全面的批判。列宁对马克思主义哲学唯物论底基本论点之发展：关于世界底物质性及其发展的规律性，关于物质底第一性和意识底第二性，关于世界底可认识性，关于人的知识底可靠性和真理性，关于认识在实践上的作用。

列宁论资产阶级的自然科学危机底实质和根源及其出路。历史唯物论诸问题在《唯物论与经验批判论》一书中。

列宁的关于哲学底党性的学说，列宁底《唯物论与经验批判论》对粉碎取消派和召回派的意义。

斯大林论列宁底《唯物论与经验批判论》在马克思主义哲学发展上的意义。

参考书

列宁:《唯物论与经验批判论》(俄文:《列宁全集》十三卷。中文：单行本)。

列宁:《马克思主义与修正主义》(俄文:《列宁全集》十二卷。中文:《马克思恩格斯与马克思主义》)。

补充参考书

列宁:《我们的解放者》(俄文:《列宁全集》十五卷)。

列宁:《狄慈根逝世二十周年纪念》(俄文:《列宁全集》十六卷)。

《联共(布)党史简明教程》第四章。

列宁:《致高尔基书信》(俄文,《列宁全集》二十八、二十九卷)。

勃里亚:《关于外高加索布尔塞维克组织史问题》第二章、

第三章（俄文：单行本，一九三八年版）。

第七题　马列主义论科学的预见

唯物论的理解历史，社会发展规律底知识——科学的预见社会事变底基础。

马、恩、列、斯底天才的科学的远见，历史发展进程证实马克思主义政党底科学预言底正确性、真理性。社会主义在苏联的建成——列宁与斯大林底天才预见之光辉证实。斯大林同志论认识社会发展规律对于科学预见，对于争取共产主义的实践斗争的意义。

参考书

列宁:《预言》(俄文:《列宁全集》二十三卷。中文:《马克思恩格斯与马克思主义》。

斯大林:《十八次大会关于联共中央工作的总结报告》第一、三部份,（俄文:《列宁主义问题》十一版。中文：单行本，新华日报社版，或解放周刊第七五期）。

斯大林:《论辩证的和历史的唯物论》(俄文:《列宁主义问题》十一版。中文:《联共（布）党史简明教程》第四章，或《哲学选辑》附录）。

补充参考书

马克思与恩格斯:《共产党宣言》(俄文：单行本。中文：单行本，解放社版）。

斯大林:《关于列宁主义底基础》第三章——理论（俄文：

《列宁主义》问题）十一版。中文:《列宁主义问题》，外国文书籍出版局一九四〇年版，或《斯大林选集》卷一）。

斯大林:《论列宁》（俄文：单行本，一九〇四年版。中文:《论马恩列斯》，解放社版）。

《联共（布）党史简明教程》第十二章及结论。

关于因《联共（布）党史简明教程》之出版应如何进行党的宣传。联共中央一九三八年十一月十四日决定（中文：见生活版《联共（布）党史简明教程》下册，附录，或解放周刊第七九期）。

第八题　辩证唯物论与马列主义政党底战略与策略

辩证唯物论与历史唯物论——共产主义底理论基石。马列主义政党底理论、纲领、战略与策略底有机联系。列宁和斯大林论战略与策略为领导无产阶级斗争的科学。辩证唯物论与历史唯物论——党底战略和策略底科学基础。

马、恩、列、斯之应用辩证唯物论论点于无产阶级政党底战略与策略。

参考书

列宁:《卡尔·马克思》,《无产阶级底阶级斗争底策略》一节（俄文:《列宁全集》十八卷。中文:《马克思恩格斯与马克思主义》）。

斯大林:《关于列宁主义底基础》第七章《战略与策略》（俄文:《列宁主义问题》十一版。中文:《列宁主义问题》外国文书籍出版局一九四〇年版，或《斯大林选集》第一卷)。

斯大林:《论辩证的和历史的唯物论》(俄文:《列宁主义问题》十一版。中文:《联共(布)党史简明教程》第四章，或《哲学选辑》附录)。

《联共(布)党史简明教程》结论。

补充参考书

列宁:《在民主革命中社会民主派底两个策略》(俄文:《列宁全集》第八卷。中文:《列宁选集》第五卷，或《两个策略》单行本)。

《联共(布)党史简明教程》第三、七、九、十一等章。

斯大林:《论列宁》(俄文：单行本。中文:《论马恩列斯》，解放社版)。

斯大林:《十月革命与俄国共产党人底策略》(俄文:《列宁主义问题》十一版。中文:《列宁主义问题》，外国文书籍出版局版，或《斯大林选集》第一卷，解放社版)。

《斯大林传》(俄文：单行本。中文：单行本)。

第四部份

第一题　历史唯物论——马列主义关于社会的学说

在关于社会的学说上的马克思主义底先驱者(法国唯物论、乌托邦社会主义、黑格尔、费尔巴赫)。马克思与恩格斯在对于社会历史的观点上所完成的变革之历史意义及本质。历史唯物论——扩展辩证唯物论底论点来研究社会生活，应用这些论点来研究社会历史。社会主义由空想转化为科学。历史唯物论底基本论点。应用历史唯物论于工人阶级政党底实践活动。

参考书

马克斯与恩格斯《共产党宣言》第一章（俄文：单行本，一九三九年版。中文：单行本，解放社版）。

恩格斯:《路德维希·费尔巴赫与德国古典哲学之末日》第四章（俄文：单行本。中文:《费尔巴赫论》，生活版）。

恩格斯:《反杜林论》引言、概论与第三篇第一章（俄文：单行本，一九三八年版。中文：单行本，订正版）。

列宁:《马克思主义底三个根源与三个组成部份》（俄文:《列宁全集》第十六卷。中文:《马克思恩格斯与马克思主义》）。

列宁:《卡尔·马克思》,《唯物史观》节（俄文:《列宁全集》第十八卷。中文:《马克思恩格斯与马克思主义》）。

斯大林:《论辩证的和历史的唯物论》（俄文:《列宁主义问题》十一版。中文:《联共（布）党史简明教程》第四章，或《哲学选辑》附录。）

补充参考书

马克思:《资本论》第一卷，第二版序言。

恩格斯:《致布洛赫、史密特。梅林等的信》（俄文:《马恩通信集》一九三一年版。中文:《马恩通信选集》)。

列宁:《什么是"人民之友"和他们怎样进行反对社会民主主义者底斗争》(俄文:《列宁全集》卷一。中文:单行本,外国文书籍出版局版)。

列宁:《唯物论与经验批判论》第四章(俄文:《列宁全集》十三卷。中文:单行本)。

第二题 社会底物质生活条件

社会底物质生活条件及其在社会发展中的作用。物质财富生产底方式——社会物质生活条件体系中的主要力量。地理环境与人口在社会发展上的作用。生产方式——生产力与生产关系底一致底的体现。生产及为生产所决定的政治的和意识形态的上层建筑底不断的变化与发展。社会发展底历史——生产方式底历史,生产力与生产关系发展底历史。

参考书

恩格斯:《反杜林论》第三篇第二章(俄文:单行本,一九三八年版。中文:单行本,订正版)。

恩格斯:《马克思墓前演说》(俄文:《马克思选集》卷一。中文:《卡尔·马克思》,读书版)。

列宁:《什么是"人民之友"和他们怎样进行反对社会民主主义者底斗争》第一册(俄文:《列宁全集》卷一)。

斯大林:《论辩证的和历史的唯物论》(俄文:《列宁主义问题》十一版。中文:《联共(布)党史简明教程》第四章,或

《哲学选辑》附录)。

补充参考书

马克思:《资本论》卷一,第五章第一节。

马克思:《马克思给安能科夫的信》(俄文:《马恩通信集》,第 11—25 页,一九三一年版。中文:《马恩通信选集》,第 59—64 页,解放社版)。

马克思与恩格斯:《德意志意识形态:费尔巴赫篇》(俄文:《马恩全集》卷四)。

恩格斯:《自然辩证法:劳动在猿猴人化过程中之作用》(俄文:《马恩全集》卷十四。中文:单行本,或《中国青年》延安出版第三卷第一期)。

恩格斯:《致斯池尔根涅的信》(俄文《马恩通信集》,第 80—83 页)。

第三题 生产力底发展与生产关系底基本式样、物质生产底特点

生产力及其在物质生产发展中的作用。生产关系对生产力发展的影响。生产力与生产关系底不适合——社会革命底经济基础。

斯大林同志论生产关系底五种形式。

生产关系的五种基本式样:原始公社制度,奴隶占有制度,封建制度,资本主义制度,社会主义制度。

在资本主义之下,生产力底性质与生产关系之间的不可调

和的矛盾。由于无产阶级革命底结果社会主义的生产力与生产关系之产生。

生产手段底社会所有权——苏联生产关系底基础。在社会主义和共产主义下生产力与生产关系之完全适合。

参考书

马克思:《政治经济学批判》序言(俄文:《马克思选集》卷一。中文:《政治经济学概论》,解放社版)。

恩格斯:《反杜林论》第三篇,第二章(俄文:单行本。中文:单行本,订正版)。

列宁《卡尔·马克思》《社会主义》节(俄文:《列宁全集》十八卷。中文:《马克思恩格斯与马克思主义》)。

斯大林:《辩证论的和历史的唯物论》(俄文:《列宁主义问题》十一版。中文:《联共(布)党史简明教程》第四章,或《哲学选辑》附录)。

补充参考书

马克思:《资本论》卷三,四十七章。

恩格斯:《家族、私有财产与国家之起源》第九章(俄文:单行本,一九四〇年版。中文:单行本,新生命版)。

列宁:《俄国资本主义底发展》二版序,第二章之结论,第三章第一节(俄文:《列宁全集》第三卷。中文:单行本,新生命版)。

列宁:《帝国主义——资本主义底最高阶段》(俄文:《列宁全集》十九卷。中文:《列宁选集》第八卷)。

列宁:《苏维埃政权底迫切任务》(俄文:《列宁全集》二十二卷。中文:《列宁选集》十三卷)。

列宁:《无产阶级专政时代的经济和政治》(俄文:《列宁全集》二十四卷)。

列宁:《论合作社》(俄文:《列宁全集》第二十七卷)。

斯大林:《伟大转变底一年》(俄文:《列宁主义问题》十一版。中文:《列宁主义问题》,外国文书籍出版局一九四〇年版,或《斯大林选集》第三卷)。

斯大林:《论苏联宪法草案》(俄文:《列宁主义问题》十一版。中文:《列宁主义问题》或《斯大林选集》第五卷)。

斯大林:《在第一次全苏联斯大哈诺夫式工作者会议上的演说》(俄文:《列宁主义问题》十一版。中文:《列宁主义问题》一九四〇年版,或《斯大林选集》第五卷)。

第四题　阶级与阶级斗争

马列主义的阶级定义。阶级底起源。在奴隶占有制度、封建制度、和资本主义制度下的阶级与阶级斗争。无产阶级阶级斗争底基本形式。在自发的工人运动中灌入社会主义的意识。共产党——无产阶级底先进的、有组织的队伍,在阶级斗争中无产阶级底领导作用。

马克思主义的和自由主义的理解阶级斗争。无产阶级专政——阶级斗争在新形式中的继续。阶级与阶级斗争在苏联。剥削者阶级底消灭。社会主义底胜利与苏联阶级结构底变化。社会主义社会底工人阶级、农民与知识份子。工人阶级在社会主义社会中的领导作用。阶级斗争在现阶段上的形式。

参考书

马克思与恩格斯:《共产党宣言》第一、二章（俄文：单行本，一九三九年版。中文：单行本，解放社版）。

马克思:《致韦得梅叶尔书》(俄文:《马恩通信集》，第66—69页。中文:《马恩通信选集》，第65页)。

列宁:《卡尔·马克思》,《阶级斗争》节（俄文:《列宁全集》十八卷。中文:《卡尔·马克思》，读书版)。

列宁:《伟大的发端》(俄文:《列宁全集》二十四卷)。

列宁:《论自由主义的和马克思主义的理解阶级斗争》(俄文:《列宁全集》第十六卷)。

列宁:《论国家》(俄文:《列宁全集》二十四卷)。

斯大林:《在十八次大会上关于联共中央工作的总结报告》(俄文:《列宁主义问题》十一版。中文:《列宁主义问题》一九四〇年版)。

斯大林:《论辩证的和历史的唯物论》(俄文:《列宁主义问题》十一版。中文:《联共（布）党史简明教程》第四章，或《哲学选辑》附录)。

补充参考书

恩格斯:《反杜林论》第二编第二、三、四章（俄文：单行本，一九三八年版。中文：单行本，订正版)。

恩格斯:《家族、私有财产及国家之起源》第三、四章（俄文：单行本。中文：单行本)。

列宁:《做什么?》第一章第二节(俄文:《列宁全集》)卷四。中文:《列宁选集》卷三)。

斯大林:《论联共(布)党内的右倾》(俄文:《列宁主义问题》十一版。中文:《列宁主义问题》,外国文书籍出版局一九四〇年版,或《斯大林选集》第二卷)。

斯大林:《论辩证的和历史的唯物论》(俄文:《列宁主义问题》十一版。中文:《列宁主义问题》或《联共(布)党史简明教程》第四章,或《哲学选辑》附录)。

第五题　关于恩格斯底著作《家庭、私有财产及国家之起源》

恩格斯底《家庭、私有财产及国家之起源》一书在制定和论证历史唯物论上的意义。恩格斯论原始公社发展中的基本阶段。

恩格斯论阶级和国家产生底原因。恩格斯论阶级的本质及国家较之氏族组织的区别点。恩格斯论国家底历史的过渡的性质,论资本主义底不可避免的灭亡和共产主义底必然胜利。

参考书

恩格斯:《家族、私有财产及国家之起源》(俄文:单行本,一九四〇年版。中文:单行本,明华出版社版)。

补充参考书

列宁:《论国家》(俄文:《列宁全集》第二十四卷)。

列宁:《什么是“人民之友”和他们怎样进行反对社会民主主义者底斗争》(俄文:《列宁全集》第一卷。中文：译文一部份见《列宁选集》第二卷)。

斯大林:《在第一次全苏联集体农庄突击队员代表大会上的演说》(俄文:《列宁主义问题》十一版。中文:《列宁主义问题》外国文书籍出版局一九四〇年版，或《斯大林选集》第五卷)。

第六题　国家与革命．无产阶级专政

国家底产生。国家底标志。国家底两个基本作用——对内的和对外的。在敌对社会中国家底剥削者的本质。国家底不同形式。资本阶级民主是资产阶级专政底形式之一，在资本主义总危机时期中的资产阶级国家。

马列主义创始者论社会革命。奴隶底革命。农奴底革命。资产阶级革命与社会主义革命之间的根本区别。伟大的十月社会主义革命及其历史意义。

列宁和斯大林所阐明的社会主义革命底新理论。推翻资本主义，粉碎资产阶级底国家机关和建立无产阶级专政——无产阶级革命底基本内容。无产阶级专政底三个方面。苏维埃政权——无产阶级专政底国家形式。党和工人阶级在无产阶级专政底体系中。

社会主义国家发展底两个主要阶段。斯大林同志论社会主义国家及在资本主义包围下，在共产主义下的国家。

参考书

列宁:《国家与革命》第一章(俄文:《列宁全集》第二十一卷。中文:《列宁选集》第十二卷)。

列宁:《论国家》(俄文:《列宁全集》第二十四卷)。

斯大林:《关于列宁主义底基础》第四章——《无产阶级专政》(俄文:《列宁主义问题》十一版。中文:《列宁主义问题》一九四〇年版,或《斯大林选集》第一卷)。

斯大林:《在第十八次党代表大会上关于联共(布)中央工作的总结报告》第三部份(俄文:《列宁主义问题》十一版。中文:单行本,新华日报版)。

补充参考书

马克思:《给韦得梅叶尔的信》(俄文:《马恩通信集》,第66—69页,一九三一年版。中文:《马恩通信选集》,第65页,解放社版)。

马克思与恩格斯:《共产党宣言》(俄文:单行本,一九三九年版。中文:单行本,解放社版)。

马克思:《哥达纲领批判》(俄文:单行本,一九四〇年版。中文:单行本,解放社版)。

列宁:《关于专政问题底历史》(俄文:《列宁全集》第二十五卷)。

列宁:《在共产国际第一次世界大会上论资产阶级民主和无产阶级专政的提纲和报告》(俄文:《列宁全集》第二十四卷)。

列宁:《在无产阶级专政时代的经济与政治》(俄文:《列宁

全集》第二十四卷）。

斯大林：《关于列宁主义问题》（俄文：《列宁主义问题》十一版。中文：《列宁主义问题》外国文书籍出版局一九四〇年版，或《斯大林选集》第二卷）。

斯大林：《在第一次全苏联集体农庄突击队员代表大会上的演说》（俄文：《列宁主义问题》十一版。中文：《列宁主义问题》一九四〇年版，或《斯大林选集》第五卷）。

第七题　群众和个人在历史上的作用

历史唯物论论社会历史发展底规律性及群众底行动是这个发展底决定的力量。历史唯物论论历史发展中的客观条件和主观因素。列宁和斯大林的反对民粹派主观社会学的斗争。

马列主义论伟人在历史上的作用。马克思、恩格斯、列宁、斯大林——工人阶级底伟大领袖。马、恩、列、斯底将理论的力量和无产阶级运动底实践——组织经验结合起来。斯大林论列宁型的政治活动家。马列主义论群众——阶级——政党——领袖的互相关系。

参考书

恩格斯：《马克思墓前演说》（俄文：《马克思选集》第一卷。中文：《卡尔·马克思》，读书版）。

斯大林：《论列宁》（俄文：单行本，一九四〇年版。中文：《论马恩列斯》）。

《联共（布）党史简明教程》第一章第二、四节。

补充参考书

列宁:《卡尔·马克思》(俄文:《列宁全集》第十八卷。中文:《卡尔·马克思》,读书版)。

列宁:《纪念恩格斯》(俄文:《列宁全集》第一卷。中文:《马克思恩格斯与马克思主义》)。

列宁:《什么是"人民之友"和他们怎样进行反对社会民主主义者底斗争》第一册(俄文:《列宁全集》第一卷)。

斯大林:《论辩证的和历史的唯物论》(俄文:《列宁主义问题》十一版。中文:《联共(布)党史简明教程》第四章,或《哲学选辑》附录)。

《斯大林传》(俄文:单行本,一九四〇年版。中文:单行本)。

《给斯大林同志——列宁事业底伟大继承者》,《联共(布)中央于斯大林同志六十寿辰给斯大林同志的贺辞》(俄文:《布尔塞维克》杂志,一九四〇年一月号。中文:缺,可参阅《论马恩列斯》中莫洛托夫等文章)。

《论因'联共(布)党史'之出版应如何进行党的宣传》——一九三八年十一月十四日联共中央决议(俄文:单行本。中文:《联共(布)党史简明教程》,生活版,附录;或《解放》周刊第七九期)。

普列哈诺夫:《论个人在历史上的作用》(俄文:单行本)。

普列哈诺夫:《论一元论历史观之发展》第五章(俄文:单行本。中文:单行本,读书版)。

第八题　思想在社会发展中的作用

社会的物质生活条件——社会思想、理论、政治观点、政治制度发生底来源。社会精神生活底变化从属于社会物质生活条件底变化。旧的、过时的和新的、先进的思想。新的、先进的思想在社会物质生活发展中的作用。

马列主义——先进的革命的理论，它给世界底一切现象以真正科学的解释，它正确的反映社会进步发展底要求。列宁和斯大林论革命理论在无产阶级斗争中的作用。革命理论底动员、组织和改造的力量。

联共十八次代表大会论共产主义的教育劳动群众的作用。

参考书

列宁:《工人运动中的思想斗争》(俄文:《列宁全集》第十七卷)。

斯大林:《论辩证的和历史的唯物论》(俄文:《列宁主义问题》十一版。中文:《联共(布)党史简明教程》第四章或《哲学选辑》附录)。

斯大林:《关于列宁主义底基础》第三章——理论(俄文:《列宁主义问题》十一版。中文:《列宁主义问题》一九四〇年版，或《斯大林选集》第一卷)。

《联共(布)党史简明教程》结论。

补充参考书

马克思与恩格斯:《德意志意识形态》,《费尔巴赫篇》(俄文:《马恩全集》第四卷)。

列宁:《什么是“人民之友”和他们怎样进行反对社会民主主义者底斗争》(俄文:《列宁全集》第一卷。中文:单行本,外国文书籍出版局版)。

列宁:《做什么?》第一章(俄文:《列宁全集》第四卷。中文:《列宁选集》第三卷)。

斯大林:《论苏联的土地政策》,《第一个五年计划底总结》《在第一次全苏联斯大哈诺夫式工作者会议上的演说》,《中央委员会向十六次大会的政治报告》(俄文:《列宁主义问题》十版,十一版。中文:《斯大林选集》第四、五卷)。

斯大林:《论党底工作之缺点及消灭托洛茨基两面份子及其他两面份子底办法》(俄文:单行本。中文:《斯大林选集》第五卷)。

第九题　社会意识形态

社会底经济基础。政治的和法律的上层建筑。社会意识形态:宗教、科学、道德、艺术、哲学。社会底精神生活——社会底物质生活底反映。上层建筑发展中的相对的独立性。基础和上层建筑底互相作用。政治和经济底互相联系。意识形态与文化。

在社会主义下社会上层建筑底作用。

参考书

恩格斯:《给布洛赫、梅林、斯他尔根堡、史密特等人的信》(俄文:《马恩通信集　》一九三一年版。中文:《马恩通信选集》，解放社版）。

列宁:《青年团底任务》（俄文:《列宁全集》三十卷。中文:《列宁论青年的学习问题》,《马克思恩格斯与马克思主义》，第313—334页）。

列宁:《我们的革命》（俄文:《列宁全集》）第二十七卷。中文:《马克思恩格斯与马克思主义》)。

斯大林:《论辩证的和历史的唯物论》（俄文:《列宁主义问题》十一版。中文:《联共(布)党史简明教程》第四章，或《哲学选辑》附录）。

斯大林:《在第十八次党代表大会上关于苏共（布）中央工作的总结报告》第三部份第三、四节（俄文:《列宁主义问题》十一版。中文:《列宁主义问题》一九四〇年版，或《解放》周刊第七四期）。

补充参考书

马克思与恩格斯:《共产党宣言》。

恩格斯:《家族、私有财产及国家之起源》（中文：生活版）。

列宁:《党的组织和党的刊物》（俄文:《列宁全集》第八卷）。

普列哈诺夫:《论一元论历史观之发展》第五章（俄文：单行本。中文：单行本，读书版）。

普列哈诺夫:《论唯物史观》。

第十题　论共产主义的道德

马列主义论道德。在阶级社会中道德底产生。压迫者和剥削者阶级底道德的阶级性。

马列主义创始者论道德。苏联的社会主义建设与共产主义的教育劳动者底任务。苏联公民底权利和义务。苏维埃社会底道德政治底统一。列宁和斯大林论共产主义的道德和布尔塞维克的道德人格。

创立者的共产主义的家庭和克服在家庭内在日常生活中资产阶级道德底遗留。

参考书

马克思与恩格斯:《共产党宣言》第二章(俄文:单行本,一九三九年版。中文:单行本,解放社版)。

恩格斯:《反杜林论》第一编,第九、十、十一章(俄文:单行本,一九三八年版。中文:单行本,订正版)。

列宁:《青年团底任务》(俄文:《列宁全集》第三十卷。中文:《列宁论青年的学习问题》,《马克思恩格斯与马克思主义》)。

斯大林:《在莫斯科斯大林选举区选举人会议上的演说》(俄文:单行本,一九四〇年版。中文:《斯大林选集》第五卷,《关于最高苏维埃选举之演说》)。

补充参考书

列宁:《致阿尔孟得的信》(俄文:《布尔塞维克》杂志,一九三九年,第十三号)。

斯大林:《论列宁》(俄文：单行本，一九四〇年版。中文:《论马恩列斯》)。

斯大林:《与德国作家路德维格的谈话》(俄文：单行本。中文:《论马恩列斯》)。

第十一题　马列主义论宗教及宗教的克服

马列主义论宗教底起源。宗教为压迫和剥削底工具。在封建制度下宗教底作用。列宁论法国唯物论底无神论及十八世纪底无神论的书籍。

在资本主义下宗教底社会根源及作用。

马列主义——战斗的无神论。列宁和斯大林论工人政党对宗教的态度。克服人们意识中的宗教的残余——共产主义的教育劳动者底任务之一。

参考书

恩格斯:《反杜林论》第二编第四章(俄文：单行本，一九三八年版。中文：单行本，订正版)。

列宁:《工人政党对宗教的态度》(俄文:《列宁全集》第十四卷。中文:《马克思恩格斯与马克思主义》)。

补充参考书

恩格斯:《路德维希·费尔巴赫与德国古典哲学之末日》(俄文：单行本。中文:《费尔巴赫论》，生活版)。

恩格斯:《论早期基督教史》(俄文：马恩全集)第十六卷第二册)。

列宁:《社会主义与宗教》(俄文:《列宁全集》第八卷)。

列宁:《致高尔基信》(俄文:《列宁全集》第十七卷)。

斯大林:《无政府主义或社会主义》(俄文:见勃里亚著:《关于外高加索布尔塞维克组织史问题》第二章,一九三九年版)。

斯大林:《论苏联宪法草案》(俄文:《列宁主义问题》十一版。中文:《列宁主义问题》一九四〇年版,或《斯大林选集》第五卷)。

斯大林:《与第一次美国工人代表团的谈话》:《对第二个问题的回答》(俄文:列宁主义问题)十版。中文:《斯大林选集》第三卷)。

第十二题 社会主义与共产主义

马列主义创始者关于共产主义社会底两个阶段底学说。

从资本主义到共产主义底过渡为从前者到后者的革命的转化时期。无产阶级专政为建成共产主义社会底工具。

社会主义社会底基本特点。社会主义底物质—技术的基础。

在社会主义下脱离了剥削的劳动者之同志的互助和合作,社会主义经济底计划。

苏联底斯大林宪法——社会主义社会底基本法则。社会主义底原则——各尽所能,各得所值。

社会主义社会的动力。

按内容为社会主义的,按形式为民族的文化底发展。斯大哈诺夫运动及其在准备从社会主义过渡到共产主义的条件上的意义。

第三个五年计划底基本政治任务——共产主义的教育群众——共产主义底建设者。

斯大林关于在俄国建成共产主义社会底学说。

共产主义社会底基本特点。共产主义社会底物质—技术基础。共产主义底原则——各尽所能，各取所需。斯大林同志论在资本主义包围条件下在共产主义下的国家。

在全世界为共产主义底胜利的斗争。

参考书

马克思:《哥达纲领批判》(俄文：单行本，一九四〇年版。中文：单行本，解放社版)。

恩格斯:《反杜林论》第三编(俄文：单行本，一九三八年版。中文：单行本，订正版)。

列宁:《国家与革命》第五章(俄文:《列宁全集》第二十一卷。中文:《列宁选集》第十二卷)。

斯大林:《与第一次美国工人代表团的谈话：对第十二个问题的回答》(俄文:《列宁主义问题》第十版。中文:《斯大林选集》第三卷)。

斯大林:《在第十八次党代表大会上关于联共(布)中央工作的总结报告》(俄文:《列宁主义问题》十一版。中文:《列宁主义问题》一九四〇年版)。

斯大林:《在第一次全苏联斯大哈诺夫式工作者会议上的

演说》(俄文:《列宁主义问题》十一版。中文:《斯大林选集》第五卷)。

斯大林:《论苏联宪法草案》(俄文:《列宁主义问题》十一版。中文:《斯大林选集》第五卷，或《列宁主义问题》一九四〇年版)。

斯大林:《回答伊凡诺夫的信》(俄文：单行本。中文:《斯大林选集》第五卷)。

斯大林:《论辨证的和历史的唯物论》(俄文:《列宁主义问题》十一版。中文:《联共(布)党史简明教程》第四章，或《哲学选辑》附录)。

补充参考书

列宁:《伟大的发端》(俄文:《列宁全集》第二十四卷。)

莫洛托夫:《苏联国民经济发展底第三个五年计划，在十八次代表大会上的报告和结论》(俄文：单行本。中文：单行本，新华日报版)。

《苏联宪法》(俄文：单行本。中文：单行本，外国工人出版社版)。

第五部份

第一题　列宁对马克思主义哲学的发展

列宁反对民粹派底主观唯心论社会学和“合法马克思主义者”底资产阶级客观主义的斗争。

列宁对马克思主义关于社会发展底规律性的学说之具体化与进一步发展。列宁论证在解释社会现象中党性底思想。列宁反对“经济主义者”和孟塞维克底庸俗唯物论。

列宁的《做什么？》一书在粉碎“经济主义”及新型的马克思主义政党底准备上之意义。在《进一步，退两步》一书中列宁制定马克思主义政党底组织原则，和在《在民主革命中社会民主派底两个策略》一书中制定马克思主义政党底策略基础。列宁底这些著作在与孟塞维主义及国际机会主义斗争上的意义。

在斯托雷平反动时代列宁反对马赫主义者、造神派、修正派、“左”右的取消派的斗争。列宁的《唯物论与经济［验］批判论》一书在保卫辩证的和历史的唯物论及新型马克思主义政党理论准备上的意义。列宁唯物论的概括恩格斯死后整个时期内科学上所达到的最重要的全部成果。

列宁底《哲学笔记》及其在发展马克思主义的辩证法与马克思主义的哲学唯物论上的意义。列宁底《国家与革命》一书底历史意义。

职工会的斗争（一九二〇——一九二一年）。列宁与斯大林之反对托洛茨基派与布哈林派之分裂工人阶级及共产党底叛卖的企图。列宁与斯大林揭露托洛茨基派、布哈林派底折衷论和诡辩论。

列宁底《论战斗唯物论底意义》一文在与敌对理论的斗争上和马克思主义哲学进一步发展上的意义。

参考书

列宁:《唯物论与经验批判论》(俄文:《列宁全集》第十三卷。中文：单行本)。

列宁:《马克思主义与修正主义》(俄文:《列宁全集》第十二卷。中文:《马克思恩格斯与马克思主义》)。

列宁:《论战斗唯物论底意义》(俄文:《列宁全集》第二十七卷。中文:《马克思恩格斯与马克思主义》)。

斯大林:《与第一次美国工人代表团的谈话：对第一个问题的回答》(俄文:《列宁主义问题》第十版。中文:《斯大林选集》第三卷)。

补充参考书

斯大林:《论列宁》(俄文：单行本，一九四〇年版。中文:《论马恩列斯》)。

列宁:《国家与革命》(俄文:《列宁全集》第二十一卷。中文:《列宁选集》第十二卷)。

列宁:《我们的革命》(俄文:《列宁全集》第二十七卷。中文:《马克思恩格斯与马克思主义》)。

列宁:《再论职工会》(俄文:《列宁全集》第二十六卷)。

第二题 斯大林进一步发展马列主义的哲学

斯大林同志——马克思—恩格斯—学说底继承者，布尔塞维克党和国际无产阶级底理论家与领袖。

斯大林同志革命活动底开始。斯大林同志反对外高加索

"马萨母·达西"组织中大多数底"合法马克思主义"的斗争。

斯大林同志的早年著作《略谈党内分歧》《无政府主义或社会主义》等，在马列主义发展上的意义。

斯大林同志为意识形态的、组织的、策略的和理论的论证马克思主义政党而斗争。

斯大林同志论创造的马克思主义。斯大林同志进一步阐明和应用马克思主义的辩证法和哲学唯物论于研究社会生活及无产阶级政党底实践活动。斯大林同志底丰富和进一步发展历史唯物论。

斯大林同志底《关于列宁主义底基础》一书在思想上的粉碎托洛茨基主义与保卫及论证列宁主义上的意义。

在斯大林同志领导下党反对机械论及孟塞维化的唯心论的斗争及揭破他们为布哈林派与托洛茨基派反革命活动底理论掩饰。

斯大林同志进一步发展列宁的学说：关于可能在一个国家内建成社会主义与共产主义，关于在社会主义建设完成，及在资本主义包围条件下逐渐过渡到共产主义去的时期中的社会主义国家的作用与任务。斯大林同志论在共产主义下的国家。

斯大林同志底关于社会主义知识份子的学说，关于苏维埃科学底任务和道路的学说。

斯大林同志在创作《联共（布）党史简明教程》——布尔塞维主义底有力的思想武器，马列主义领域内基本知识底百科全书——上的作用。

斯大林同志的著作《论辩证的和历史的唯物论》及其在进

一步发展马列主义哲学上的意义。

斯大林同志在联共（布）十八次代表大会上的报告——实现从社会主义逐渐过渡到共产主义的纲领。

参考书

斯大林:《关于列宁主义底基础》(俄文:《列宁主义问题》十一版。中文:《列宁主义问题》一九四〇年版，或《斯大林选集》第一卷)。

斯大林:《在第十八次党代表大会上关于联共（布）中央工作的总结报告》(俄文:《列宁主义问题》十一版。中文:《列宁主义问题》一九四〇年版)。

斯大林:《论辩证的和历史的唯物论》(俄文:《列宁主义问题》十一版。中文:《联共（布）党史简明教程》或《哲学选辑》附录)。

补充参考书

斯大林:《列宁主义问题》(俄文：十一版。中文：一九四〇年版)。

斯大林:《社会民主党怎样理解民族问题》(俄文:《布尔塞维克》杂志，一九三九年，第23—24号。中文:《解放》周刊，第121期)。

斯大林:《无产者阶级和无产者政党》(俄文：同上)。

斯大林:《俄罗斯社会民主工党伦敦大会代表的礼记》(俄文：一九四〇年版)。

斯大林:《马克思主义与民族殖民地问题》(俄文：单行

本。中文:《马克思主义与民族问题》)。

斯大林:《再论我们党内的社会民主主义倾向》(俄文:《列宁与斯大林》,《联共党史研究资料集》第三卷。中文:《斯大林选集》第三卷)。

斯大林:《论党底工作之缺点及消灭托洛茨基两面份子及其他两面份子之办法》(俄文:单行本。中文:《斯大林选集》第五卷)。

《斯大林传》(俄文:单行本。中文:单行本)。

《斯大林六十寿辰纪念册》(俄文:一九四〇年版。中文:缺,可参阅《论马恩列斯》一书中关于斯大林同志的几篇文章)。

译自:《马列主义教育之助》杂志,一九四一年第六号

辯證唯物論與歷史唯物論
基本問題

（第一分册）

博古編譯

新中國書局

辯證唯物論與歷史唯物論基本問題【1】

編者　博古

出版者　新中國書局（東北現名光華書店）

發行者　新中國書局
北平·天津·石家莊
濟南·濰坊·烟台
開封·徐州·鄭州

一九四九年五月東北初版（吉林）
發行三千册

0001——3.000

马列主义政党底宇宙观

目錄

第二部份

第三部份

第四部份

第五部份

辯證唯物論——

馬列主義政黨底宇宙觀

馬克思主義——列甯主義——統一的、整個的學說

一

馬克思主義——列甯主義——統一的、整個的學說，它的組成部份彼此內部地和不可分離地聯結着。

列甯明確地規定了馬克思主義底組成部份。馬克思主義底組成部份實質上是：辯證唯物論、馬克思的經濟理論和科學社會主義底理論。

馬克思主義底這三個組成部份符合於它的三個根源。

馬克思主義不是離開人類思想底以前的發展而產生的。

「哲學底歷史和社會科學底歷史——列甯寫道——完全明白地指明馬克思主義決不像那些離開世界文明發展底大道而生長的閉關自守的狹窄的「宗派學說」」（註一）

馬克思主義是作為科學底以前的發展所創造了的思想上的材料底直接的繼續和發展而產生的。顯然因為馬克思主義是新的先進的理論，它祇能是它所接受到的思想遺產中底先進的

（註一）列甯全集卷十六第三四九頁。

成份底繼承者和繼續者。這些先進的成份包括在德國的哲學英國的政治經濟學和法國的社會主義中馬克思主義底學說是『作爲哲學政治經濟學和社會主義底最偉大的代表底學說底直接繼續而產生的』。（註一）它是人類在十九世紀在上述的思想領域中所創造的最好的東西底合法的繼承者。

德國的古典哲學在黑格爾的辯證法身上是哲學史上的一個巨大的進步。黑格爾的辯證法第一次地把整個自然的、歷史的和精神的世界看做是過程；卽處在不斷的運動、變化、發展與改造中。而且過程底內部矛盾作爲自己運動自己發展的源泉出現着。這是極大的新的概括的思想，它適合着發展着的自然科學底最新需要，適合着在自然科學中日益形成着的從歸納的研究自然過渡到廣大的、概括化的綜合的研究自然底一般過程的趨向。黑格爾辯證法在自然科學領域內也引導到有益的結果。

『從這個觀點上（卽辯證法底觀點）看來，人類底歷史，已經是不再是無意義的暴力的紛亂糾纏了（這種暴力在哲學的理性面前祇値得申斥和愈早忘却愈好）。相反地，歷史被看做是人類本身發展底過程，而科學思想底任務，卽在於從一切迷亂中追蹤這一過程底依次發展的階段，并在一切表面的偶然性中證明出過程底內在的規律性。』（註二）

十九世紀初的烏托邦社會主義在當時同樣是一種進步的現象。在偉大的社會主義者——烏

（註一）同上。　（註二）恩格斯社會主義從空想到科學的發展第二五頁（解放社中文本六九頁）。

托邦主義者底著作中包含着涉及資產階級社會底全部根基的批判的成份，偉大的烏托邦主義者關於將來社會的學說底積極的方面他們關於消滅城市和鄉村的對立的思想，關於消滅私有財產，雇傭勞動關於變國家爲簡單的管理生產的機關——所有這些是當時最先進的思想底表現。

馬克思在一八八七年致左爾格的信中寫道：

「……先於唯物論的，批判的社會主義的烏托邦主義在其本身中包含着前者的萌芽：……」（註一）

當時人類思想底第三個先進的領域是英國的政治經濟學。亞當·斯密和達維特·李加圖研究了資本主義的經濟制度，放下了勞動價值論的開端這個理論以後爲馬克思所科學地論證和繼續地發展了的。

烏托邦社會主義，古典政治經濟學和德國的古典哲學之間的相互關係是怎樣的呢？

首先不論烏托邦社會主義或古典政治經濟學都沒有辯證法的觀點他們完全是形而上的。社會主義者——烏托邦主義者從「永遠的不變的人的天性」的形而上的理論出發。「永遠的不變的人的天性」會是社會主義者——烏托邦主義者用來找尋「完美的立法，」完美的社會制度的經常的標準；照他們的意見社會制度應該適合這個「不變的人的天性」

（註一）馬恩通信集第三〇二頁。

古典政治經濟學不了解資產階級經濟底歷史地過渡的性質而以爲它的規律爲一切人類社會所永遠地固有的。

社會主義者——烏托邦主義者和英國的古典政治經濟學不懂得辯證法，這一事實在很大的程度上可以解釋爲什麼他們沒有達到眞正科學地理解社會關係底本性而在這個領域內仍然是唯心論者的原因。

但是就是德國的古典哲學，在黑格爾那裏亦沒有能夠創立關於社會發展的眞正科學。雖然，從黑格爾的辯證觀點看來人類歷史已經不再是沒有聯系的偶然性底堆積，并且已經把它了解爲從一個階段到另一個階段的規律性的運動，唯心論者的黑格爾沒有能夠指出社會發展底眞實的基礎。黑格爾的辯證法因爲是唯心的，所以它在歷史運動底不同的彼此更替的階段上祇看到『絕對觀念』發展的階段。黑格爾把人類社會底全部歷史歸結爲人的意識形態底發展，把它們看做是『絕對精神』發展底階段。

黑格爾底唯心論是他走向科學地掌握現實（自然和社會）之路上的障礙。

另一方面，馬克思以前的唯物論者亦沒有能夠達到科學地理解社會現象，馬克思以前的唯物論，當它解釋社會現象時就自己背叛了自己。十八世紀的法國唯物論者就是這樣。

法國唯物論者從正確的唯物論的原理出發：即人是它的周圍環境的產物。但是祇要在法國唯物論者面前提出這樣的問題：人底周圍環境是被什麼東西所造成的呢？他們回答道：已存的規

律和根據在這些規律基礎上的人們的思想意見。

『當他們——普列漢諾夫寫道——談到人類的歷史發展時，他忘掉了自己的一般的對於人類的感覺論的觀點而和當時的「啓蒙派」一樣斷言道世界（即人們底社會關係）是爲意見所支配的。』（註一）

馬克思底先驅者——唯物論者費爾巴赫亦固有着這個哲學的和社會的觀點之間的分裂和矛盾。恩格斯很鮮明地說明了這個矛盾，他說費爾巴赫是『下半個唯物論者，上半個唯心論者』。這種情形底發生在很大的程度上是因爲法國唯物論和費爾巴赫底唯物論都是不懂辯證法的形而上的唯物論。

這樣，馬克思和恩格斯所遇到的當時的科學狀況是以唯物論和辯證法彼此脫離爲其特徵的。烏托邦社會主義，如上面所指出的，是形而上的，可是它不僅以這個缺點爲特徵，在解釋人類社會底基礎時，它是站在唯心論的立場上的。

在聯共（布）黨史簡明教程中曾說道：

『烏托邦主義底沒落……其原因之一，就在他們不承認社會物質生活條件在社會發展中的首要的作用，而陷入於唯心論，把自己的實際活動不是建設在社會物質生活條件的要求的基礎上，而離開它們，違反它們——將實際活動建設在脫離社會實際生活的「理想計劃」和「包羅

（註一）普列哈諾夫全集卷七第六九頁。

萬象的方案」的基礎上。」

爲要使社會主義成爲科學的，就應該把它放在眞實的基礎上，科學社會主義產生底最重要條件之一，就是應用唯物論來認識社會生活。但是爲了使唯物論能夠應用於認識社會生活現象，就應該克服和消滅存在於馬克思之前的唯物論和辨證法之間的脫離。

馬克思和恩格斯天才地解決了這個任務。他們以辯證法豐富了唯物論，創造了新的哲學學說——辯證唯物論。

跟着辯證唯物論底創立，就開闢了創立關於社會發展底眞正科學的道路。列甯寫道：

「馬克思加深着和發展着哲學唯物論，把它貫徹到底。把它的認識自然擴展於認識人類社會。馬克思底歷史唯物論是科學思想底最偉大的收穫。以前在對於歷史和政治的觀點中統治着的混亂和任意。現在爲驚人地完整的和嚴格的科學理論所代替了。」（註一）

馬克思和恩格斯做了巨大的工作來研究和概括他們以前的全部知識，全世界歷史和工人階級階級鬥爭底經驗，他們自己全身侵入於實際的革命活動中，他們是無產階級的革命家，這有極重大的作用，使他們所論證的最先進的哲學思想，引導他們得出革命的共產主義的結論來。

擴展辯證唯物論於社會現象底結果，應用它來研究資產階級社會發展規律底結果，出現了馬克思和恩格斯底科學社會主義底理論，關於資本主義底必然死亡關於無產階級底歷史使命

（註一）列甯全集卷十六第三五〇頁。

——資本主義底掘墓人，關於無產階級革命和無產階級專政是從資本主義到共產主義的過渡的必然形式的天才學說。

「馬克思主義——斯大林同志寫道——不僅是社會主義底理論，這是整個的宇宙觀，哲學的體系，從這裏邏輯地產生了馬克思底無產階級的社會主義。這個哲學的體系叫做辯證唯物論。」（註一）

社會主義理論和辯證唯物論之間這個邏輯的聯系在那裏呢？

爲着能夠實行把辯證唯物論擴展到社會歷史上去，就應該要發現社會存在底內容，找到那組成社會生活物質基礎的東西。正是不會找得社會底眞正物質基礎成了馬克思以前的唯物論底絆脚石，這個唯物論沒有能夠發現社會生活底物質基礎，雖然曾經力求解決這個任務。

馬克思底天才的發現就在發現了社會底物質基礎。他得到結論說：社會底物質基礎是物質財富底生產方法。從這裏得出了人類底歷史「首先是生產發展底歷史，幾世紀中彼此交替的生產方法底歷史，生產力和人們生產關係的發展底歷史。」

如果社會發展史首先是不同的生產方法的興亡史，不同的社會經濟形態的興亡史，那很顯然，爲着科學地預見歷史以後的進程，馬克思不能乞援於「一般的」社會，不能乞援於關於一般

（註一）引自物里亞著關於外高加索布爾塞維克組織史問題第七八頁。

的「人類天性」的抽象的談論，而必須分析他所生活的時代的社會形態——即分析資本主義，以研究資本主義的生產方法，資本主義的社會經濟制度作爲研究底出發點。大家知道：馬克思底天才的著作資本論，就是做了這一功夫。資本論是馬克思主義組成部份底統一的古典式的體現。

在馬克思底資本論中首先敍述着他的經濟學說，馬克思底經濟理論底研究指明唯物論和辯證法在這個學說中得到了最深刻的各方面的詳盡的應用和證實。而從馬克思底經濟學說中，從馬克思所發現的資本主義規律中所得到的直接的結論就是經過暴力革命和無產階級專政，資本主義社會轉化爲社會主義社會的必然性的論點。

馬克思和恩格斯不只一次地指出：由於應用唯物論和辯證法來研究資產階級社會底經濟才創造了馬克思底經濟學說。大家知道唯物史觀底基本公式，馬克思是在政治經濟學批判一書底序言上寫下的。就這一點，就足以說明馬克思底經濟理論和歷史唯物論之間的不可分割的聯系。

「這個德國的政治經濟學——恩格斯寫道——實質上是建設在唯物史觀之上的唯物史觀底基本要點敍述於上述著作的序言中。」（註一）

唯物辯證法，從頭至尾地貫澈於資本論中的對於資本主義社會底天才的分析中。列甯指出：「在馬克思資產階級社會底辯證法，祇是辯證法底部份的情形。」（註二）

（註一）馬恩選集卷一第二七四頁。（註二）列甯全集卷十三第三〇二頁。

不是偶然的，正是在資本論底序言中馬克思給予了與黑格爾唯心辯證法相反的自己的唯物辯證法底著名的特徵描寫：這同樣地強調着在馬克思底經濟研究底基礎上在資本論底基礎上安放着辯證唯物論。

在這裏馬克思所強調的正是辯證法底這一方面，即在經濟的研究來揭露政治經濟學底一切範疇底歷史地過渡的性質。一切資產階級的政治經濟學過去和現在都把資本看做是一成不變的『天然現象』，似乎永遠爲社會所固有的。資本主義關係，在普通的形而上的資產階級意識中是永遠的不變的。

馬克思天才地指出資本是特殊的、歷史地決定的生產關係，資本主義不是從來就存在的，它生產於社會經濟生活發展底一定的階段上，在時間上有其開始亦應該有其終結。馬克思從運動、變化、產生、發展和死亡的觀點上，即從辯證法的觀點上來研究資產階級社會底經濟。我們舉出下述的鮮明的例子。

在資本論的基礎上的最重要的發現——這是發現在資本主義之下勞動底兩重性質（一）組成商品底使用價值的具體勞動；（二）組成商品底交換價值的抽象勞動。關於這個勞動兩要性底發現，馬克思寫過『一切事情底理解建設』在這上面。但是這個發現是什麼呢，如果不是天才的滲透現象底辯證的本性，現象所固有的內的矛盾揭露？

當然，僅僅承認一切現象都是內部地矛盾的這一辯證法底論點，還不足以做出這個天才的

發現。需要馬克思底天才，需要各方面地分析巨大的具體材料。但是顯然，如果不克服形而上學的思維方法，如果沒有辯證法，這個發現是不可能的，這是爲馬克思以前的政治經濟學所證明了的。

馬克思主義的辯證法是必要的理論的前提，它規定了研究的道路並使馬克思天才地滲透資本主義之下的勞動底本性。商品有使用價值和交換價值，這在馬克思以前在經濟科學上就知道了的，但祇有勞動的兩重性底發現才指明了商品底這個兩方面底客觀基礎，并且成了回答政治經濟學上其他問題（例如貨幣問題）底出發點，這些問題是馬克思以前的全部政治經濟學所小心地躱避的。

「誰願意——恩格斯寫道——對下述這點得到一個鮮明的例證，即德國的辯證法在其發展的現階段上其優於舊的家製的庸俗多話的形而上的方法，正如鐵路之優於中世紀的運輸工具那麽，就請他讀一讀亞當・斯密或其他有名的官家經濟學者交換價值和使用價值給這些先生們弄成了怎樣的痛苦他們怎樣難於分別兩者及在各自的特殊的決定情況中理解兩者；然後將這個和馬克思底明白簡單的發展比較一番。」（註一）

與勞動底兩重性的發現密切聯系着的是剩餘價值論底創造，剩餘價值論，如列甯所說，乃是馬克思底經濟學說底基石。馬克思指明，剩餘價值既不能從商品流通中又不能從價格附加中產生，乃是爲工人底未償勞動所創造。

（註一）馬恩選集卷一第二八〇頁。

發現了剩餘價值之後，馬克思給了資本積累底眞正科學的分析並揭露了資本主義積累底歷史趨向，這趨向就在資本主義在自己的發展中創造了資本底一切大的集中和集合和日益增長的勞動的社會化，引導到在社會底一極上組成極少數的大資本家而在另一極上——巨大的勞動羣衆，引導極大多數人民底貧困和奴役底生長，他們的憤懣底生長，產生了暴力地推翻資本家和消滅生產手段私有制的必然性；而資本主義發展所創造的勞動社會化底生長造成了社會底社會主義改造的物質條件。

這樣在資本論中馬克思主義底哲學前提，他的經濟學說和科學共產主義底理論結合在一起。不研究資本論，不研究馬克思底關於政治經濟學底這本最主要的著作，就不能好好地理解馬克思底辯證法。列甯着重指出這點：

「假如馬克思沒有留下「邏輯」（大寫的），那麼他留下了資本論底邏輯，在這一問題上這一點應得加以特別的利用。在資本論中邏輯、辯證法和唯物論的認識論應用到一種科學上來了……」（註二）

另一方面，假如不顧及馬克思底資本論是最深刻的哲學著作的話，就不會懂得馬克思底資本論，馬克思底經濟學說底全部深刻性。列甯在讀黑格爾底邏輯學的筆記上所寫的下列語句正是強調事情的這一方面：

（註一）列甯哲學筆記第二四一頁。

「不先研究和懂得全部黑格爾底邏輯學，就不能完全懂得馬克思底資本論，特別是其第一章。所以在半世紀後馬克思主義者中誰也沒有懂得馬克思」（註一）

大家知道的馬克思底學說中的主要的東西是論無產階級專政是創立共產主義社會的工具的學說。

馬克思主義—列甯主義學說底一切組成部份都是用來證明這個有全世界歷史的重要性的馬克思主義的論點。論無產階級專政的論點是主要的凝結的因素，它統一了馬克思底理論，不允許分割馬列主義的學說和將其組成部份割裂與對立。

＊　＊　＊

不足奇怪的，馬克思主義底敵人、無產階級專政底敵人不限於直接地攻擊馬克思的關於無產階級專政的學說，而且同樣地力圖破壞他的理論根據——辯證法唯物論，用各種方法企圖使馬克思底經濟學說和歷史理論脫離辯證唯物論。

在這方面反對馬克思主義的征討是由這類資產階級的思想家（如著名的德國的唯物論歷史家康德主義者蘭根）開始的，而跟着他就來了新康德派柯根、施丹列爾，俄國合法馬克思主義的首領斯脫魯維、杜甘—巴蘭諾夫斯基等。

所有這些資產階級的教授們，如列甯所說，想『「用輭的方法」來殺死馬克思主義，用擁抱

（註一）同上第一七四頁。

來窒死它，』裝做他們承認馬克思底經濟學說。大家知道，斯脫魯維甚至把馬克思底資本論譯成了俄文。但是所有這些資產階級的教授們異口同聲地喊道馬克思主義的辯證法和馬克思主義的唯物論過時了，馬克思主義沒有自己的哲學，馬克思主義不承認道德之類。所有他們都曲解馬克思的歷史唯物論底理論，以畸形的和片面的『經濟唯物論』來代替它，然後他們自己又來責備否認個人的作用，思想的作用，哲學理論的作用等等。

所有這些馬克思主義底敵人企圖經過和康德的倫理學(『倫理學的社會主義』)康德的認識論及其他自由資產階級的理論『結合』而替馬克思主義『找根據』。所有這些『找根據』的目的是完全明顯的：肢解馬克思主義，將它的各方面分離對立起來，破壞馬克思主義底哲學基礎，反對馬克思主義的革命的辯證法而在這個『基礎上』來反對馬克思主義的關於社會主義革命，關於無產階級專政的學說。

資產階級的教授們割裂馬克思主義以便鈍化它的革命的銳鋒，以便適應於庸俗的自由主義的妥協行爲，以便把它從『剝奪剝削者』的理論根據變爲甜味的市儈的混合品、有教養的事業、脫離羣衆革命鬥爭的教授的『科學』。

修正主義底『理論家』不變地重複着公開的資產階級的馬克思主義底敵人的話。修正主義之父倍恩斯坦企圖把馬克思底歷史理論和馬克思主義底哲學對立起來。他既然是馬克思主義的辯證法和馬克思主義的哲學唯物論底敵人，爲着要破壞馬克思主義底理論基礎，就把馬克

思底學說歸結爲經濟的和歷史的理論而稱馬克思底革命的辯證法爲「馬克思革命學說中的叛徒的因素」，宣佈它爲過時的而代替之以流行的資產階級的新康德派哲學。在某些別的問題上批評倍恩斯坦的考茨基在這點上同他站在一起。「倍恩斯坦——考茨基寫道——完全正確地指出誰也不會爭論的馬克思主義基礎底最主要部份，所謂浸透於馬克思體系中的基本規律乃是他的特殊的歷史理論……」

考茨基之不欲和倍恩斯坦爭論是因爲倍恩斯坦的呼聲，「回到康德去」正中考茨基底心懷。正是關於倍恩斯坦底這個議論，普列漢諾夫寫道「這是不對的。唯物論的解釋歷史，真的是馬克思主義的最特徵的表誌之一。但是這個解釋還祇不過是馬克思—恩格斯底唯物論的宇宙觀底一部份。」（註一）

普列漢諾夫機智地指出：

「假如倍恩斯坦先生拒絕唯物論是爲着不「威脅」資產階級底意識形態利益之一——它的名稱是宗教——，那麽他的拒絕辯證法亦是因爲他不願意以「可怖的暴力革命」來驚駭資產階級。」（註二）倍恩斯坦自稱爲社會主義者口頭上宣佈是科學社會主義底信徒但是聲稱「社會主義底從空想變成科學不是由於辯證法而是由於違反辯證法。」（註三）

各色各種的修正主義者（如施丹）說：「馬克思和恩格斯底自然—哲學的唯物論……和經

（註一）普列漢諾夫全集第四〇—四一頁。　（註二）同上第五八—五九頁。　（註三）同上第四六頁。

濟的或歷史的唯物論不管名字底相近，但是是兩種完全不同的理論。』這同一個馬克思主義底批評家說道：『無疑的在兩種理論之間歷史的聯系是有的，因爲經濟唯物論是從自然－－哲學的唯物論中發展起來的。但是兩者之間有沒有邏輯的聯系呢？是不是自然－－哲學的唯物論眞正是經濟唯物論底必要的前提呢？』另一個『批評家』（蔡得爾逢）直接地說道：『兩種理論之間沒有任何邏輯的聯系。』

在這裏所有這些馬克思主義底敵人，爲着多少使自己的反馬克思主義鬥爭的任務容易起見，以福格脫－－摩里蕭特式的庸俗的機械唯物論來代替馬克思和恩格斯底辯證唯物論，而庸俗的機械唯物論眞的是不能和馬克思和恩格斯底歷史唯物論聯結一起的。但是這些在馬克思主義哲學上偸天換日的先生們却並不一般地拒絕哲學，他宣佈讚成以反動的唯心論哲學、新康德主義、實驗主義、馬赫主義及其他和科學共產主義理論毫無關係的『哲學』來代替馬克思主義底哲學（辯證唯物論）。

俄國的變節者和兩面派（如波格唐諾夫等）亦曾這樣做，他們以『馬克思主義者』之名掩飾着而進行消滅馬克思主義的鬥爭。如列甯所說，他們企圖『用一切說法說服讀者馬赫主義和馬克思與恩格斯底歷史唯物論是可以並容的。』（註一）

列甯在揭破變節者、馬赫主義者時，指出波格唐諾夫的哲學將社會存在和社會意識同一化，

（註一）列甯全集卷十三第二五七頁。

不僅是從馬克思主義的哲學脫退，而且從他的歷史理論從整個馬克思主義脫退。

在駁斥波格唐諾夫到馬克思主義的『理論的』襲擊時，列甯寫道：

『一般的唯物論承認客觀地眞實的存在（物質）不依存於人類底意識、感覺經驗等等，歷史唯物論承認社會的存在不依存於人類底社會意識，意識在這裏和那裏祇是存在底反映，在最好的情況下是它的近似地正確的（完全合適的理想地確切的）反映。在這個以純鋼鑄成的馬克思主義底哲學中，如果不脫離客觀眞理，不墮入資產階級反動派造謠的懷抱中，就不能取去其任何一個基本前提。』（註一）

二

馬克思主義底出現意味着科學起來迎接工人運動，而工人運動則依靠於科學底結論之上。它同樣意味着科學本身已經在工人運動底經驗上考查自己。列甯關於馬克思寫道：

『一切人類思想所已經創造的，他加以改製，加以批評，在工人運動中加以考查。……』（註二）

革命的實踐被宣佈爲眞理底標準。這樣，在馬克思主義底本質上已經安置了反對教條主義的保證。列甯寫道因爲『在那以學說是否適合社會經濟發展底眞實過程作爲學說底最高的和唯一的準繩的地方，教條主義是不可能的。』（註三）

（註一）列甯全集卷十三第二六六頁。 （註二）同上，卷廿五第二八七頁。 （註三）同上，卷一第一九二頁。

馬克思和恩格斯在自己全生涯中以這個最高準繩爲領導，經常地以工人階級革命鬥爭底新經驗來考查和豐富自己的學說。列甯檢討馬克思和恩格斯從巴黎公社底經驗中所做出的結論時寫道：

『分析這個經驗，從中抽取戰術底教訓，根據它檢查自己的理論——馬克思就是這樣提出自己的任務的。』（註一）

馬克思主義作爲眞正科學的和革命的理論，在馬克思和恩格斯死後，在列甯和斯大林底著作中得到了更進的發展，以在無產階級階級鬥爭新條件下的新內容豐富了它。

『毫不誇大地可以說，在恩格斯死後，最偉大的理論家是列甯，而在列甯死後，則是斯大林及列甯底其他學生，他們是在無產階級鬥爭的新條件下用新的經驗去豐富馬克思主義理論，把它推向前進的僅有的馬克思主義者。

『正因爲列甯主義者把馬克思主義推向前進，所以列甯主義是馬克思主義更往前的發展，是無產階級鬥爭新條件下的馬克思主義，是帝國主義與資產階級革命時代的馬克思主義，是社會主義在六分之一地球上勝利的時代的馬克思主義。』

馬克思主義與列甯主義的一致與不可分割的聯系表現在第一，列甯和斯大林在自己革命活動底開始時就進行着光輝的保衛馬克思主義反對其敵人的鬥爭。列甯澈底地擊毀了民粹主

（註一）同上，卷廿一第三九四頁。

義，求得了馬克思主義在俄國的完全勝利。列甯在俄國第一個把馬克思主義和工人運動聯結了起來。

列甯主義底往後的全部鬥爭反對其無數敵人——反對修正主義和第二國際領袖們底機會主義，反對俄國的機會主義——乃是擁護馬克思主義擁護他的純潔和無污擁護馬克思主義基礎底穩固而進行的不倦怠的鬥爭。

聯共(布)黨史簡明教程深刻地敍明了這個反對各色各樣的僞裝爲馬克思主義者的敵人的鬥爭，從『合法馬克思主義者』和孟塞維克起至那些不僅以『馬克思主義者』的名義掩護而且以『布爾塞維克』的名義掩護着的反對列甯主義的工人階級底敵人止。

列甯和斯大林進行了反俄國以及國外的馬克思主義底敵人的鬥爭，經常地揭破和摧毀馬克思主義底叛徒工人階級底叛徒。爲列甯主義而鬥爭，永遠都是爲馬克思主義而鬥爭。

但是列甯主義不僅是保衛馬克思主義和恢復其眞理的內容。列甯主義是馬克思主義在階級鬥爭底新的更高的階級的條件下，在帝國主義和無產階級革命時代的條件下在社會主義在六分之一地球上勝利的條件下底繼續和發展。

列甯主義是馬克思主義在其一切組成部份上的往前的發展在其哲學宇宙觀上——辯證唯物論上，在其經濟學說上和在科學共產主義底理論上。

馬克思主義—列甯主義底一致，貫串於馬列主義政黨底理論和綱領底一切問題中。

馬克思和恩格斯給了壟斷前的資本主義底基礎以分析，列甯和斯大林根據着資本論底基礎論點，往前發展了馬克思底經濟學說，揭露了作爲資本主義最後階段的帝國主義底發展規律性。

馬克思和恩格斯給了無產階級專政底基本觀念。列甯和斯大林充實了它，製定了蘇維埃是無產階級專政的國家形式的學說。

馬克思和恩格斯給了無產階級領導權思想底基本初稿。列甯和斯大林發展這些初稿爲無產階級領導權底完整的體系，爲不僅在推翻沙皇制度和資本主義的事業上並且在建設共產主義事業上無產階級對城鄉勞動羣衆領導的完整的體系。

馬克思和恩格斯論證了自己的科學的社會主義底理論，指出無產階級專政時期是無產階級掌握着政權，實行經濟性的政治性的文化性的方法以建設共產主義社會的時期。列甯和斯大林論證了社會主義在一個國家內首先勝利的可能性和必然性，在建設社會主義的方法和形式的學說中加添新的偉大的收獲。列甯和斯大林所闡明的新經濟政策，他們天才地設想的國家工業化和農村經濟集體化的計劃（這些由斯大林所完滿地製定和在他領導下實現了的）乃是經濟上建立社會主義底具體道路底發現。

列甯和斯大林所製定的鞏固無產階級專政的道路和手段——無情地壓服剝削者階級，消滅資本主義成份，鞏固工人階級和農民的聯盟，展開蘇維埃的社會主義的民主主義乃是馬克思

主義關於無產階級專政是從資本主義到共產主義的政治上的過渡時期的學說底深化和發展。斯大林同志所製定的文化革命底計劃——它引導到了造成新的蘇維埃的知識份子，斯大林同志對斯達漢諾夫運動的經驗所做的天才的總結，指出這是消滅智力勞動和體力勞動之間的對立的道路——所有這些乃是馬列主義理論底往前發展，馬克思恩格斯、列甯底基本思想的闡明。

斯大林同志在其對少共真理報編輯部所提出的「問題的回答」中給了馬克思主義—列甯主義底完整性和不可分裂的一致以明確的定義：

「第一、對於馬克思主義和列甯主義有一點小小的說明。在問題的這一種說法之下，可以以為馬克思主義是一件東西，而列甯主義是另一件東西；以為不是馬克思主義者可以成為列甯主義者。但是這一種概念不能認為正確的。列甯主義不是列甯的學說減去馬克思主義。列甯主義是帝國主義和無產階級革命時代底馬克思主義。換句話說：列甯主義包括着馬克思所給予的一切再加上列甯增添到馬克思主義寶庫中去的新的東西，這些新東西是必然地從馬克思底學說中產生起來的（關於無產階級專政的學說，農民問題，民族問題，黨，關於改良主義底社會根源問題，關於共產主義中的基本傾向問題等等）。因此，最好把問題的公式變成馬克思主義或者列甯主義（兩者在基本上是一個東西）而不是馬克思主義和列甯主義。」（註一）

* * *

（註一）斯大林：列甯主義問題第三版第二三三頁。

列甯和斯大林往前發展了馬克思和恩格斯的哲學學說，把它提到新的更高的階段，發展和豐富了馬克思主義的辯證法和馬克思主義的哲學唯物論。斯大林同志說：

「……列甯底方法不僅只是馬克思底批判的革命方法底恢復他的唯物辯證法的恢復，而且是這個方法底具體化和往前發展。」（註一）

列甯主義與其哲學學說（辯證唯物論）之間的不可分割的相互聯系，首先表明現在在列甯和斯大林的著作中（正如馬克思和恩格斯底著作中一樣）馬列主義底哲學學說的闡明是和馬克思主義底全部理論問題不可分割地聯結着的；是和無產階級鬥爭底任務，社會主義革命底任務底闡明聯結着的。

當米哈伊洛夫斯基向馬克思主義者提出問題道：『馬克思在哪一本著作中敍述了自己的唯物史觀？』——列甯機智地回答道：

『一切懂得馬克思的人就會回答他以另一個問題：在哪一本著作中馬克思沒有敍述自己的唯物史觀呢？』（註二）

對於列甯和斯大林底一切著作同樣地應該這樣的；任何一部他們的著作都發展了馬克思主義的唯物論、馬克思主義的辯證法、社會現象底唯物論的理解。

這就是說在列甯主義底一切問題中（在理論、組織、政策、策略問題中）唯物論辯證法都得

（註一）同上第十版第一二二頁。

（註二）列甯全集卷一第六三一頁。

到其應用。這說明辯證唯物論與列甯主義之間的全般的和不可分割的聯系。

任何脫離列甯的政策亦永遠是脫離辯證唯物論的。列甯和斯大林永遠地揭露了政治上脫離馬克思主義和叛變馬克思主義的方法它的哲學之間的聯系。列甯和斯大林在揭露工人階級中敵視列甯主義的流派時，永遠地指出他們的叛變馬克思主義底宇宙觀。卽就下述的例子，亦可指明這一點。

在一九〇五年革命中孟塞維克援引革命底資產階級性質來論證自己的拒絕無產階級領導權的策略。列甯同樣承認一九〇五年革命底資產階級性。但是列甯精巧地掌握着馬克思主義的辯證法，從辯證法的論點運動不是過去了的東西底簡單的重複出發，認爲俄國的資產階級民主革命不能是西方資產階級革命底簡單的重複，認爲我們根據覺悟的和有組織的無產階級底力量馬上卽開始從民主革命過渡到社會主義革命去。

列甯放在自己的策略底基礎上的是具體的唯物論的分析當時俄國的每一個階級底作用和意義。適合於這些分析，列甯得出結論說無產階級能夠而且應該成爲俄國資產階級民主革命底領袖、領導者。列甯底議論適合於馬克思主義的辯證邏輯底規矩的。

「常常在以普列漢諾夫爲首的社會民主黨右翼那裏碰見的相反的議論方法——卽企圖從我們革命底基本性質底一般眞理底簡單的邏輯發展中找尋具體問題的回答——乃是馬克思主義底庸俗化和嘲諷辯證唯物論。對於這類人，卽對於從我們革命性質底一般眞理中得出

「資產階級」在革命中的領導作用或社會主義者必須擁護自由派的結論的人，馬克思大概會重複他曾經引過一次的海涅的話：「我種的是龍種而收的却是臭蟲。」』（註一）

列甯主義有機地和各方面地——在一切問題上和辯證的與歷史的唯物論聯結着。我們根據列甯和斯大林所發展的社會主義革命底新理論底例子上來更詳細地觀察一下辯證的和歷史的唯物論和列甯主義之間的聯系。

『列甯主義一般地是無產階級革命底理論和策略，特別是無產階級專政底理論和策略。』——斯大林同志說。列甯和斯大林創造了革命的新理論。它完全由馬克思和恩格斯所已經論證了的無產階級革命底必然性及其暴力的性質出發。

它根據在馬克思所提出的許多天才的論點之上：關於不斷革命，關於農民革命運動和無產階級革命配合的必要等等。但是，這些論點在馬克思和恩格斯底著作中沒有得到發展。而爲列甯和斯大林往前發展了，將它們製成了社會主義革命底完整的理論。

馬克思主義者底某些舊的論點，關於無產階級在資產階級民主革命中的地位，國家社會主義革命在一切西歐國家內同時勝利——這些論點在資本主義向上發展的時代曾是正確的，而在帝國主義時代變成了過時的了，而被新的適合於這時代的新論點所代替了；這些新的論點是：關於無產階級在資產階級民主革命中的領導權的論點，關於社會主義不可能同時在一切先進

（註一）列甯全集卷三第十二頁。

國家中勝利和社會主義必然首先在一個或幾個單獨的資本主義國家內勝利的論點。

列甯和斯大林在發現了資本主義發展底新規律（這些新規律是跟着壟斷前的資本主義底變爲壟斷的資本主義——帝國主義而出現的）之後，創造了社會主義革命底新理論。革命理論底創造者底天才的滲透帝國主義底本質發現其規律是有着其重要的先決條件的，卽列甯和斯大林天才地應用辯證的和歷史的唯物論來研究現實。

列甯的關於帝國主義的學說完全地符合於馬克思主義的辯證方法和馬克思主義的哲學唯物論底基本前提。列甯的天才分析給了帝國主義在經濟中和在政治中的新現象以科學的解釋，把它們聯結在一起，指明了他們的產生和發現了帝國主義底規律性。

馬克思主義的辯證法和馬克思的哲學唯物論乃是列甯用來作其對帝國主義的天才分析底工具。

馬克思主義的辯證法教導道：個別的現象並不孤立地和彼此沒有聯系地存在着，而是內部地互相聯結着，因此，如果把一個現象離開他和其他現象的聯系和離開其他現象對他的制約性來觀察，那麼沒有一個現象是可以了解的。這個辯證法底最重要的論點被列甯在分析帝國主義經濟底多樣性的現象時所精妙地應用了。在自己的天才的著作帝國主義——資本主義的最高階段中，在開始分析帝國主義時，列甯寫道：

「往後我們企圖簡單地在盡可能通俗的形式中，敍述帝國主義底基本經濟特點底聯系和

互相關係』（註一）

由於列甯的辯證地分析帝國主義經濟所固有的一切新現象：銀行的新作用，財政資本資本輸出，資本家聯合之間的分割世界大列強之間的分割世界——在互相關係上去了解他們，指明了它們如何爲同一的因素——壟斷底統治所產生。

帝國主義體系中經濟上基本的東西是壟斷，它不排除自由競爭，而是和它並存。列甯規定帝國主義是壟斷的資本主義因爲財政資本是和工業界底壟斷聯合底資本混合着的少數壟斷銀行底銀行資本。

其次馬克思主義的辯證法教導：不僅要從他們的互相聯系和互相制約的觀點上觀察現象，而且要從他們的運動，他們的發展的觀點上，要從他們的產生和死亡的觀點上觀察現象。

列甯不限制於說明壟斷底基礎是帝國主義底經濟本質，他表現於托辣斯、新迪卡中，在大銀行底無上權力中，在銀行資本底集中等等，此外並指明『帝國主義底產生是一般資本主義底基本屬性底發展和直接繼續』（註二）以及帝國主義是垂死的資本主義，社會主義革命底前夜。

馬克思主義的辯證法教導：『觀察發展的過程不當做簡單的生長底過程，量的變化不引起質的變化的過程，而看做這樣的發展，在這裏從小小的隱祕的量的變化進到公開的變化根本的變化，質的變化；在這裏質的變化之到來不是逐漸的，而是迅速的、突然的，出於從一種狀態到另一

（註一）列甯全集卷十九第八〇頁。　（註二）同上，第一四一頁。

種狀態的飛躍式的轉變質的變化之到來不是偶然的，而是規律性的，是看不見的逐漸的量的變化底積累的結果。」

列甯以自己的帝國主義經濟底分析鮮明地證明了辯證法底這個論點底正確。

資本主義祇在自己發展底一定的很高的階段上才成爲帝國主義。列甯寫道：

「在這個過程中基本上經濟上的東西是資本主義的自由競爭爲資本主義的壟斷所代替了。自由競爭是資本主義底以及一般商品生產底基本屬性；壟斷是自由競爭底直接的對立物，但是，自由競爭在我們眼前變成了壟斷……」（註一）

這是意味着在資本主義發展中的劇烈的變化，「數量變成質量發展的資本主義變爲帝國主義。」（註二）這就是關於資本主義底兩個階段和關於帝國主義是資本主義的最後階段問題底新的提法。

列甯所發現的資本主義底幾個階段底區別和他的斷言帝國主義是資本主義發展中的新階段有怎樣巨大的意義，這可以從列甯主義底死敵——考茨基和托洛茨基——惡毒地反對這個列甯的論斷中看出來。考茨基爲着描述帝國主義底政策只是某種外的和偶然的東西而不是必然地產生於帝國主義的本性中的，爲着抹殺帝國主義所產生的資本主義新矛盾底全部尖銳性，他反對列甯的論點。

（註一）列甯全集卷十九第一四二頁。 （註二）同上，第一四三頁。

列甯在揭露帝國主義下統治階級底政策底本質時是從馬克思底歷史唯物論出發的，不是離開經濟孤立地觀察政治而把政治看做為經濟所制約的『上層建築』，下面就是列甯底論斷底進程：

『經濟上帝國主義是資本主義底最高階段，正是這樣的階段，這時候生產已經成了這樣巨大和最巨大的生產，以致自由競爭為壟斷所代替了。帝國主義底經濟本質就在這裏。』

『在新經濟之上的，在壟斷資本主義（帝國主義是壟斷的資本主義）之上的政治的上層建築是從民主轉到反動民主適合於自由競爭。政治反動適合於壟斷。』（註一）

考茨基力圖把帝國主義底政治和它的經濟脫離開來，認為帝國主義者可能有別的非帝國主義的非侵略的政策。

『這樣說來——列甯反對考茨基時寫道——經濟中的壟斷可以和在政治中的非壟斷的非暴力的非侵略的行動同時並存的。這樣說來，地球底領土分割（這正是在財政資本時代完成的，并且是各大資本主義國家間競爭底現代形式底特點底基本）是可以和非帝國主義的政策並存的。這不是揭發資本主義新階段底最基本矛盾底深度而是抹煞和掩飾它們，這不是馬克思主義而是資產階級的改良主義。』（註二）

列甯的帝國主義分析正是澈底地揭露了帝國主義矛盾底全部深刻性，指明了『帝國主義

（註一）列甯全集卷十九第二〇七頁。　（註二）同上，第一四六頁。

使資本主義矛盾達到極端、達到頂點，接着就是革命開始起來。』（註一）

馬克思主義的辯證法教導道：對象和現象固有着內部矛盾，發展是經過矛盾底發展和克服進行的。是經過基於這些矛盾之上的對立力量底衝突；矛盾是發展過程底內部內容。

馬克思在分析資本主義時所用的正是辯證法底這個規律，天才地揭露了它的內部矛盾——生產底社會性和佔有底私有形式之間的矛盾。列甯亦是以矛盾底辯證規律爲領導，指明資本主義底資本矛盾怎樣在帝國主義中得到了新的表現：表現在不同的財政集團和帝國主義列強之間在爭取原料產地爭取別人的土地之上的矛盾的尖銳化，表現在少數統治的『特權的』民族和千百萬殖民地和附屬國人民之間底鬥爭。

列甯底帝國主義分析正如馬克思底資本主義分析一樣是天才地應用辯證的和歷史的唯物論來研究資產階級社會底範例，正是帝國主義底上述的矛盾底揭露使我們了解帝國主義爲向下降落的資本主義，垂死的資本主義，社會主義革命底前夜。

從帝國主義是資本主義底最後階段底一般分析中產生了在帝國主義時期發展底不平衡性問題。而從帝國主義下發展底不平衡性底規律中所產生的直接的結論就是社會主義革命不可能同時在一切西歐國家內勝利和社會主義可能首先在一個單獨的國家內勝利的論點。

這個結論和從壟斷前的資本主義底特出中產生出來的舊方針是根本不相同的。列甯根據

（註一）斯大林列甯主義問題十版第三頁。

在帝國主義—資本主義底最高階段一書所給予的對資本主義底帝國主義階段底天才的分析，改變了這個方針代之以新的方針。

『這是社會主義革命底一個新的完善的理論，關於社會主義革命在單獨的國家內勝利底可能性，它的勝利的條件，它的勝利的前途的理論，這一理論底基礎，列甯於一九〇五年在民主革命中社會民主派底兩個策略一小册子中就已經指出了。

正如馬克思底資本論是馬克思主義組成部份底一致底主要體現一樣，列甯底帝國主義—資本主義底最高階段一書是在新的階段上的這個一致底生動的體現。

正如科學社會主義底理論——馬克思底革命理論是從馬克思主義底整個宇宙觀中邏輯地產生出來的，同樣列甯和斯大林所發展的新的革命理論亦是從這個宇宙觀中邏輯地產生的。

* * *

聯共(布)黨史簡明教程揭露了布爾塞維克的政策和馬克思主義的辯證法馬克思主義的哲學唯物論和歷史唯物論之間的不可分割的聯系。

在卓越的聯共(布)黨史簡明教程中鮮明地指明了馬列主義政黨底理論基礎及其政策之間的這個內部聯系。

聯共(布)黨史簡明教程在說明了馬克思主義的辯證法底基本要點之後，得到了下述的從這些要點中產生出來的結論：

「這就是說不應該依據不再向前發展的（即使現在還是佔優勢的）社會階層，而應該依據正在發展着的有其將來的社會階層，即使這些階層在目前還不是佔優勢的力量。」

「這就是說要在政治上不犯錯誤，那麼就要向前看而不要向後看。」

「這就是說要在政治上不犯錯誤，那麼就要做革命者而不要做改良主義者。」

「這就是說要在政治上不犯錯誤，那麼就要實行不調和的無產階級的階級政策，而不要實行無產階級與資產階級利益協調的改良主義政策，不要實行資本主義「成長」爲社會主義的妥協政策。」

當從馬克思主義的哲學唯物論中得出許多政治的結論時，聯共（布）黨史簡明教程說道：

「這就是說無產階級政黨底實際活動不應該根據在「傑出人物」底良好的希望上，不應該根據於「理性」「普通的道德」等等的要求上而應該根據在社會發展底規律上，根據在這個規律底研究上。」

「這就是說無產階級政黨底實際行動不應該以任何偶然的動機來領導，而應該以社會發展底規律以從這些規律中產生出來的實踐的結論來領導。」

「這就是說科學與實際活動的聯結，理論與實踐的聯結，它們之間的一致，應該成爲無產階級政黨底南針。」

「這就是說要在政治上不犯錯誤，不陷於空洞的夢想家底情況中，無產階級政黨在自己的

行動中不應從抽象的「人類理性底原則」出發，而應該從社會物質生活底具體條件出發，因爲這是社會發展底決定的力量；不應該從「偉人」底善良的希望出發，而應該從社會物質生活發展底現實的要求出發。』

這些就是布爾塞維克的政策底基本原理，它有規律底力量，並且是布爾塞維主義全部歷史底天才的總括。

聯共(布)黨史簡明教程在行動中，在三個革命底經驗中，在蘇聯建成社會主義的勝利的鬥爭的經驗中說明了布爾塞維克的政策。布爾塞維克的政策經過了與工人階級和布爾塞維克底無數敵人底殘酷鬥爭底火煉。這些鬥爭不僅限於俄國工人運動底範圍內，而且在國際舞台上，反對國際機會主義國際社會叛徒。因此，它有全世界的意義，是對於各國工人的政策和策略的模範，是全世界勞動者爲着取得勝利所應追隨的模範。

整個第二國際將自己的政策建設在拒絕這些原則之上，并因此而受到了應有的歷史懲罰，以完全的破產而終。

第二國際底政策底特點之一，就在他們向後看而不向前看。

『他們的破產底基本原因就在他們「看定了」工人運動和社會主義生長底一種一定的形式，忘記了它的片面性，害怕看到那由於客觀諸條件而成爲必然的那種急劇的變革，和繼續地背誦簡單的初看是無可爭論的眞理：三大於二，但是政治更像代數學而不像算術，更像高級數學

31

而不是像低級數學在現實中社會主義運動底一切舊形式都充實了新內容，因此在數目字前出了新符號——「負」而我們的聰明人却過去和現在都頑固地繼續自安自慰和安慰別人說：「負三」大於「負二」』（註一）

國際機會主義底實質就在拒絕階級鬥爭底徹底進行，拒絕無產階級專政，掩飾階級矛盾政策，調和剝削者和被剝削者，調和千百萬被壓迫群衆和他們的壓迫者的叛賣政策。

第二國際內的黨內生活不是建築在揭露矛盾和經過鬥爭來克服它們之上，而是建築在抹殺分歧及在原則問題上採取『中間』路線的腐敗政策上。

『西歐社會民主黨底沒落底原則之一——斯大林同志指出——就在這裏。』（註二）

布爾塞維克在與自己的各色的敵人的一切方向上鬥爭中是勝利的了。他們之所以成爲勝利者是因爲布爾塞維克主義創始者底政策——列甯——斯大林底政策乃是建立在深刻的預見之上的政策；這種預見是由最先進的和科學的最現代的和最完備的辯證的發展理論——馬克思主義的辯證法，馬克思主義的哲學唯物論和歷史唯物論所給予的。馬克思主義的辯證法哲學唯物論歷史唯物論——這是偉大的工具，它按斯大林同志底鮮明的辭句來說，『給了布爾塞維克以奪取最難接近的堡壘的可能。』列甯和斯大林底運用這個工具底天才使得他們能夠滲透於運動深處和在運動底傾向遠還沒有暴露在生活底表面上之前就能夠揭露它，因此布爾塞維克

（註一）列甯全集卷二五第二三六頁。

（註二）斯大林論反對派第四四〇頁。

底政策從來不曾是追隨事變尾巴底政策；它永遠以先於實踐的理論之光照耀着。列甯和斯大林，和馬克思及恩格斯一樣永遠是『在嚴格地適合於自己的唯物辯證法的宇宙觀底一切前提下』（註一）決定自己的策略和政策；依據在歷史唯物論底理論之上，馬克思和恩格斯，列甯和斯大林永遠揭露那些反對工人階級及其政黨的政治力量底眞實的本質。

『人們——列甯寫道——曾經永遠是而將來亦將永遠是政治上被欺和自欺的可憐的犧牲者，如果他們還沒有學會在任何道德的、宗教的、政治的、社會的語句聲明允諾之後發現這些或那些階級底利益』（註二）

列甯和斯大林永遠教導黨以這個唯物論的藝術，即全面的政治的暴露帶着各種假面具的工人階級底敵人。在自己早期的著作——什麼是人民之友和他們怎樣反對社會民粹派之中，列甯就給予了民粹派底政綱和思想體系以有力的鮮明的唯物論的分析，揭露了民粹派底階級內容，和指明了民粹派底眞面目——他們是虛偽的人民之友。天才的應用自己的唯物辯證的宇宙觀來觀察從敵人營中來的各色各種政綱、口號、聲明，列甯和斯大林在國際機會主義剛萌芽時，就看到了它的眞正的實質，不倦怠地譴責它和揭破它的本質。

這對於我們黨底命運，對於革命底命運，對於布爾塞維主義政策底勝利有怎樣偉大的意義是不用解釋的了。

（註一）列甯全集卷十八第二八頁。

（註二）同上，卷十六第三五三頁。

布爾塞維克政策底靈魂是它的原則性。斯大林同志不止一次指出黨之所以能勝利是因爲在自己的鬥爭中永遠進行着原則的政策。

「列甯說——斯大林同志寫道——原則的政策是唯一正確的政策，我們在反傾向的鬥爭中所以成爲勝利者是因爲忠實地和澈底地執行了列甯底這個遺囑。」（註一）

而這個原則性底路線是完全合於馬列主義底宇宙觀的，這宇宙觀教導道新事物底戰勝舊事物祇有經過鬥爭，經過澈底的鬥爭來克服舊事物。

布爾塞維克政策和馬克思及恩格斯所創始的辯證唯物論底基本前提底一致鮮明地表示了馬克思主義和列甯主義底繼承性和不可分裂性。

馬克思主義和列甯主義的一致在各方面得到其勝利：在理論領域中和在政治及實踐領域中。

原著者：G·加克　譯自馬克思主義旗幟下一九三九年一月號

（註一）斯大林：列甯主義問題十版第四二九頁。

辯證唯物論——馬列主義政黨底宇宙觀

聯共(布)黨史簡明教程是馬列主義理論底傑出著作之一。這本書收羅於布爾塞維主義底黃金的思想的寶藏之中。以斯大林的深刻和聰明而敍述着的聯共(布)黨史簡明教程將偉大和光榮的布爾塞維克黨所經歷的歷史道路加以科學的總結。這條道路，按其革命經驗底豐富，按階級鬥爭底緊張(這是新的歷史時代底特點)按這個鬥爭形式底多樣性，按歷史運動底規模(布爾塞維克黨是站在這些運動的先頭地位的，)按其實際的收穫，——都是無可比擬的。

在聯共(布)黨史簡明教程的引言中說過：蘇聯共產黨底歷史是三個革命底歷史：一九〇五年的資產階級民主革命，一九一七年二月的資產階級民主革命，一九一七年十月社會主義革命。其次，那裏指出：蘇聯共產黨底歷史是推翻沙皇制度，推翻地主和資本家底政權底歷史，是粉碎外國武裝干涉及無產階級專政底一羣敵人底歷史，是建成蘇維埃國家及社會主義社會底歷史。僅僅這些眞正偉大的有世界意義的事變底列舉就可指明布爾塞維克黨底階級鬥爭底實驗室是如何偉大。在自己的鬥爭底一切階段上，列甯和斯大林底黨曾經是並且現在亦是以科學的共產主義學說，以馬列主義的理論領導着。列甯說馬克斯底學說是全能的，因爲他是眞確的。這個學說是正確的，因爲它給了客觀現實發展底規律以正確的理解，它以社會發展底規律底智識武裝着，

因而它是以眞正的革命精神、以共產主義底精神來改變這個現實的優良的工具。以這個學說爲領導，掌握着歷史發展規律底智識在自己手中有着有力的思想武器，且有馬列主義的理論作爲自己的指南，布爾塞維克黨經受了過去和現在落在他身上的一切考驗，在這個理論的旗幟之下，他日益更加團結民衆和自信地走向自己的最後的目的。

聯共(布)黨史簡明教程與以前出版的許多黨史教科書有很大的不同。根本的區別就在這本簡明教程充滿了大的理論的內容。在這本書中關於辯證唯物論和歷史唯物論的問題加以極大的注意，而且亦非如此不可，因爲正如聯共(布)黨史簡明教程上所說，辯證唯物論是馬列主義政黨底宇宙觀，辯證唯物論和歷史唯物論乃是共產主義底理論柱石，馬克思主義政黨底理論基礎。

本講(註一)底題目——辯證唯物論是馬列主義政黨底宇宙觀——是很大的。我祇限於下列三個問題：(一)什麼是辯證唯物論及他是如何產生的，(二)我們黨在自己全部歷史中怎樣爲這個宇宙觀而鬥爭，保持它的純潔，(三)作爲布爾塞維克黨底宇宙觀作爲在解決階級鬥爭底最重要的問題時的唯一的科學方法的辯證唯物論有什麼樣的作用。

一

(註一)本文係米定在蘇聯科學院哲學研究所之報告。——譯者。

宇宙觀，正如這個字本身所說，乃是對宇宙的觀點，對於環繞人們週圍的一切自然和人類社會底現象底理解。爲着弄清楚環境與人的週圍的宇宙的各色各樣的現象，爲着在自然和人類歷史現象底複雜和雜亂的鏈索中把握着統一的理解，爲着了解他們發展底規律性，必需有嚴整的、完整的、完成的宇宙觀。對於革命活動者，明白的嚴整的宇宙觀尤其必要，因爲他在社會生活中的實踐和活動應該是正確的，應該符合進步的歷史發展的精神。在馬列主義的古典著作中我們看到關於革命宇宙觀對於革命活動的意義和作用的問題的深刻的思想。

關於這一點的一定的理解就在這類人類先進思想底代表如俄國革命民主派——欠爾尼休夫斯基（一八二八——一八八九年——譯者）及杜勃羅留勃夫（一八三六——一八六一年）方面亦是有的。欠爾尼休夫斯基在政治經濟學綱要中寫道：『誰不在邏輯的完全性和澈底性上弄清楚諸原則，那他不僅在頭腦中是荒唐無稽，而且事業上也是混蛋。』（註一）欠爾尼休夫斯基以他將有的深刻性和明顯性說明了明白的理論和正確的實踐之間的聯系的問題。爲着在實踐上在活動上不做混蛋，爲着這就需要『在邏輯底完全性上弄清楚諸原則』，換句話說就要有嚴正的、完成的宇宙觀。

對於這個問題杜勃羅留勃夫有如下的極好的話。他寫道：『得到了各民族歷史依照它發展的一般的（卽經常的）規律的概念，擴大自己的宇宙觀到理解人類底一般的需要和要求，有教養

（註一）欠爾尼休夫斯基選集卷二，四三五——四三六頁。

的人就感覺到要堅決地立下志願把自己的理論的觀點和信念移植於實際活動範圍去』。(註一)我們可以看到杜勃羅留勃夫認爲人有了完成的宇宙觀，有了社會發展規律底理解，必然企圖把自己的觀點和觀念移植到實際活動的範圍中去。

欠爾尼休夫斯基和杜勃羅留勃夫不是馬克思主義者。他們說到宇宙觀，當然不是指的馬克思主義的宇宙觀。但是作爲革命民主派，他們企圖在沙俄的條件下進行革命活動並且很好地了解到這個革命的實踐應該爲思想爲革命的宇宙觀所鼓舞所激勵。

在馬克思、恩格斯、列甯、斯大林那裏，我們可以找到許多傑出的文句，說到完成的徹底的宇宙觀所有的巨大的作用和意義，可以找到關於革命的理論對於革命實踐的意義的深刻的語句。年青的馬克思，當他還僅僅在製成自己的觀點時，就曾經說過這樣的思想：哲學在無產階級身上找到自己的物質的武器，而無產階級則在哲學中找到自己的精神的武器。

列甯寫道：

『祇有馬克思底哲學唯物論給無產階級指出了脫離精神奴役（這是至今一切被壓迫階級所遭受的）的出路。祇有馬克思底經濟理論解釋了在資本主義底一般制度中無產階級的眞實地位。』(註二)

斯大林同志還在一九〇六年在自己的論文無政府主義與社會主義中寫道：

(註一)杜勃羅留勃夫全集卷三，二二七頁。 (註二)列甯全集卷十六，三五三頁。

「馬克思主義不僅是社會主義底理論，這是整個的宇宙觀，哲學的體系，從這裏面邏輯地產生了馬克思底無產階級的社會主義。這個哲學的體系叫做辯證唯物論。』（註一）

我們的宇宙觀辯證唯物論底宇宙觀首先是一元論的宇宙觀。這是什麽意義呢？一元論是從希臘字 Monos 中發生出來的，這字的意思就是『一』，『唯一的。』一元論的宇宙觀，就是這樣的宇宙觀，它對宇宙自然人類社會歷史理解的基礎是建築在統一的原則，統一的觀點之上的。我們的宇宙觀是一元論的宇宙觀這就和各種折衷論的二元論的宇宙觀根本地區別開來了。這類折衷論和二元論的宇宙觀在哲學發展史上曾有很多而且現在還有很多很多存在着。這些哲學學說在自然和歷史底理解底基礎上放着兩個或者幾個互相排除的原則。他們在對待周圍世界的現象的態度上混合着、混淆着配合着兩個或幾個不同的原則。

確定了我們的宇宙觀是一元論的，但是我們所說的還是很少。事情是在存在着很多一元論的哲學體系，不論唯心論的或唯物論的方向。我們的宇宙觀不僅是一元論的而且是唯物論的。我們在宇宙底理解上所據以出發的那個原則，統一的觀點，統一的出發點是唯物論底原則。

如果簡單地描述這個原則的特徵，那麽他就在物質、自然、眞實的客觀世界、生命存在——這是基礎的，第一次的；意識、思維、或一般地精神的是第二次的，從這個基礎派生的。自然物質存於任何意識之外並不依存於任何意識。意識出現於物質發展底很高的階段上。思想——人的頭腦底

（註一）引自勃里亞闊於外高加索布爾塞維克組織史問題一一五頁。

活動底產物頭腦是完美的物質組織，是由歷史發展底很長的道路的結果所創造的。唯物論的原則和唯心的原則是根本不同和完全對立的。

唯心論底原則就在思想意識，總而言之，精神的東西（不同的唯心論者的這個變為最初發端的精神的東西有不同的名稱：『神的理性』（Logos）『絕對觀念』『世界精神』『我的感覺的綜合』等等）是第一次的，一切底基礎，而物質世界、自然、眞實的生命、歷史乃是第二次的，從這個精神的東西派生的。從這個最一般的特徵描寫中可以看到任何唯心論（它的形式的不同是無關重要的，正如列甯所指出的紅鬼和藍鬼或綠鬼並無分別）都有神怪的氣息，實質上和宗教及神學觀點毫無分別。相反地，唯物論解釋宇宙一切現象底唯物論的理論結束了宗教的神祕愚昧，及一切僧侶主義。

但是我們還沒有說盡我們宇宙觀底一般特徵的一切。在哲學發展史上存在着各種唯物論，各種唯物學派：十八世紀的機械唯物論，抽象的直覺的費爾巴赫的唯物論，布希納（Büchner—一八二四——一八九九年德國唯物論哲學家——譯者），福格脫（Vogt）摩勒蕭特（Moleschott一八二二——一八二八年——譯者）底庸俗唯物論，現代機械唯物論等等。我們的宇宙觀按其對待物質世界的方法態度總是辯證的，這就使它與上述各種唯物論不同。

對自然現象的辯證態度是什麼意義呢？那我們放在基礎上的物質不是處在停止和不動的狀態中，而是依着辯證的規律發展着。這些規律的實質就在宇宙處於不斷的運動、變化、發展中。一

切自然現象不是彼此孤立的，而是處在不可分割的聯系和互相作用中發展底進行是依照如下的規律即緩慢的看不見的數的變化最後引導到經過飛躍的質的變化。自然社會底發展是對立底鬥爭的結果。這是爲物質與思維所固有的辯證發展底規律的最一般形式的特徵描寫。

在聯共（布）黨史簡明教程中對於作爲宇宙觀的辯證唯物論曾加以如下的特徵描述：「它——這個宇宙觀——所以稱爲辯證唯物論是因爲它對自然現象的態度，它研究自然現象的方法，它認識這些現象的方法是辯證的，而它對自然現象的解釋，它對自然現象的理解它的理論是唯物論的。」

辯證唯物論底創造者就是科學共產主義底創始者——馬克思和恩格斯。無產階級底偉大導師創立了科學共產主義的理論，以勝利的武器武裝了工人階級來推翻資本主義和建成共產主義社會。科學共產主義底理論說明了工人階級底歷史作用，指明了祇有工人階級底勝利才能從壓迫和資本主義剝削下拯救人類。

上面我們已經引用了斯大林同志一九〇六年的論文無政府主義和社會主義的一段，其中說到，從辯證唯物論中邏輯地產生出馬克思底無產階級社會主義。辯證唯物論和科學共產主義是彼此有機地聯結着的，——二者缺一是不可想像的。實際上，誰要是澈底的辯證唯物論者，誰從這個哲學的宇宙觀中做出一切邏輯的結論來，他就必然要走到科學共產主義觀點底整個體系和布爾塞維克精神的革命主義活動。另一方面誰要眞正願意站在科學共產主義的基地上，他就

應該成爲辯證唯物論者。列甯說：馬克思主義是觀點嚴整的完成的體系，這個體系由三個組成部份組成的馬克思主義底哲學（辯證唯物論），馬克思底經濟學說，和關於社會主義及階級鬥爭底戰略戰術的學說。在這三個組成部份之中按照列甯的說法辯證唯物論是馬克思主義底根本的理論基礎。聯共（布）黨史簡明教程中所下的定義辯證的和歷史的唯物論是馬克思主義底理論柱石，是這個列甯的分析底繼續和發展。

馬克思和恩格斯由於很大的緊張的熱烈的思想鬥爭底結果達到了辯證唯物論。馬克思和恩格斯底哲學宇宙觀形成底歷史乃是充滿着豐富的思想內容的年鑑（部份地是克服黑格爾辯證法底唯心性質和費爾巴赫唯物論底缺點的鬥爭）。馬克思和恩格斯批評了少年黑格爾派底哲學思潮，批評了所謂德國的『眞正社會主義』底代表社會主義底烏托邦體系，普魯東底小資產階級學說。因此，爲着要領悟馬克思和恩格斯底觀點的本質，領悟辯證唯物論的內容至少應該在最簡明的形式中認識這些豐富的思想發展。

在馬克思和恩格斯底哲學觀點底形成上的中心環節是他們對黑格爾底唯心辯證法和費爾巴赫唯物論底局限性的批評。這就是爲什麼在聯共（布）黨史簡明教程中在一般的說明辯證唯物論是馬列主義政黨底宇宙觀之後，就說到馬克思和恩格斯底觀點和他們的先驅者——黑格爾和費爾巴赫——底觀點之間的聯系以及區別。在聯共（布）黨史簡明教程中說道：

『在說明自己的辯證的方法時，馬克思和恩格斯常常援引黑格爾，把他看做是規定了辯證

法底基本要點的哲學家。但是，這不是說馬克思和恩格斯的辯證法與黑格爾的辯證法是同一的。實際上，馬克思與恩格斯僅僅採用了黑格爾辯證法底『合理的核心』，拋棄了黑格爾的唯心論的外殼，並且繼續發展了辯證法，給了它以現代科學的形態。』

德國的哲學家——唯心論者黑格爾（一七七〇——一八三一年）是人類思想底最偉大的代表之一。黑格爾對於德國及其他國家的思想發展給了巨大的影響。黑格爾對於俄國的影響是很大的，例如在前世紀四十年代在莫斯科甚至流行着一句俗話：『因爲黑格爾哲學莫斯科河畔擁擠不通』。這就是這樣一個時期，當時俄國智識份子底先進階層在小組中研究着黑格爾哲學，爭論着它，企圖將這個哲學家底思想用到『可厭的俄國現實中來』。

黑格爾哲學，正如一切其他哲學一樣，乃是自己時代底產物。黑格爾自己就說過：每種哲學是自己時代底智慧的表現。黑格爾哲學產生於一定的歷史時代，即十九世紀最初的三十年間。前世紀的三十年代黑格爾底影響在德國達到了自己的最高點。按恩格斯底說法，這是黑格爾哲學底凱旋行軍。黑格爾雖是爲這時期德國底一定的歷史的與文化的條件所產生，但是它是更廣大的現象，在意識形態領域中的國際性的現象。

十八世紀之末和十九世紀之初，在歐洲的發展中是高度革命的時期。法國經歷了巨大的革命運動——一七八九年的法國資產階級革命。法國資產階級攻擊了封建制度底堡壘，組織了反對貴族的革命恐怖，與全世界的封建反動戰鬥。最廣大的民衆捲入了法國的政治鬥爭，拿破崙祇

保存了那些有利於大資產階級的法國資產階級革命底結果，就完成了自己在全歐洲的勝利的行軍。拿破崙底侵入俄國正在這個時代。我們知道，俄國的人民怎樣起來反對拿破崙底大軍，反對外國侵略者和怎樣在一八一二年的祖國戰爭中消滅了這些大軍。在歐洲發生的最巨大的事變引起了一切舊基礎底震動。這些事件不能不激動當時歐洲的智慧，不能不引起哲學底最偉大的代表對這些事件的廣大的注意。

黑格爾建立了偉大的理論建築。這個時代底風暴般的事件，無疑地影響了他的宇宙觀。當我們研究黑格爾底辯證法，他的關於革命飛躍的學說，關於量過渡到質，他的關於對立底鬥爭的學說，在這時候我們無疑地在這個辯證法中看到這時代底革命的飛躍式的事變底烙印。但是，在自己的哲學中反映了這些過程和給這過程以這樣廣大的哲學的概括的黑格爾，同時不能脫離那他所生長、生活、行動的基地。黑格爾是德國人，產生和工作在德國。他是資產階級被許多很大的封建殘餘所束縛着的國家內的日益生長中的資產階級制度的思想的代表。

德國在當時比起英法來是一個落後的國家，資產階級的發展在德國還祇在開步走。他被分散於很大數量的封建公國中，被各色各樣的關稅壁壘所阻隔。德國資產階級還祇能幻想那些英法資產階級實際上有了的東西。德國資產階級伏於封建君主和大公之前，對於統治着的封建反動，他不能發展多少廣大的反對派活動。可是在思想領域內，在意識形態活動的領域內，他却提得很高。他提出了文學和哲學底最偉大的代表。關於康德——黑格爾底先驅者之一——，馬克思

曾說過，他是法國革命底德國理論。馬克思底這個分析有完全的權力可以用之於從康德到黑格爾的德國古典哲學底全部發展上去。在自己的著作費爾巴赫論中恩格斯寫道：

『黑格爾是德國人，並和他的同時代人歌德一樣，是一個相當的庸人。黑格爾，正如歌德一樣，在自己的領域內是眞正的奧林比亞的柴烏斯（註一），然而不論黑格爾和歌德都沒有完全脫離德國的庸人的精神。』（註二）

黑格爾革命辯證法底創始者，而同時却又走到完全替德國制度辯護，完全替普魯士的農奴制的威廉第三皇朝辯護。

恩格斯以如下很好的話句給歌德作了特徵的描寫：

『歌德有時異常偉大，有時則渺不足道；有時是豪邁的嘲世的厭世的天才，有時則是謹慎的謙遜的狹小的庸人。歌德沒有能征服德國的愚蠢，而反被它征服了……』（註三）

馬克思和恩格斯說歌德有時是有力的詩人，有時則是渺小的魏瑪的總長，這個對歌德所說的話，無條件的可以同樣用之於黑格爾。黑格爾——偉大的辯證家，大的哲學體系底創造者，他對一切科學領域的發展給了很大的影響，同時黑格爾是匍伏於普魯士封建制度前和幾乎墮落到替他效勞的人，是染受那普魯士官僚底妄自傲慢的人，這些普魯士官僚以自己的辦公室的局限

（註一）奧林比亞爲希臘神話中諸神會萃之處，柴烏斯爲奧林比亞諸神中的主神。——譯者。（註二）費爾巴赫論一〇頁。（註三）馬恩全集卷五，一四二頁。

性而討厭人民的意見。在黑格爾那裏革命的辯證法引導到了反動的政治結論。黑格爾是辯證法——這個『革命底代數學』底創造者，而同時又是完成的唯心體系、『絕對的、』客觀的唯心論底創造者。

在黑格爾哲學中方法與體系之間的矛盾是德國發展條件底矛盾底反映，是這時代德國資產階級地位底矛盾底反映。

一開始就應該說明，當我們說到黑格爾底方法與體系之間的矛盾時，不應該簡單化地理解它，好像在黑格爾底一個衣袋裏放着他的唯心論的體系，另一個衣袋裏放着——他的辯證法。辯證法和唯心論在黑格爾那裏是混合在一起的。黑格爾——唯心辯證法底創造者。

假如要很簡單的來說明它，黑格爾哲學體系底本質在那裏呢？在費爾巴赫論中恩格斯以極少的幾句話給了黑格爾底哲學體系以特徵的描寫。

在這個哲學體系的基礎上放着精神的發端——『絕對觀念。』黑格爾——客觀唯心論者。假如黑格爾祇是這樣，那麼就無須多說他了。在科學史上，哲學史上唯心論者有很多。黑格爾和別的幾千渺小的不足道的唯心論者的區別就在，他放在他的全部宇宙觀的基礎上的精神的發端有着特殊的屬性。黑格爾底『絕對觀念』底特點卽在它有着辯證的天性。它按着辯證的規律發展着。如果可以這樣說的話，『絕對觀念底』辯證的脈搏乃是它的基本的質。總之，辯證法（卽發展經過量到質的過渡，藉助於革命的飛躍經過對立底鬥爭，不斷的產生和消滅形式底永遠的更

迭等等）照黑格爾看來，乃是他的『絕對觀念』底內的脈搏、節奏、生命。

『絕對觀念』在自己本身中經過內部發展底一切階段，它的辯證運動底整個周期之後，再體現爲自然，爲黑格爾所謂『他在』。從黑格爾的觀點上看來，什麼是自然呢？這是那個『絕對觀念』底存在底另一形式，它的否定。『絕對觀念』否定自己本身而轉化爲『外表性』。黑格爾這樣說過，但是說得十分含糊。『絕對觀念』好像是穿上了外的，自然的物質的外衣。這樣，照黑格爾說來，自然底內的本質是『絕對觀念』。

黑格爾關於自然底學說的特點之一，就是極大的形而上學的性質。黑格爾看來，自然在時間上是不發展的，而祇在空間中展開和變形。

這是說，在物理的自然底理解上，在許多地方他還是站在十八世紀的機械自然科學底立場上。

恩格斯指出，黑格爾在其關於自然的學說中，甚至較其先驅者康德後退了一步。康德在其宇宙發生的理論中以爲自然在時間上是發展的，太陽系有開端亦將有終結。

在黑格爾對於自然的觀點底一切形而上的性質之下（這種觀點是爲黑格爾的唯心論所規定的，是爲唯心論體系的需要所引起的）黑格爾的辯證法卽在自然科學中亦不能不成爲辯證思想的有力的源泉。黑格爾本人違反自己的對於自然的一般的形而上的觀點，曾說過許多關於物質、自然底發展底辯證性的天才的思想。這就是爲什麼黑格爾的辯證法應該影響而且是影

響了自然科學的有效果的發展在這個意義上黑格爾辯證法雖然被包裹在神祕的唯心論的衣服中但總還是康德在其自然全史及天體論（一七七五年）中所開始的傳統的繼續。

現在進而論到對於人類社會底黑格爾的理解。從黑格爾觀點上看來人類底歷史是什麼呢？照黑格爾看來，人類歷史依然是那個『絕對觀念』底體現和發展。但是因爲對於唯心論者黑格爾人類歷史歸結爲人的精神、意識、知識底歷史因爲十分顯然的，黑格爾沒有看到亦不能看到人類歷史底眞正的物質的基礎。所以，在這裏在『精神底王國』中照黑格爾說來，又重新開始了時間上的辯證的發展。照黑格爾說來人類歷史作爲『絕對觀念』底體現是辯證地發展着的。

所以，黑格爾提出了提綱說：人類歷史發展着並且按照辯證的規律發展着。對於歷史的這種態度，在社會科學發展上是很重要的進步。

但是就在歷史問題上，黑格爾亦是偉大的東西和渺小的不足道的東西交錯着。黑格爾把人類歷史底一切動力歸根結蒂地歸結到一個東西——到觀念。依黑格爾看來，希臘爲什麼崩潰呢？因爲組成希臘生活底原則的很好的觀念在全世界的精神的發展上祇能是一個極短的階段，在這個階段之後應該產生新的觀念來代替這個很好的觀念。

但是正如普列漢諾夫就正確地指出了，這類『回答』祇是誇張的浮誇的重複提出的問題，因爲它沒有給任何回答。對問題的黑格爾的回答必然地產生新的問題卽新觀念的產生和很好的觀念的過時，其原因在哪裏？普列漢諾夫關於這點寫道：

「黑格爾——」剛才所引的關於希臘崩潰的原因的解釋是屬於他的——好像自己亦覺得這點，並趕快援用希臘的經濟現實來補充自己的唯心論的解釋「拉凱地豪底沒落主要地是由於財產底不平等。」——他說道，並且不僅在關聯到希臘的時候他才這樣幹。可以說這是他在哲學史上的不變的手法：開始幾句援引絕對觀念底屬性的含糊話，而以後就更廣大地自然是更令人信服地指明所提到的民族的財產關係的性質和發展。』（註一）

爲更具體地明瞭對歷史現象底黑格爾的態度底本質，我們舉出如下的例子：黑格爾在說到拿破崙時在一個地方說道：『拿破崙——這是在馬上的世界精神。』黑格爾底這個論斷底意思是很明顯的。按黑格爾說歷史人物祇完成『世界精神』或『絕對觀念』（這兩者是同一的）所預定所設計的事。黑格爾曾直接地這樣說：偉人不是別的，祇是『世界精神底事業底執行者。』

普列漢諾夫在其論對歷史的一元論觀點的發展一書中正確地指出黑格爾的這個成績，即：他第一個看歷史過程爲規律性的過程，在這過程中『傑出人物』、『英雄』不是任意地行動的，而是根據着客觀的規律。這是黑格爾底天才的發現。就在這裏他的偉大的東西亦是從極混雜和唯心論的外殼中開闢自己的道路——表現爲騎在馬上的『世界精神』。

按黑格爾看來，各種不同的社會意識是什麽呢？按黑格爾，科學、藝術、文學、哲學等等祇是觀念發展底形式，藉助於他們，『絕對精神』轉到自己的自我認識，在哲學領域內『絕對觀念』經過

（註一）普列漢諾夫論對歷史的一元論觀點的發展七四頁，一九三八年。

各種不同的哲學體系日益接近認識自己的本質，直到最後在黑格爾哲學中『絕對觀念』完全地走到了自我認識。這樣便達到了絕對眞理，而且按黑格爾的意見哲學此後的發展成爲不可能甚至不必要的了。

在政治領域內，黑格爾認爲統治在德國的政治制度是政治制度底花冠，是最理想的最完美的國家制度底形態。『絕對觀念』在這個制度上找到了自己的最好的體現。很明白的，爲這類事情普魯士的反動派把黑格爾抬高到普魯士國家哲學家底高位。他們極感謝他，因爲他將自己哲學的全部的偉大建築放到普魯士封建皇朝底足下。這就是說：『在異常的生長了的保守方面的壓力之下，革命的方面被壓倒了。』（恩格斯）

這樣，到底黑格爾哲學中方法和體系之間的矛盾，他的宇宙觀底革命的和保守的方面在哪裏呢？

他的辯證法說：思想家不能夠亦不應該安心於某個肯定的和最後的結論，他應該找尋在這個對象之中是否有對立的力量和質。辯證法說一切都發展、生長、變化，永遠地產生和消滅，沒有力量能夠停止或阻滯這個永遠的運動，沒有力量能夠抗拒這個事物底辯證法。歌德以如下的傑出的詞句表現着永遠的辯證運動：

『生潮中，業浪裏，

淘上後淘下，

浮來復浮去，
生而死，死而葬，
一個永恆的大洋，
一個連續的波浪，
一個有光輝的生長，
我架起時辰的機杼，
替神性製造生動的衣裳。』（註一）

黑格爾的辯證法要求承認發展是無限的，而黑格爾的體系說：在普魯士皇朝身上我們有了政治發展底最後結果；在黑格爾哲學身上已經達到了『絕對眞理』，而以後的哲學發展就不需要了。黑格爾的辯證法說由於矛盾底鬥爭的結果，一切都生長着發展着，每一個已經達到的階段——在任何領域內——都爲內部矛盾所分裂而引導到新的更高的階段。而黑格爾的體系說：人類在黑格爾哲學身上已經提高到認識了『絕對觀念』，已經不再知道任何矛着了，而今後的發展亦是不一定需要的了。

這些就是在黑格爾哲學中他的學說底革命方面和保守方面之間的矛盾。這些矛盾應該找得出路。而這個出路在黑格爾死後，當德國的社會環境急轉時，當一八四八年革命的危險接近時

（註一）引自歌德浮士德譯文，引郭沫若譯文。

亦就眞的找到了。

在黑格爾死後，他的學派就很快地分裂成爲兩個基本的集團——右派和左派黑格爾派。右派黑格爾派最醉心於黑格爾哲學底保守方面，企圖從這個哲學中做出最反動的結論來。附帶地說，黑格爾的唯心論的體系對於思維底這種保守的機構是給了充份的材料的。相反地，左派黑格爾派就企圖從黑格爾哲學中做出在當時的現實中進步的結論來。黑格爾哲學底革命方面，他的辯證法在這上邊給了許多出發點。

馬克思和恩格斯——科學共產主義底創造者，在自己的革命活動底開始時參加了左派黑格爾派。開始他們站在黑格爾的唯心論的立場上。但是這裏就應該指出：在左派黑格爾派中馬克思和恩格斯是極端的一翼，是最有革命情緒的人，企圖從黑格爾哲學中做出最極端的結論來。在這些年青的傑出人物底沸騰的社會和文字活動中已經很有力地表現了他們的革命的天才。當參加左派黑格爾派，還站在唯心論的立場時，他們很高地估計了黑格爾哲學的價值，而同時却已經看到了這個哲學底基本弱點、內部矛盾，而企圖找得它的出路。

馬克思和恩格斯很快地就離開了黑格爾的唯心論，根本地改造了黑格爾的辯證法，因爲辯證法在黑格爾所遺留下來的形態上（卽在他的抽象的唯心的形式中）是不適用的。必須從唯心論的外殼中解放出黑格爾的基本思想——發展底思想——而應用這個思想到物質現實中去。必須結束黑格爾的唯心論的「精神」底辯證法和創立生命、物質存在底辯證發展底有系體

的理論。馬克思以後寫道：

『在黑格爾辯證法是用頭站着的。應該把它用足站起來，以便在神祕的外殼之下發現合理的核心。』（註一）

需要從黑格爾底唯心辯證法中採取其合理的核心，聰明的思想，總之，唯物地改造黑格爾辯證法。這是很重大的理論任務，後來馬克思在致顧格曼的信中寫道：

『他（指杜林——作者）很好地知道，我的研究方法不是黑格爾的方法，因爲我是唯物論者，而黑格爾——唯心論者。黑格爾的辯證法是任何辯證法底基本形式，但是祇有在清洗其神祕的形式之後。這正是我的方法和它的區別。』（註二）

列甯關於這個問題寫道：

『黑格爾底邏輯不能在它所予的形態上應用；它不能採取其所予的形態。從黑格爾底邏輯中應該選擇邏輯的（認識論的）片段，清除它的觀念底神祕；這還是很大的工作。』（註三）

這就是爲什麼在聯共（布）黨史簡明教程中以全部的明確性說道：

『馬克思和恩格斯僅僅採用了黑格爾辯證法底「合理的核心」，拋棄了黑格爾的唯心論的外殼，並且繼續發展了辯證法，給了它以現代科學的形態。』

爲着了解馬克思和恩格斯怎樣解決了這個理論任務，他們怎樣離開黑格爾的唯心論，他們

（註一）資本論卷一，廿二頁。（註二）馬恩通信集二三〇頁。（註三）列甯文存卷十二，二〇五頁。

怎樣又同時保存了黑格爾所有的有價值的東西，就應該了解唯物論者費爾巴赫——馬克思和恩格斯底最直接的先驅者，對於馬克思和恩格斯底思想發展上所有的意義。

在聯共(布)黨史簡明教程中對於這個問題曾這樣說：

「在說明自己的唯物論時，馬克思和恩格斯常常援引費爾巴赫。費爾巴赫是恢復唯物論底權威的哲學家。但是這不是說馬克思和恩格斯的唯物論和費爾巴赫的唯物論是一樣的。實際上馬克思和恩格斯採用了費爾巴赫唯物論底「基本的核心」，繼續發展了它，成爲唯物論底科學——哲學的理論，拋棄了他的唯心論的和宗教——倫理學的雜質。」

費爾巴赫（一八〇四——一八七二年）出現於社會和哲學活動底舞台的時期，已經和黑格爾的時期大不相同了。一方面，一八三〇年法國的七月革命給了全歐洲——一部份地德國以很大的影響。另一方面，在德國在資產階級和民主主義智識份子間有力地生長了反政府的情緒，特別是當僞善者和騙子威廉第四接位之後。德國的智識份子已經不再滿足以抽象的哲學的形式來敍述自己的利益了，這種方法對於康德和黑格爾哲學是特徵的。接近着的一八四八年的革命風暴在當時的德國的哲學和理論活動上加上了自己的烙印。德國革命民主派底先進思想革命智識份子底急進的企圖和理想，在費爾巴赫哲學中得到了反映。

費爾巴赫在自己哲學活動底開始時曾是黑格爾派——唯心論者。他屬於左派黑格爾派。但是很快地他脫離了黑格爾底唯心論，拋棄了黑格爾的「絕對觀念」和宣告了唯物論底勝利。費

爾巴赫宣稱：黑格爾的唯心論祇是哲學地粉飾神學。費爾巴赫指出：黑格爾的學說關於自然是精神底異存在，不是別的，正是以爲上帝創造世界的神父觀點的哲學的表現。費爾巴赫說：黑格爾底『絕對精神』不是別的，祇是普通的人的意識，祇是離開了脫離了人而放上客觀的絕對的精神底寶座。和這相反，費爾巴赫提出了無神論的論點：人按照自己的式樣和類似創造神。按費爾巴赫，作爲澈底的宇宙觀底出發點的，應該是物質世界——自然、人。

費爾巴赫底歷史的功績就在他給了黑格爾的唯心論以致命的打擊。費爾巴赫底影響在革命前夜的德國是很大的。在一八四八年革命底思想準備底事業上，費爾巴赫所起的作用不比十八世紀法國唯心論者和無神論者的光輝的星羣在一七八九年的法國大革命前夜所起作用來得小。恩格斯在如下的深刻的話句中說明了一八四一年出現的費爾巴赫的著作基督教底本質一書底意義：

『這書一下子粉碎了這個矛盾，而重新和無條件地宣佈了唯物論底勝利。自然不依賴任何哲學而存在。自然是我們人們生長的基礎，人們本身是自然底產物。在自然和人之外並不存在任何東西，由我們的宗教幻想所創造的最高存在物，這——祇不過是我們本身的本質底幻想的反映。伏魔取掉了：「體系」被毀滅了，拋在一旁了，矛盾由於它祇能有在於幻想中這一事實底發現就解決了。要曾經體驗過這本書底解放的影響，才能獲得關於這一點的觀念。我們大家都與高彩

55

烈，我們大家都馬上成了費爾巴赫的信徒。』（註一）

費爾巴赫底基督教底本質一書——眞正的好書。這書用馬克思和恩格斯的話說，迫使『黑格爾的世界精神退位。』它給了唯心論和宗教以重大的打擊。馬克思和恩格斯如下地估計了費爾巴赫底歷史功績：

『誰消滅了——他們寫道——概念底辯證法，祇有哲學家纔知道的諸神底戰爭呢？費爾巴赫。誰在老的道具的位置上，在「無限的自我意識」底位置上放上了不是「人底意義」（似乎人除了他是人以外，好像還另有其他什麼意義一樣）而是「人」底本身？費爾巴赫並且僅僅費爾巴赫。』（註二）

馬克思和恩格斯寫道應該要經過火流火洗，（費爾巴赫底觀念正就是這種火流火洗）才能夠從唯心論中解放出來而堅固地站在唯物論底立場上。

同時馬克思和恩格斯一開始就感覺到費爾巴赫唯物論底局限性，他的缺點。費爾巴赫拋棄了黑格爾的神祕主義和黑格爾的唯心論，但是他從浴盆中把水和嬰孩一起倒掉了。費爾巴赫從來沒有了解黑格爾辯證法底意義，在他更談不上把辯證法應用到現實中去。費爾巴赫和黑格爾底唯心論分別了，但是他沒有能夠把包裹在唯心論的外衣中的黑格爾所有的有價值的健全的東西加以批判地改造和利用。這個任務爲辯證唯物論底創造者——馬克思和恩格斯所解決了。

（註一）恩格斯路德維希—費爾巴赫與德國古典哲學底終結一三—一四頁。 （註二）馬恩全集卷三，一一七頁。

費爾巴赫雖然在一般哲學宇宙觀諸問題上是唯物論者，但是當接觸歷史的問題時，費爾巴赫就不能應用自己的唯物論了。這裏他成爲完全可憐無助的了。歷史和唯物論在費爾巴赫那裏分走在不同的方面。馬克思和恩格斯在最後地克服了費爾巴赫唯物論底局限性之後，在德意志的意識形態一書中寫道：

『當費爾巴赫不研究歷史時，他是唯物論者。而當他研究歷史時——他完全不是唯物論者。唯物論和歷史在他是完全彼此不相聯系，附帶地說，這從上面的敍述中已經明白了。』（註一）

這是因爲費爾巴赫不了解發展底思想，它是被黑格爾在神祕化的形式中發展了的，不懂得發展底思想（卽辯證法），費爾巴赫在解釋社會生活底現象時，回到了唯心論底立場上去了。

爲着比較更具體地理解費爾巴赫唯物論底局限性，我們舉出他的警句之一。費爾巴赫說：『人就是他吃。』（註二）這自然是唯物論的論點，但是這是庸俗化的唯物論。誰在這裏加了一句點，而不再前進，他便這樣地局限了自己，以致絲毫亦不能理解社會生活底規律性。費爾巴赫祗是生理學地和物理學地去對待人。他沒有看見人是歷史上發展的社會的生物。他沒有看到：『人是積極的生產的生物。假如要在同樣的簡潔的語句中表現馬克思和恩格斯底觀點，那也許可以說：人就是他生產，就是他用什麼工具生產。這樣的問題底提法和上述的費爾巴赫底警句有天地之別。費爾巴赫不知道眞正的眞實的在歷史上、在一定的歷史時期中活着的人。馬克思和恩格斯說，

（註一）馬恩全集卷四，三五頁。

（註二）費爾巴赫全集卷十二，三四一、六四頁。（德文）

這就爲什麼費爾巴赫『例如在看到了不是健康的人而是病態的、爲工作所損耗的、肺癆病的窮人大衆之後，追到乞援於「最高直觀」和理想的「種類底平均」這就是，重新又回到了唯心論，而還個地方却正是共產主義的唯物論者看到工業以及社會制度的改造底必要以及條件的地方。』（註一）

在馬克思和恩格斯底這些極佳的話句中以全部的明確性揭露了費爾巴赫唯物論底缺點。顯然，這類宇宙觀這類觀點不能成爲行動底工具，不能藉以來進行改變現實的鬥爭。這點馬克思在一八四三年就很好地理解了。他寫道：

『在我看來費爾巴赫的警句，有着下面的缺點，卽他過多地強調自然和過少地強調政治。不過，這却正是唯一的聯合，由於它現代哲學才能成爲眞理。』（註二）

從年青的馬克思底這些極好話句中我們可以看到在這時候他已經昇高到什麼程度，雖然這時候他還不是已經完成了的辯證唯物論者，和僅僅走向組成自己的科學共產主義底觀點。

與費爾巴赫底這個缺點相聯的就是在他對社會生活現象上有着那浸透於他的哲學中的宗教—倫理學的雜質。費爾巴赫結束了作爲最高力量站在世界之上人之上的神，但是費爾巴赫却把人本身神化了。他甚至保持『宗教』這一字，其根據爲這個字的意義就是『聯系。』這個語言學上的戲法乃是（用恩格斯的話來說）唯心論哲學底最後逃避所。所以兩個人的關係——性

（註一）馬恩全集卷四，三五頁。
（註二）馬恩全集卷一，五一〇頁。

愛，性的關係抬高到宗教底高位。保持『宗教』一字，將『人與人之間的心的關係』神化。費爾巴赫就已經直接地宣揚反動的思想，因為從這中間便產生全般的調和，這當然是防礙無產階級底階級自覺的。

馬克思和恩格斯估計了在這個時期底德國的思想鬥爭中費爾巴赫底一切積極的意義，同時對於費爾巴赫唯物論底缺點給以最厲害的批評。在聯共(布)黨史簡明教程中指出：馬克思和恩格斯從費爾巴赫底唯物論中採取了它的『基本的核心』並繼續發展它成為現代的嚴整的科學—哲學的理論，成為完成的、澈底的辯證唯物論底宇宙觀。馬克思和恩格斯在好幾年之內—大約是從一八三九年至一八四七年——進行了熱烈的緊張的思想鬥爭，批評了各種反科學的烏托邦形式的社會主義，研究和總結了工人階級鬥爭的經驗而達到了科學共產主義。他們把黑格爾底辯證法從唯心論的以頭站着的形式放置於唯物論的足上。他們應用發展底理論於物質世界、於歷史。他們說明了什麼是歷史發展、人們社會生活底基礎。在勞働底發展上，在生產力和生產關係發展底基礎上他們看到了這個社會底物質基礎。

在一八四七年馬克思和恩格斯創造了馬克思主義底偉大著作——共產黨宣言，——這是一本幾世紀內將保持其生命的書籍。不久前斯大林同志稱這一人類思想底最偉大的著作為『馬克思主義歌曲底歌曲』。在共產黨宣言中馬克思和恩格斯應用辯證唯物論底方法於歷史，描寫了人類歷史如何發展起來的異常的有力和深刻的圖畫。他們說：歷史是階級鬥爭底歷史。他以

極大的力量來指明資產階級在反對封建鬥爭中和在發展生產力上的歷史作用。

可以說，（雖然說來好像是荒謬的）沒有一個資產階級底思想家沒有一個資產階級底學者曾經描述了資本主義較封建制度的進步的圖畫，如無產階級思想家（馬克思和恩格斯）在共產黨宣言中所做的那樣。馬克思和恩格斯指出資產階級怎樣破壞了關稅界限消滅了妨礙生產力發展的封建的羈絆，創造了世界市場驅使生產力向前發展。

同時馬克思和恩格斯給了資本主義制度所固有的矛盾的驚人的圖畫。他們寫道：『資產階級像一個魔術家一樣已經不能再支配那些他所呼喚出來的地下的怪力了。』馬克思和恩格斯給了令人震驚的矛盾底圖畫，資產階級社會就在這種矛盾中發展的，這種矛盾是資本主義底天性所固有的。在資產階級之旁生長着他的敵對者，他的掘墓人——工人階級。馬克思和恩格斯指明：這個有力的力量怎樣生長起來，工人階級怎樣從個別的、部份的、不覺悟的和自發的行動過渡到戰鬥的自覺的革命行動，怎樣它從『自在』的階級變爲『自爲』的階級，當他以全部尖銳性提出推翻資本主義制度問題的時候還沒有到來時。

祇有那以辯證唯物論武裝着的人——以這個最前進和澈底地依靠在科學和哲學底一切收穫上的宇宙觀武裝着的人——祇有他才能這樣深刻地論證工人階級底作用和提供這樣佳妙的全世界歷史總矛盾進程底圖畫。共產黨宣言及以後馬克思底紀念碑式的著作——資本論是馬克思主義底最偉大的寶庫，在這些天才的著作中給予了在列甯和斯大林以前的時代中的

馬克思主義所創造的最重要的一切。

二

從以上的敍述裏面就可以明白，應用辯證唯物論底論點來研究社會生活、社會歷史有怎樣巨大的意義，辯證唯物論底方法對無產階級政黨底實踐活動有什麼樣的意義。在聯共(布)黨史簡明教程中以絕端的明確性貫澈着這個關於辯證唯物論和共產黨實際鬥爭任務的聯系的思想。在這本書中以最大的澈底性貫澈着從一般的辯證唯物論論點到階級鬥爭實踐問題的線索。在聯共(布)黨史簡明教程中清楚地表明了馬克思主義哲學和革命的實踐活動之間的內部聯系，即正確地理解和應用辯證的和歷史的唯物論是正確地解決階級鬥爭底實際的政治問題底條件。在這本書中辯證唯物論不是在某種完成的僵化的公式的形態中給予着的，而是在生動的革命學說的形態中，在對於行動的戰鬥領導的形態中給予的。

「假如世界——在聯共(布)黨史簡明教程中寫道——是處在不斷運動與發展中，假如舊的死亡和新的生長是發展底規律，那麼很明白的，沒有什麼「不可動搖」的社會制度，沒有什麼私有財產和剝削底「永久原則」，沒有什麼農民必須服從地主，工人必須服從資本家的「永久觀念」。」

這就是說：資本主義制度可以用社會主義制度來代替，正似資本主義制度在當時曾經代替

了封建制度一樣。

這就是說不應該依據不再向前發展的（即使現在還佔優勢的）社會階層，而應當依據正在發展着的、有其將來的階層，即使這些階層在目前還不是佔優勢的力量。」

革命的政黨根據馬克思主義的辯證法能夠正確地規定自己活動的基礎：這種活動是用以推翻資本主義和建成共產主義社會的。這一點極明確地指明為什麼辯證的和歷史的唯物論是共產主義底理論柱石。

在聯共（布）黨史簡明教程中明確地說明了布爾塞維克政黨底革命活動底理論的出發點，那裏說道：

「假如緩慢的數量變化過渡為迅速的突然的質的變化是發展底規律，那麼很明白的：被壓迫階級所完成的革命的變革乃是完全自然的和必然的現象。

這就是說：從資本主義到社會主義的過渡和無產階級從資本主義壓迫下的解放，不是經過緩慢的變化，經過改良主義的道路來完成的，祇能經過資本主義制度底質的變化，經過革命的道路來完成。

這就是說：假如要在政治上不犯錯誤，那麼就要做革命者，而不要做改良主義者。

復次，假如發展底進行是經過內部矛盾的發露，是經過基於這些矛盾之上的對立力量底衝突來克服這些矛盾，那麼，很明白的，無產階級底階級鬥爭是完全自然的和必然的現象。

這就是說不應該掩飾資本主義制度底矛盾而應該揭發和暴露這些矛盾；不應該熄滅階級鬥爭，而應該把它貫徹到底。

這就是說：要在政治上不犯錯誤，那麼就要實行不調和的無產階級的階級政策，而不要實行無產階級與資產階級利益協調的改良主義政策，而不要實行資本主義「成長」為社會主義的妥協政策。』

由此可見，為什麼列甯和斯大林不止一次地說：辯證法是馬克思主義學說底革命的靈魂。同樣顯然的，誰起來反對革命的馬克思主義底基礎反對辯證唯物論，他便永遠地叛變了整個馬克思主義。

爭取整個馬克思主義——列甯主義的理論底純潔的鬥爭，爭取馬——列主義哲學底純潔的鬥爭，如紅線一樣貫串在整個布爾塞維克黨的歷史中。

作為新型政黨底布爾塞維克黨有許多點是和西歐的機會主義的社會民主黨不同的。作為新型政黨的布爾塞維克黨底根本的原則的不同點之一就是：在他的整個歷史中，黨的領袖——列甯和斯大林堅持着和發展着黨的哲學——辯證唯物論底宇宙觀。他們根據社會科學自然科學底發展所積累的新的成就，根據帝國主義和無產階級革命時代的新事實充實了和發展了這個宇宙觀，

而第二國際底社會民主黨——首先是第二國際底領導政黨——德國社會民主黨，則深刻

地陷於政治的機會主義中，被修正主義和對修正主義的調和態度所侵蝕，完全地叛變了辯證唯物論。

修正主義者和改良主義底第一次的反對革命馬克思主義的攻擊就伴同着對辯證唯物論底宣戰。在一八九八年修正主義之父——倍恩斯坦出版了他自己的悲慘的有名的書：社會主義諸問題，在這書中修正了馬克思底學說關於階級鬥爭的性質，關於危機，關於工人階級的貧困化，反對馬克思主義關於革命的學說。在這同一本書中倍恩斯坦瘋狂地攻擊馬克思主義底辯證法。他有個發明：『辯證法是在走向眞理的認識底道路上的陷阱』，並號召盡可能迅速地拋棄辯證法。倍恩斯坦喊出著名的口號：必須把馬克思主義和康德哲學聯結起來。在中派考茨基一派人的直接保護之下在德奧社會民主黨內養育了一批『哲學化』的作家。他們專門有系統地誹謗辯證唯物論。他們用一切方法唾駡辯證唯物論並寫了幾十本書，許多文章和小册子證明馬克思和恩格斯沒有創造自己的哲學。他們忙於將馬克思和康德，和馬赫，和亞芬亞里烏斯及其他資產階級哲學和哲學派別聯結起來，祇要從馬克思主義中清除其革命的靈魂，祇要損害辯證唯物論。

列甯在給高爾基的信中以如下的語句說明這個哲學的修正主義底實質的特徵。

『唯物論作爲哲學在他們那裏到處受到迫害。新時代——最堅定的和衆所共知的機關報，對哲學取不關心的態度，永遠亦不曾是辯證唯物論底鮮明的擁護者，最近不加附言而發表了經驗批判論者底文章，要從馬克思和恩格斯所教導的那個唯物論中得出死的市儈精神來，這是不

正確的，不正確的社會民主黨內的市儈流派最大地反對哲學唯物論，傾向康德，傾向新康德主義，傾向批判的哲學。不，恩格斯在反杜林論中論證了的那個哲學，是不允許市儈精神入門的。』(註一)

列甯在一九〇八年寫的著名的文章馬克思主義和修正主義中對於這個哲學的修正主義給了致命的特徵描寫。在這文章中他寫道：

『在哲學領域內修正主義是追隨於資產階級教授的「科學」底尾巴後的。教授們「倒回至康德」——而修正主義者抓住了新康德主義的尾巴，教授們重復牧師反對哲學唯物論的那種，不知說過幾千次的濫調——而修正主義者卑賤地微笑着分誦（一句一句地接着最新手册中的話）唯物論早已「被推翻」了；教授們輕視黑格爾為死狗，輕蔑地聳肩蔑視辯證法，而自己却宣傳着比黑格爾的唯心論更小更庸俗到一千倍的唯心論——而修正主義者跟着他們跳進科學底哲學庸俗化的泥坑用「簡單的」（和平靜的）「進化論」代替「狡猾的」（和革命的）辯證法……

這類對於馬克思的「修正」有什麼樣的現實的階級的意義是用不着說的了——事情本身就很明白。』(註二)

正如在黨史教程中以極大的力量顯露着的一樣，祇有我們的布爾塞維克黨自產生之日起就不倦怠地堅持和推動整個馬克思主義的學說前進，其中包括着馬克思主義底根本的理論基

(註一)列甯致高爾基書信集一五頁。

(註二)列甯全集卷十二，一八四——一八五頁。

礎——辯證唯物論。

列甯和斯大林高高地舉起馬克思主義底哲學之旗，帶着這旗予經過三次革命，經過黨底全部歷史，以帝國主義和無產階級革命時代底社會主義在六分之一地球上勝利時代底階級鬥爭底新經驗來發展和充實辯證唯物論。

列甯所實現的思想上摧毁民粹派就已經要把馬克思主義底嚴整的和完整的哲學和科學——歷史的理論來和所謂民粹派底主觀社會學（及其對『英雄』『批判地思想的人』的崇拜和對民衆的賤視和貴族態度）對立。列甯的著作什麼是『人民之友』和他們怎樣反對社會民主派乃是在和民粹派底主觀主義和唯心論的鬥爭中，辯證的和歷史的唯物論底古典的敍述具體化和發展。

反對『經濟派』和孟塞維克的鬥爭同樣是充滿着巨大的哲學內容，正如在聯共（布）黨史簡明教程中所光輝地指明的一樣。祇有根據辯證唯物論底澈底應用才能正確地解決關於工人運動中自發性和覺悟性的互相關係問題，關於必須將社會主義和工人運動聯系的問題。列甯和斯大林以對第一次俄國革命時代底偉大事變底辯證的分析來和『經濟派』與孟塞維克底完全仇視馬克思主義的庸俗化及形而上學對立。

爲馬克思主義底哲學而鬥爭，反對它的取消派，反對以資產階級的哲學垃圾來代替辯證唯物論，這些問題在一九〇五年革命失敗之後有着極大的黨的——政治的意義。

一九〇五年革命遭受了失敗。這是暫時的失敗。但是在革命運動高漲時參加到革命運動中來的各色各種革命底同路人，解釋革命的失敗絕不當作是暫時的失敗而當作俄國革命運動底完全失敗而離開了革命運動。在智識份子的隊伍中看到了分化和消沉頹廢。反動派的進攻進行着。這個進攻同樣在意識形態的戰線上進行了。一九〇七—一九〇九年曾是各種唯心論流派，神祕主義和僧侶主義盛極一時之時。整批取消派從事於唾罵革命唾罵馬克思主義。發生了在『尊崇個性』底姿態下歌頌淫亂。列甯說：為着鎮壓民衆，現在對於資產階級—地主反動派僅僅靠一根鞭子——政治的和經濟的鞭子——已經不夠了。一九〇五年的革命雖然遭受了失敗，但是無論如何是破壞了這根鞭子了。為着要使羣衆服從，還需要精神的鞭子。由此產生了統治階級方面的培植唯心論和僧侶學說的企圖。

這個思想上的腐化和頹廢僧侶主義和唯心論底時髦，在社會民主派智識份子底某部份中（布爾塞維克和孟塞維克中都有）得到了自己的反映。整批社會民主黨員（鮑格唐諾夫、巴柴洛夫、羅時科夫、蘇芙洛夫、范零丁諾夫、夏世凱維奇、盧那却爾斯基等）起來宣傳唯心論，企圖以馬赫主義底哲學來代替馬克思主義底哲學。所謂馬赫主義派哲學，即以哲學家馬赫和亞芬亞里烏斯所代表的哲學流派，它在巧妙和狡猾的形式中宣揚唯心論。

馬赫主義——主觀唯心論底典型的哲學。這派底基本的哲學內容可以極簡單地表現為：世界是主觀底感覺底綜合。馬赫主義或經驗批判主義由於『純化』『經驗底批判』的結果得到

這個結論。由於這類『經驗批判』底結果馬赫和亞芬亞里烏斯斷言不依賴於我們的意識而存在的物質世界不是別的，祇是我的——人底——感覺底綜合。

大家知道主觀唯心論在哲學史上有很多自己的代表。列甯在其唯物論與經驗批判論一書中公允地指出：還在一七一〇年大主教貝克萊以更大的澈底性，發展了類似的主觀唯心論哲學，而現在馬赫和亞芬亞里烏斯及其追從者——鮑格唐諾夫，巴柴洛夫，范番丁諾夫，夏世凱維奇等又把它復活起來。

除了在對於工人階級政黨的關係上的取消派外，對於馬克思主義底哲學基礎的取消派同樣亦得到了自己的傳播。是的，馬克思主義底哲學基礎底取消派行動得極怯懦。這用列甯的話來說是『跪着的暴動。』他們在馬克思主義哲學底旗幟下運進了全部馬赫主義的廢物。但是馬克思主義底哲學底取消派幷不因此而少危險些。它到得了這樣的傳播以致列甯認為他必須澈底地從事哲學，並以一巨大的著作：（即唯物論與經驗批評論）來對抗這一反動的潮流。為着了解列甯在這時期中所處的狀況，他以怎樣的熱情和緊張從事於自己的哲學工作，我們引證一段上面所提過的列甯和高爾基的通信。列甯寫道：

『現在出版了馬克思主義哲學概論。除了蘇夫洛夫一篇（正在讀它），外，我請畢了全部論文，而每篇文章直接使我憤怒。不，這不是馬克思主義！我們的經驗批判論者，經驗一元論者和經驗象徵主義陷入了泥坑。說服讀者：『相信』外部世界底眞實性是『神祕主義』（巴柴洛夫），最

雜亂無章地將唯物論和新康德主義混淆起來（巴柴洛夫和飽格唐諾夫）宣揚變態的不可知論（經驗批判論）和唯心論（經驗一元論）——教工人們以「宗教的無神論」和高級的人的潛力底「神化」（盧那卻爾斯基）——稱恩格斯的關於辯證法的學說爲神祕主義（貝爾門）——從某個法國的「實證主義者」——不可知論者或形而上學者底惡臭的源泉中取來「認識底象徵論」（夏世凱維奇）不，這已經是太過度了。自然，我們是普通的馬克思主義者，並不熟習哲學的人——但是爲什麼這樣侮辱我們，把這類東西當作馬克思主義底哲學送給我們。我們甯可受五馬分屍之刑，而不願同意參加宣傳這類東西的機關報或編輯委員會。』（註一）

不久後列甯又寫信給高爾基說：

『爲着自己的哲學的狂飲我把報紙拋開了：今天我讀了一個經驗批判論者而以粗野的語言罵着，明天讀別一個而竟罵起娘來了。而英奴金梯（杜勃洛夫斯基）則罵我爲着事業，爲着對無產者報底不注意。』（註二）

最後一九〇八年列甯坐下來寫自己的唯物論與經驗批判論一書。他得出結論說，應該結束這些反馬克思主義哲學的活動。一九〇九年這本極好的書出版了。

布爾塞維克黨底領袖，那個在革命運動失敗的環境中進行緊張的政治工作的人，在這時候正需要鞏固隊伍使它不驚惶失措，和打擊各種取消派和同路人，可是他找出了時間來研究整堆

（註一）列甯致高爾基書信集一八頁。（註二）同上，二四頁。

的哲學和自然科學的書籍。結果他創造了馬克思主義的經典著作，這著作組成了馬克思主義哲學發展上的新的階段。列甯這書底意義遠遠超越了他自己所提出的直接的任務——摧毀馬赫派，馬克思主義哲學底取消派。這本書是戰鬥的著作，在這本書中布爾塞維克底領袖給了自然科學領域內的（特別是物理學領域內的）最新的發現以哲學的總結。他給對於唯物論者——辯證論者應該怎樣對待科學領域中的新發現的問題給予不可估價的材料。這本書就在現在，即寫好後三十年之後還仍然是唯物論者——辯證論者底南針，是願意堅固地站在澈底唯物論立場上的自然科學底代表們底南針。在聯共（布）黨史簡明教程中給了列甯底天才著作唯物論與經驗批判論——這是馬克思主義科學寶庫中的偉大的珍藏——以如下的估計：

「……實際上，列甯這書不僅批評了鮑格唐諾夫、夏世凱維奇、巴柴洛夫、范霽丁諾夫及他們哲學上的老師亞芬納里烏斯及馬赫這些人企圖在自己的著作中以巧妙的和狡猾的唯心論來對抗馬克思主義的唯物論。列甯這書同時是保衛馬克思主義底理論基礎——辯證的和歷史的唯物論，並且是整個歷史時期（從恩格斯死後到列甯底唯物論與經驗批判論出版以前這一時期）之中的科學（首先是自然科學）底一切重大與緊要成果的唯物論總結。」

二十世紀之初到來的新時代，在哲學領域內（因爲在這時候在自然科學中所發生了的革命）亦在馬克思主義者面前提出了許多新問題。正是在恩格斯死後（一八九五年）在物理學發展上進入了一個極風暴的時期。發明接一連二，創造了關於物質構造的新觀念破壞了以前的舊

觀念。當反動派在一切方面猖獗着的帝國主義的時代，整批唯心論的哲學家抓住了這些新的發現而開始斷言物質消滅了，質量消滅了，祗剩下力了等等。其次他們斷言科學底最新發現證明了唯心論底正確，唯物論被科學本身推翻了。羅馬教皇從所有這些發明中可以驚喜若狂。

在馬克思主義者面前提出了這個問題：即怎樣給這些新發現以回答，怎樣使辯證唯物論與這些最新發現『協調』。列甯在自己的著作唯物論與經驗批判論中證明在自然科學領域中的最新發現祗證實了辯證唯物論底正確。他指明舊的物質構成的理論破產了，它過時了，而新的理論代替了它。他指明所有這些祗證明物質底不可窮盡性，證明我們的知識愈益深刻，而完全不是證明：物質消滅了。創造地運用馬克思主義到這些新發現上去，列甯大大地推進了馬克思主義哲學底發展。

極可注意的，在同一時期內，在外高加索工作着的斯大林同志對哲學問題加以極大的注意。在一九〇六——一九〇七年時，斯大林同志在好幾篇文章（集會在總的題目無政府主義與社會主義之下）中以極大的深刻性發展了辯證的與歷史的唯物論問題。斯大林同志進行着擁護馬克思主義哲學基礎的緊張的思想鬥爭，反對出版"No Bata"報底外高加索的無政府主義集團，這集團喇喇不休地反對辯證唯物論。斯大林同志在反對該報底哲學化的無政府主義者的鬥爭中，在幾篇內容深刻的文章中說明了：什麼是辯證法，什麼是唯物論，什麼是歷史唯物論。在這些文章中關於馬克思主義哲學對費爾巴赫底直觀的唯物論，對黑格爾哲學整個地——特別對他的

革命辯證法的關係問題斯大林同志給了展開的敍述。

某幾個寫哲學問題的孟塞維克的取消派（德波林阿克雪洛得）在自己的反布爾塞維主義底敵意中在當時企圖汚蔑地斷言說馬赫主義是布爾塞維主義底哲學。但是不可變易的歷史事實是正是布爾塞維克正是他們的領導者列甯和斯大林——在思想上理解智識份子從黨內逃跑的環境中，在取消派猛烈地反對黨的環境中——高高地舉起了辯證唯物論底旗幟。列甯底唯物論與經驗批判論一書乃是馬克思主義哲學發展上的新階段。

在聯共（布）黨史簡明教程第四章中，那裏說到怎樣布爾塞維克形成爲獨立的政黨，那兒着重地指出「列甯底唯物論與經驗批判論一書乃是這樣的黨底理論的準備。」

在以後的時期中列甯和斯大林不倦怠地進行擁護馬克思主義底哲學的鬥爭，從事於更進的闡明辯證唯物論。在第一次帝國主義戰爭的幾年中在工人階級政黨面前放着新的歷史任務。在這時候，列甯準備着對於唯物辯證法的專門研究，做了著名的哲學筆記。布爾塞維克黨底變帝國主義戰爭爲國內戰爭的口號是列甯的革命辯證法底光輝的模範。

列甯在一九一五年所做出的關於社會主義可能在一個單獨的國家內取得勝利的偉大的發現是馬克思主義發展上的新的一步。唯物辯證法底熟練的應用，使列甯能夠以新的內容豐富馬克思主義並供給無產階級政黨以不可戰勝的武器來進行將要到來的鬥爭。

卽在蘇維埃政權時代，在社會主義革命時代列甯和斯大林亦給馬克思主義底哲學問題以

頭等重要的意義。

在一九二一年底職工會問題的辯論時，在反對企圖破壞無產階級專政的托洛茨基派和布哈林派的叛徒路線的鬥爭中，列甯摧毀了他們的完全仇視馬克思主義的『方法論』。當揭破布哈林和托洛茨基底折衷主義和卑污的詭辯論時，列甯強調辯證邏輯底基本要求：各方面地研究對象，在對象的發展中把握它，從實踐的觀點上去對待任何問題，把實際當作眞理的標準，最後要理解抽象的眞理是沒有的，眞理永遠是具體的。應用這些辯證法底要求到職工會問題上來，列甯提出了關於職工會底著名的主義：職工會是共產主義底學校。在一九二二年列甯爲了自己的著名的論文論戰鬥的唯物論底意義，這篇文章成了擁護馬克思主義哲學及繼續發展辯證唯物論的鬥爭底綱領。

在和托洛茨基、布哈林派惡棍們鬥爭中保衛着和發展着關於社會主義可能在一個國家內勝利的列甯的學說，斯大林同志光輝地應用了辯證唯物論底方法到一切階級鬥爭和社會主義建設的問題上去。辯證法底古典的模例是：斯大林的闡明關於資本主義發展不平衡性底規律、關於新經濟政策底矛盾的兩重的本性，關於集體農場底本性等等。斯大林同志澈底地完全地摧毀了資產階級的機械論的平衡論，這是列甯主義底叛徒和敵人——布哈林企圖用來對抗辯證唯物論的。

斯大林同志在一九三〇年末在關於和孟塞維克化的唯心論和機械論（這兩者是隱祕的

掩藏着的對辯證唯物論叛變的兩種形式）鬥爭的問題上所給的指示，對於整個馬列主義的理論及辯證的和歷史的唯物論底更進的發展有着巨大的意義。

三

作爲馬克思主義底革命靈魂的辯證唯物論是正確地解決階級鬥爭底最重要問題的戰鬥的武器。這裏我們從我們黨的歷史上舉出幾個例子來，在這些例子上可以淸楚地看到這個武器有什麼樣的意義。試舉在上世紀之末馬克思主義者與民粹派的鬥爭。大家知道：民粹派曾是馬克思主義在俄國傳播的道路上的和社會民主派運動發展道路上的主要的思想上的障礙。爲了要在思想上掃淸社會民主黨發展的道路，曾經需要完全的思想上的摧毀民粹派觀點。爲着這點曾經需要給俄國所經歷的發展的性質問題及在這個時期放在工人運動面前的一切問題以自己的馬克思主義的回答。

我們知道馬克思主義者與民粹派這個鬥爭的全部政治的意義。在把對待這些問題的民粹派的和馬克思主義的方法一比較時，就淸楚揭露了民粹派底典型的反辯證的形而上的對待現實的態度和辯證的馬克思主義的態度之間的一切區別。

在上面已經提到斯大林同志的論文無政府主義和社會主義中給了這些問題以極有內容的和深刻的檢討。

在這些論文中在說明辯證法底特徵時，斯大林同志指出唯物辯證法底最重要的要求之一就在不把生活當作不變的僵化的東西來觀察。不論在自然中或社會中應該在不斷的運動中在產生和在發展中觀察生活。在生活中永遠存在着某種東西生長着和某種東西死亡着，在生活中必然的某種東西死亡而同時某種東西產生。在生活中永遠的存着新與舊。因此，假如我們願意辯證地觀察世界，那末我們應該觀察（用斯大林的話來說）『生活向那裏去，在生活中什麼死亡着和什麼產生着。』

辯證法底另一個要求就在要清楚地看到，那在生活中失去着基礎、向後退、死亡着的東西，歸根結蒂是應該被戰勝的，即使在目前看上去還是有力的。而一切在生活生長、發展、組成新的東西，即使在目前還是如何薄弱，結果總是勝利的。從馬克思主義辯證法底這些基本特徵出發，斯大林同志寫道：

『在十九世紀八十年代在俄國的智識份子中產生了非常的爭論。民粹派說能夠担負「解放俄國」的主要力量——這是貧農。爲什麼？——馬克思主義者問他們。他們說——因爲農民在俄國社會中最多同時最窮。馬克思主義者回答道：對的，農民在今天是大多數和很窮，但是事情難道在這裏麼？農民早已就是大多數，可是他在爭取「自由」的鬥爭中至今沒有無產階級底幫助，從來沒有表現過任何創造性。爲什麼？農民作爲一個等級是在一天天地破壞着、分解爲無產階級和資產階級，而無產階級作爲一個階級一天天地生長着和鞏固着。貧窮在這裏沒有決定的意義：

「乞丐」比農民更窮，可是誰也不能說，他們可以担負「解放俄國」。

事情祇在誰在生活中生長着和誰衰老着而因爲無產階級是唯一的階級，它不斷地生長和突進於生活中，因此我們的任務是和他站在一起並承認他爲俄國革命底主要力量——馬克思主義者這樣回答。你們可以看見馬克思主義者從辯證的觀點上觀察問題，而民粹派則形而上地議論，因爲把生活看做是『僵化在一點上的』。（註一）

斯大林同志在這個問題上絕妙地指明了馬克思主義理論底全部力量，對現實底辯證態度的力量。我們想一想十九世紀之末的俄羅斯。工人階級雖然以罷工等等使人們感覺到自己，但總還是第一眼看來不大看得見的力量。居民底基本羣衆是農民。民粹派是典型的形而上學者，不了解社會發展底規律，不看見在生活中什麼東西生長着和什麼東西分解着，因而指望着農民。他們認爲農民過去、現在、將來都是俄國居民底基本羣衆。他們不願意看見在生活進行着的現實的過程。相反地馬克思主義者應用辯證唯物論底方法來分析俄國的現實，說道：在目前工人階級初初看來是不大的，看不到的力量，是全部居民中的極少數。但是由於俄國已經堅固地走上了資本主義發展底道路，工人階級乃是那不斷地生長和擴大的力量，應該依靠這個力量，因爲他是引導俄國經過革命鬥爭走向社會主義制度去的環節。

任何理論只有在生活中得到自己的證實才有價值。實踐是任何理論底最好的考驗。相反地，

（註一）引自勃里亞：關於外高加索布爾塞維克組織史問題一一六頁。

76

任何理論以及任何科學，不論它在外表上看來是怎樣漂亮，不論它外表上如何光彩奪目，如果它在生活中在實踐中得不到證實——它是一錢不值的。

生活粉碎了民粹派底『理論』，誰還能在現在多少鄭重地說到民粹派關於俄國發展問題以及其他一切問題底理論觀點呢？相反地生活證明了馬克思主義者在一切問題上是如何的正確。馬克思—列甯的理論慶祝着自己的完全的凱旋。

這個例子指明，根據在社會發展規律知識上的革命理論底科學預見底最偉大的意義。這個例子指明辯證唯物論方法底全部力量。它說明馬克思主義的辯證法是革命政黨手中的最有力的武器，如斯大林同志所說過的一樣，它給予了奪取最堅固的堡壘的可能。

另一個例子以同樣的力量暴露着在分析階級鬥爭最尖銳的問題上辯證唯物論方法底意義。

正如聯共(布)黨史簡明教程中所指出的一樣，布爾塞維主義底革命策略底基礎，曾經爲列甯在其在民主革命中社會民主派底兩個策略一書所製定的。這本書以及布爾塞維主義策略路線諸問題底一切解決，都充滿着革命的馬克思主義辯證法。可以這樣說：假如不了解這些問題怎樣在辯證法底基礎上解決的，就不能深刻地和根本地研究布爾塞維克策略底基本問題。

決定布爾塞維克策略路線底基本問題之一，曾是在資產階級革命中無產階級領導權底問題。布爾塞維克和孟塞維克都從下面一點出發，卽當前的革命按其性質說將是（至少在開始的

時候）資產階級的革命。

此後就開始了根本的分歧。孟塞維克的議論正如最典型的形而上學者，完全陷於形式邏輯的對待事情的態度中。他們說既然當前的革命是資產階級的革命，那麽這個革命中的主要的動力應該是資產階級。他們說，至今所發生的那些資產階級革命曾經是這樣的，我們的革命亦應該這樣。在一七八九年法國革命時，站在一切所謂第三等級之前的主要的領導力量曾經是資產階級。顯然，在我們這裏事情亦應該這樣地進行。孟塞維克說：既然在當前的革命中資產階級應該起主要的作用，那麽工人階級就祇能起資產階級底尾巴的作用，反對派的推動底作用等等。按照孟塞維克的聰明人的觀點，任何獨立的作用，更不必說在革命中的領導作用，工人階級是沒有的並且不應該有的。普列漢諾夫亦同樣地讚助和論證這個路線，雖然他在一般理論方面很多和很詳細地說過辯證唯物論。

布爾塞維克怎樣看事情呢？列甯說，辯證法要求我們不從空洞的無意思的比擬出發。辯證法要求具體的分析特殊的歷史環境。列甯指出是的，我們的革命將是資產階級的革命，但是它絕不是法國資產階級革命底簡單的重複。我們的革命有自己的特點，列甯提出論點說：在當前的資產階級革命中，工人階級將負起領導者的作用。這是矛盾的麽？自然是矛盾的，但是這是正確地反映着生活底眞正矛盾的辯證的矛盾。

當法國發生資產階級革命時，工人階級還是很少組織和很少覺悟的力量。他還沒有完全和

資產階級分化淸楚，還和資產階級一起在所謂第三等級的範圍中行動無產階級和資產階級之間的階級鬥爭還沒有帶着如現在這樣尖銳的性質。資產階級還能夠做反封建制度的革命運動中的領導力量。

在二十世紀之初在俄國已經造成了完全不同的條件。第一，工人階級已經不是『自在』的階級，它成了『自爲』的階級。它已經有了自己的科學製成的意識形態工人階級底偉大的領袖馬克思和恩格斯所創造的科學共產主義的意識形態。在俄國，到這時候工人階級已經長成大的力量，有了自己的社會民主工黨。工人階級和資產階級之間的敵對在俄國已經來得及以全部力量展開起來。俄國資產階級老實說，怕工人階級底行動比怕沙皇制度還厲害。列甯極有力地分析了爲什麼資產階級在俄國不願意資產階級革命進行到底。作爲革命辯證法底巨匠的列甯指明了：工人階級利於把資產階級革命貫澈到底。

『對於資產階級——列甯寫道——有利的是保留舊制度底某些殘餘（如君主制度和常備軍等等）來反對無產階級。對於資產階級有利的是資產階級革命不過份澈底地掃清一切舊制度底殘餘而要保留其某幾種，就是說要使這個革命不要完全澈底，不要貫澈到底，不要堅決與無情……爲了更有利於自己資產階級要使在資產階級民主主義方向上的各種必要的改革，不用革命的方法而用改良主義的方法緩慢地、逐漸地、小心地不堅決地來進行。……要使這些改革盡可能地少發展平民們底（即農民底特別是工人們底）革命的自動性、創進性和熱情；因爲不

然，工人們就更容易「把槍枝從右肩轉到左肩」——（如法國人所說，）就是說：拿資產階級革命所供給他們的武器，拿資產階級革命所給予他們的自由，拿清除農奴制度後所產生的民主機關來反對資產階級自己。

『相反地，對於工人階級更有利的是要使在資產階級民主主義方向上的各種必要的改革堅決不用改良主義的方法而用革命的方法來進行，因為改良主義的方法是停滯、遷延、使國民機體中腐朽部份痛苦地、遲慢地漸歸衰亡的方法。在這種腐爛中首先和最大地感受到痛苦的是無產階級與農民。革命的方法是迅速地對無產階級最少痛苦的施行手術的方法，是直捷痛快地割去腐爛部份的方法，是對君主制度及適合於他的那種討厭可憎的、腐朽發臭的機體毒瘡最少讓步最少的謹慎小心的方法。……

『因此——列甯繼續說——無產階級是站在先頭隊伍中為着共和國而鬥爭，憎惡地拋棄那些蠢笨的無價值的勸告，即要考慮資產階級是否離開革命的勸告。』（註一）

這就是列甯底極深刻的辯證的思想，它給予了應用辯證唯物論底方法來分析具體的歷史現實的模範。

再舉另一個問題，和在資產階級——民主革命中策略問題上布爾塞維克底觀點相聯系着的問題，即社會民主黨人應否參加臨時革命政府的問題。大家知道孟塞維克完全地為自己的有害

（註一）列甯全集卷八五七——五八及九四頁。

的政治見解所束縛，爲對事情的形而上的態度所束縛而拒絕了這種參加。孟塞維克底基本理由是：政府將是資產階級的政府，所以，社會民主黨不應該參加這樣的政府。如果社會民主黨參加了這樣的政府，那麼它就犯了法國社會主義者米勒蘭所犯的一樣的參加資產階級政府的錯誤。

布爾塞維克駁斥這些孟塞維克的『理由』時說道：這是典型的形而上的提問題的方法。布爾塞維克說首先應該具體地分析臨時革命政府是什麼東西？布爾塞維克說：這樣的政府祇有是以推翻沙皇制度爲目的的民衆武裝起義武裝鬥爭底結果才能夠產生。所以照其階級的本性，這樣的政府祇能是代表工農利益的革命—民主主義的政府。布爾塞維克說：在法國問題是在米勒蘭在這樣的時期參加了資產階級政府，這時候在國內沒有革命情勢和這時候資產階級的政府是典型的資產階級底反動政府。顯然，米勒蘭參加這樣的政府是出賣工人階級底利益出賣社會主義底利益。

在我們這裏則有完全不同的諸條件。臨時革命政府祇能在國內有革命情勢的環境中產生，祇能由工農武裝鬥爭的結果產生。大家知道，辯證法要求具體的歷史的態度。辯證法說問題應該每次在一定的環境、時間和地點中去把握而不應該根據空洞的比擬不應該從形而上學的公式『過去曾經如此，將來亦應如此』出發。

這個問題關於社會民主派參加臨時革命政府的問題，不僅有歷史的意義，現在在新的條件下，在革命運動發展底完全不同的環境中，在許多其他國家的共產黨人面前放着參加這樣的政

府的問題，例如在中國。祇有依據在馬列主義的理論上，根據具體的分析現實，才能夠正確地解決這類問題。

祇有根據在對待今日的一切事變的辯證的態度之上，祇有依靠在歷史發展規律底知識之上，才能夠正確地解決這類問題。列甯和斯大林所給予的布爾塞維克黨所給予的解決這類問題的那些革命辯證法底範例，乃是全世界共產主義者在他們的實際的革命工作中的南針。

在這些例子上可以看到辯證唯物論底全部力量和意義，這辯證唯物論是我們的黨底宇宙觀，是全部布爾塞維主義理論底革命的靈魂。

現在我們再舉一個有關於偉大的十月社會主義革命時代的例子。這個例子指明斯大林同志對階級鬥爭最重要的問題的辯證法態度底典型的範例。在這個例子上，我們可以再一次地看到馬列主義的預見底全部力量，馬列主義理論底意義。在聯共(布)黨史簡明教程中如下地說明了根據全盤集體化而消滅富農這一階級的意義：

「這是最深刻的革命變革，是從社會底舊的質的狀况到新的質的狀况的飛躍，其結果之重大等於一九一七年十月的革命變革。

這個革命的特點在於，它是由上面、由國家政權底發動並得到從下面來的千百萬農民羣衆的擁護而實行的，這些農民羣衆反對富農的剝削，爲了集體農莊生活而鬥爭着。

這個革命一舉解決社會主義革命底三個根本問題：

甲、它消滅了我們國內的人數最多的剝削者階級——富農階級，即資本主義復辟底支持；

乙、它把我們國內人數最多的勞働階級農民階級從產生資本主義的個體經濟的道路，轉入社會化的集體農莊的社會主義經濟的道路；

丙、它在國民經濟中範圍最大生活上最必需但同時又是最落後的部門中——在農業中給蘇維埃政權建立了社會主義的基礎；

這樣，在國內就消滅了資本主義復辟底最後根源，同時也就造成了建成社會主義國民經濟所必需的、新的、有決定意義的條件。」

這就是簡單的、但是充滿深刻內容的消滅富農這一階級的政策的意思和意義的特徵描寫。這個政策是我們黨在一九二九年末跟着集體農莊和蘇維埃農莊的生長而執行的，按其意義說：這些事變等於一九一七年十月在我們國內所發生的變革底意義。這不是一句空話。事實上，整個我們十月社會主義革命底命運，全部十月底勝利底命運歸根結蒂取決於這個問題，即我國底工人階級能否在自己領導下將農民勞働羣衆從個人經濟底軌道上轉入集體的社會主義經濟的軌道上去。一切十月底勝利取決於工人階級能否和最廣大的勞働農民羣衆一起消滅我們國內人數最多的剝削者階級——富農。我們社會主義革命的全部命運正是取決於此。

在斯大林同志領導下，我們的黨光輝地完成了這個偉大的歷史任務，正確地解決關於使幾千百萬農民羣衆轉入社會主義軌道的問題的意義是不容易過份估計的。它不僅有我們國內的

意義——它有國際的意義，它向一切其他國家的工人階級和在資本主義及封建殘餘羈絆下的幾萬萬農民指明告訴他們走向幸福和富裕的唯一的道路——這是在工人階級領導下的道路，社會主義的道路。

在聯共(布)黨史簡明教程中說：根據全盤集體化而實行的消滅富農這一階級是最深刻的革命變革，是從社會底舊的質的狀況到新的質的狀況的飛躍。其次說明這個飛躍底特點在於這個革命是從上面由國家政權底發動而實行的，它得到了千百萬民衆從下面來的幫助。我們知道在歷史上曾有多次由國家政權底倡導而進行的『從上面來的革命』。這些從上面來的『革命』是由統治的地主和資產階級實行的，用來反對千百萬民衆底利益。在我們這裏從上面來的革命是由工人階級專政底國家政權進行的，用來保護民衆的利益。這就爲什麼這個革命得到了從下面來的這樣卓越的幫助。爲着要實行飛躍實行從一種質的狀況過渡到另一種，就應該準備這個飛躍的一定相當的條件，應該準備必需的『數的』變化。

由於我們黨在許多年中在準備這個飛躍上所實行的明智的政策，由於我國工業化和集體化底斯大林計劃的實行，由於黨能夠把新的技術新的人材送到農村中去，向千百萬農民羣衆證明集體經營底有利，由於巧妙的準備以集體農莊和蘇維埃農莊底糧食生產代替富農的生產的物質條件——這個飛躍才能夠這樣光輝地由我們國家政權在下層這樣有力的幫助下完成。

爲着要勝利地實行這樣最深刻的革命變革，如根據全盤集體化消滅富農這一階級，應該善

於正確地選擇時間，準備這一飛躍所必需的一切條件。我們知道：托洛茨基、齊諾維埃夫叛徒們曾企圖過提出消滅富農，當時期還沒有到的時候，當勝利的進攻的條件還沒有準備好的時候。現在已經完全清楚了：這裏我們所遇到的是可恨的資本主義復辟派底挑撥的叛賣的行動。黨打擊了這些列甯主義底敵人。

斯大林同志底天才底偉大，就在他是辯證法底匠師，精巧地掌握着這個世界上最革命的武器，並以階級鬥爭底新經驗豐富它，他正確地決定了這個飛躍底開始時機，決定我們黨應該從舊的限制富農政策走到消滅富農這一階段的政策的時期。

這裏我們可以作如下的比擬。我們記得無產階級革命底天才——列甯以怎樣的算術上的確切性規定了一九一七年十月已經成熟着的飛躍的時機。正是在一九一七年十月廿五日的前夜，列甯寫道：我應該在十月廿五日奪取奪取政權。列甯說：歷史永遠不會寬恕革命者的，假如有着奪取政權的一切條件而不利用的話。列甯在偉大的十月社會主義革命的前夜在自己的熱忱的發言中說：遷延等於死亡。正因爲我們的黨由列甯與斯大林這樣領袖領導着，它在一九一七年十月的戰鬥的日子裏取得了全世界——歷史意義的勝利。

以同樣的眞正算術上的確切性，斯大林同志確定了應該轉入反對富農的展開的進攻及與國內人數最多的資本主義階級決戰的時機。這又一次地證明馬列主義理論底力量，辯證唯物論底力量——這個人類思想最偉大的收穫，它爲布爾塞維克黨所掌握，並以階級鬥爭底新經驗豐

富着。

應用馬克思主義的辯證法來解决階級鬥爭底問題的這類例子充滿於布爾塞維克黨的整個歷史中。這就是爲什麼在聯共(布)黨史簡明教程中說道領會辯證的和歷史的唯物論『是我們黨的每個積極的活動者底責任。』

原著者：M·米定　譯自馬克思主義旗幟下一九三九年一月號

馬克思主義底哲學的先驅者

引言

列甯—斯大林底黨，批判地總括了世界文化和階級鬥爭底偉大經驗，承認革命理論底顯著的作用，以極大的精巧將科學共產主義底原則實現於生活中。

布爾塞維克黨在社會科學底歷史上第一個根据着世界科學和文化底一切成就而決定了建成共產主義的具體道路、形式、手段和歷史的時間。關於這個社會（在這個社會內人民底命運由他們的有計劃的覺悟的活動來決定，在這個社會內社會的財富爲人民所支配和用之於人民底福利）人類文化底最先進的代表在許多世紀中就夢想了的。現在這個夢想變成了現實，爲我國千百萬勞働者所實現了的現實。

因爲這個原因，一切進步的和先進的人這樣熱烈地研究布爾塞維克黨爭取社會主義勝利的思想的和政治的鬥爭底經驗。因爲這個原因，馬—列主義政黨底宇宙觀——辯證唯物論有這樣偉大的吸引力。

辯證唯物論對於客觀世界和認識底發展底一般規律給了唯一澈底的、嚴格科學的、完整的

全方的圖畫。

國際工人運動底領袖列甯和斯大林根據蘇聯共產黨(布)底鬥爭和發展底偉大經驗，根據蘇聯社會主義社會建設領導國際共產主義運動的經驗指明眞正的馬克思主義的理解社會發展底規律，使得工人階級政黨成爲強有力的和不可戰勝的。

『馬克思主義——列甯主義的理論底力量就在它給予黨以一種可能，去在周圍環境中判別方位，去懂得周圍事變底內部聯系，預見事變底進程，幷且不僅認清事變在現在是怎樣發展和向那裏發展，而且認清將來事變將應當怎樣發展和向那裏發展。

祇有掌握了馬克思主義——列甯主義的理論的政黨能夠有信心地前進幷領導工人階級前進。

相反的，沒有掌握馬克思主義——列甯主義的理論的政黨不得不摸索而行、在自己的行動中喪失信心幷不能領導工人階級前進。』

馬克思主義——列甯主義底理論就是這樣的理論，它爲馬克思和恩格斯，列甯和斯大林在和工人階級底敵人的頑強的鬥爭中所鍛鍊出來在巨大的理論的和科學的材料中所考驗過的。

批判地、創造地克服了過去的哲學的和社會學的理論，馬克思和恩格斯把製定新的哲學宇宙觀看做在直接的黨的工作領域中的、在建設能夠領導工人階級戰勝資本主義的革命政黨領域中的最主要的任務。馬克思和恩格斯將組織工人階級底革命政黨問題和製定這個政黨底意

識形態問題密切地聯結了起來。

在爲創造工人階級底澈底—革命的政黨而鬥爭時，馬克思和恩格斯依據在人類所累集的一切知識上製定了自然和人類社會底新的發展觀。馬克思關於這個宇宙觀曾經寫過它給了一切先進的人們以『鬥爭的眞理的口號。』列甯和斯大林根據偉大的布爾塞維黨底歷史經驗指明這個理論底正確性，歷史的眞理性偉大的能動性和活力。

聯共(布)第十八次代表大會根据馬列主義創始者底學說，號召偉大的社會主義國家底人民更進一步地掌握前幾世紀文化上的和現代科學和技術上的積極的進步的成果，使這些成果爲勝利的共產主義建設而服務。

莫洛托夫同志在十八次大會上在關於蘇聯國民經濟發展底第三個五年計劃的報告中揭露了人類過去的文化成果對於建設共產主義的巨大意義：『共產主義按自己意思來改造所有這一切財寶和成果—但是這不是爲着社會上層底利益而是爲着全體人民和整個人類底利益。要不惜力量來研究文化遺產。要認眞和深刻地通曉它。須要利用資本主義和人類已往歷史所供獻出來的一切，利用那些在許多世紀內由人們勞働所造成的磚塊來建築新的大廈」便利於人民生活的、寬敞舒適的充滿着光綫和陽光的大廈。』（註一）

這一卓越的關於掌握過去的文化的論點完全是從下述之列甯的學說中產生出來的，即正

（註一）莫洛托夫：十八次大會上的報告六二頁。

是工人階級纔是科學、哲學、文化底歷史上所創造的一切優良東西底合法繼承者；是從下述論點產生出來的，卽馬克思主義底產生乃是人類所創造的一切先進思想底總括、人類社會全世界發展底整個經驗底總括。列甯寫道馬克思主義不是脫離世界科學和文明發展底大道而產生的，而是他們的直接的繼續和發展。

當創立工人階級底革命政黨底宇宙觀時，馬克思和恩格斯批判地、創造地、革命地總括和發展了英國政治經濟學、法國空想社會主義、德國古典哲學底思想的成果。

在聯共（布）黨史簡明教程第四章中指出馬克思批判地和創造地克服了黑格爾底哲學，祗採取了他的『合理的核心』，拋棄了黑格爾的唯心論的外殼，繼續發展了辯證法，給了它以現代科學的形態。

什麽東西使黑格爾哲學成爲馬克思主義底思想的根源之一？這就是黑格爾哲學是一切已往的科學和哲學發展底偉大的總結，黑格爾的辯證法卽使在歪曲的形式中總還是『最全面的、內容豐富的、深刻的關於發展的學說……』（註一）黑格爾（雖然是不自覺的）向我們指出了從體系的迷宮中走到現實的和積極的認識世界的道路。正是『這個黑格爾哲學底革命的方面，馬克思接受了和發展了。』（註二）然而不管黑格爾對馬克思的無可爭辯的影響，馬克思底辯證法是黑格爾辯證法底對立物。馬克思是唯物論者，黑格爾——唯心論者。馬克思批判地、創造地克服

（註一）列甯全集卷十八第十頁。　（註二）同上十一頁。

格爾底學說和創立了工人階級及其政黨底哲學——辯證的唯物論。

馬克思和恩格斯在前世紀四十年代之初所進行的實際的革命鬥爭推動了馬克思主義底創造者去批判黑格爾底唯心的辯證法和批判舊的形而上的唯物論部份地費爾巴赫底唯物論。

馬克思和恩格斯熱情地歡迎有着『解放的影響』的在前世紀四十年代出版的費爾巴赫底唯物論底著作。但是他們同時批評了費爾巴赫唯物論底抽象的、直觀的形而上的和不澈底的性質以及在歷史領域中費爾巴赫底唯心論。

在聯共(布)黨史簡明教程中辯證唯物論——工人階級及其政黨底革命的科學的宇宙觀底產生是放在和馬克思與恩格斯底哲學先驅者——德國哲學家黑格爾和費爾巴赫——底學說底積極的、進步的方面的歷史聯系上的。現在我們來簡單地檢討一下他們的觀點以及馬克思主義創造者批判地利用他們的學說的性質。

一 論黑格爾辯證法底『合理的核心』

『在說明自己的辯證方法時，馬克思與恩格斯常常援引黑格爾，把他看做是規定了辯證法底基本要點的哲學家。但是這不是說馬克思和恩格斯底辯證法和黑格爾底辯證法是同一的。實際上，馬克思與恩格斯僅僅採用了黑格爾辯證法底「合理的核心」，拋棄了黑格爾的唯心論的外殼，并且繼續發展了辯證法，給了它以現代科學的形態。』

91

黑格爾辯證法底這個『合理的核心』在哪裏呢?

德國的哲學家黑格爾（Hegel, Georg Wilhelm Friedrich 1770—1831年）完成了資產階級哲學思想底發展。他生活於多數歐洲國家已經經歷了資產階級革命的時代。德國在當時較之英法是一個落後的國家，它被分散爲許多小的封建王國，它的工業和商業帶着落後的性質。德國資產階級會是無組織的和怯懦的，他尋找與普魯士皇朝的妥協來反對人民。在這些條件下，德國資產階及級智識份子中的先進的人們并不在現實的迅速的堅决的改造德意志中找尋出路，而在抽象的哲學結構中找尋，用馬克思底話來說，在哲學家的頭骨下繼續德國的歷史。

恩格斯說在『十九世紀的德國哲學革命成了政治破產底引言』。照恩格斯的話說，正是哲學家進行了公開的理論的戰爭反對愚昧和反對教會并在學術的語言中在黑格爾底惡劣的寂寞的時期中掩藏了革命。

一七八九年法國的資產階級革命對黑格爾底進步的思想有巨大的影響。黑格爾底學生時代及以後獨立的政論的科學的教育的活動正是和三級會議及國民會議召集同時。法國革命對於德國的哲學文學藝術給了巨大的影響。

在黑格爾受學於施多加脫時的幾年中，萊辛（Lessing 1729—1781）發表了愛爾亞、加綠蒂而在一七七九年發表了賢者娜丹。同時歌德出版了許多著作，席勒（Schiller 1759-1805）正寫着『強盜』，康德出版了純理性批判，這眞正是在理論和文學領域中的『狂飆和變擊』底時代。

黑格爾曾做過紐倫堡中學的校長，而在一八一六年担任了海德堡大學的哲學系主任。在海德堡過了三年準備了自己的主要著作——邏輯學。這書出版於一八一八年，當時黑格爾已到柏林工作。在柏林他講授了哲學史、宗教哲學、美學、法權哲學、歷史哲學、邏輯、自然哲學。

雖然普魯士政府曾經懷疑黑格爾爲無神論及政治的激進主義，但是他說還是（如列甯所說）『專制的普魯士國家底崇拜者，他以柏林大學底教授的資格爲它服務……』（註一）他和普魯士皇朝底反動政策妥協，但列甯以及馬克思和恩格斯嚴厲地責備那些祗片面的強調黑格爾和普魯士現實妥協而祗在這上面看到黑格爾的哲學發現底意義的人。

例如恩格斯因威廉李卜克內西的一個這類的注釋，在一八七〇年五月八日給馬克思的信中寫道：

『……糊塗到如此地步，再也不能忍受了。對黑格爾這一字，這個人作了如下的注解「更廣大的羣衆知道他是發明(!)和崇拜(!)皇室普魯士的國家觀念的思想家。」爲了這點我給了他以好好的打擊，並送出了書面的聲明，用着在目前條件下最大限度的輕蔑的辭調……這個笨蟲有不識羞恥至此，以爲對黑格爾這樣的人，他可以以「普魯士派」一字來清算他，而且他還有厚顏晤示聽衆說這是我說的……完全不發表，較之發表後因李卜克內西而蒞驢鳴，爲好。』（註二）

『我寫信給他說——馬克思回答恩格斯道——假如他關於黑格爾祗會重複路得克·維

（註一）列甯全集卷一，四一〇頁。

（註二）馬克思和恩格斯全集卷二十四，三三五頁。

爾凱爾底舊的愚行，那麼他最好不開口這他叫做「不用特別的客氣來清算黑格爾」……這個人眞是太蠢。』（註一）

黑格爾——哲學家——唯心論者，在發展中觀察現實，他承認這個發展底源泉不是自然而是精神，不是物質，而是絕對的、客觀的觀念。與主觀唯心論不同，黑格爾不把宇宙底發展去服從個別人的意識，然而承認不屬於主體的客觀觀念底存在。與唯心論者——形而上者不同，黑格爾在發展中，在矛盾底鬥爭中觀察這個觀念。按照黑格爾，自然底歷史認識底歷史乃是歷史地發展着的觀念底統一。與唯物論相反，黑格爾認爲全部歷史生活底主要內容是不斷發展着和豐富着的觀念。照黑格爾底意見，這個觀念不依賴自然和人，因此就有客觀的、絕對的稱呼。祇有它這個絕對的、客觀的觀念活着、發展着；現實世界——自然和社會，宇宙底全部豐富祇不過是觀念底反映，它的能動性底結果。

「絕對觀念」在自己的運動中經三個基本階級。第一，觀念積聚起來和豐富自己。黑格爾在自己的邏輯學中觀察了這個過程。第二，觀念過渡爲自己的對立物，表現自己於物質世界——自然上。這——黑格爾在自然哲學中觀察了它。第三，觀念底發展以『世界理性』和它所創造的自然和社會底完全符合，以觀念與宇宙的同一——照黑格爾底名辭——『絕對知識』——爲結束。觀念發展底第三階段，黑格爾在其精神哲學中指明了。照黑格爾哲學底任務就在揭發『絕對

（註一）同上三三六頁。

理性』底自己運動底歷史道路。絕對理性乃是唯一的能動的、現實地存在的力量。這樣的理性底每一方面——特殊的絕對的眞理，這眞理是應該在歷史過程中被覺察被顯現和被展開的。

這樣，黑格爾指出了『世界的』或『絕對的』觀念底自己運動的三個基本階段。但是在自己的歷史發展中，照黑格爾底意見這個『絕對觀念』經過多數的更小的階段，在每個這樣的階段上『世界精神』表現其本質底某一點。在德意志意識形態的序言中，馬克思和恩格斯寫道：『黑格爾完成了積極的唯心論。在他那裏不僅整個物質世界變成了思想底世界而且全部歷史亦變成了思想底歷史。他不滿足於記述思想的事物，他幷企圖描寫他們的生產底舉動。』（註一）

恩格斯在自己的古典著作反杜林論（在這一著作內嚴正地和有系統地敍述了無產階級哲學宇宙觀底基礎）中關於唯心論的解釋宇宙曾經寫道：

『以爲人們生活底條件是爲他們的思想和觀念所創造的，而不是相反；這種觀點爲全部歷史所推翻了的；在歷史上至今永遠是所達到了的不是人們所希望的而在往前的進程中在大多數情形下甚至是相反的。』（註二）

列甯和斯大林發展了這個對黑格爾唯心論的古典的批判。列甯寫道：不是自然應該從精神底歷史中探討出來，而相反地，『邏輯和認識論應該是從全部自然和精神底生活中探討出來

（註一）馬・恩全集卷四，四四頁。 （註二）恩格斯反杜林論二九九頁。

的。』（註一）

斯大林同志根据着馬克思、恩格斯、列甯底著作，總括着全部世界科學底成果寫道：

『那以爲思想以及一般的精神的方面在自己發展中先於自然……的思想是不正確的。』（註二）

但是不論他的唯心論的解釋宇宙是如何錯誤，黑格爾在科學面前有巨大的功績。較之任何以前的哲學體系，他能夠包括更廣大的科學領域。而實際上，黑格爾在研究了人的思想底產生和發展之後（在精神現象學中）得到了結論（用恩格斯的話說）說：人的個人意識在社會和科學生活的不同階段上的發展可以看做是人類思想在歷史上經歷過的各種階段底縮影。當研究邏輯、自然哲學、精神哲學、歷史哲學、美學、法權哲學、宗教哲學史時，黑格爾力求在每個領域中『找尋并指出通過牠的發展的線索。而且因爲他不僅具有創造的天才而且具有各方面的學說，所以他的出現到處都劃了一個時代。』（註三）

將人類思想底全部歷史理解爲辯證地發展着的統一的過程之後，黑格爾在思想底發展中猜到了事物底發展，在概念底出現和發展中猜到了現實的生活。但客觀唯心論者的黑格爾神秘地以某種絕對理性來解釋全部世界歷史，將這個歷史去從屬於思想底歷史并且如列甯指出的

（註一）列甯哲學筆記九〇頁。 （註二）引自貝利亞論外高加索布爾塞維克組織史問題一一八頁。 （註三）恩格斯：費爾巴赫論一〇—二頁。

一樣、他沒有能夠達到將自然和社會生活底歷史在思想史上自覺的表現起來。

馬克思、恩格斯、列甯和斯大林批評了黑格爾哲學底唯心論，同時却歷史地尊重它。較之以前的哲學家和學者，黑格爾底長處，恩格斯以爲是黑格爾底巨大的歷史感。他的哲學與體系是異常抽象的和唯心論的，但是黑格爾底思想進程永遠是和歷史進程平行地展開來的。

恩格斯寫道：『在他的現象學中、在美學中、在歷史中、在哲學中——到處像一條紅線一樣貫串着這個偉大的理解，到處歷史地觀察問題在與歷史的現實的一定的（雖然是抽象地曲解了的）聯系中觀察問題』（註一）

但是現實發展底這類猜想幷沒有消滅黑格爾哲學底抽象性和唯心論的性質。

按照黑格爾，『絕對觀念』發展底實質是在它消滅了對象的世界幷且將一切對象世界底內容轉移到意識的範圍中去。

列甯很好地揭露了這個以思想和概念來消滅自然的全部神祕的本質。他殘酷地嘲笑了黑格爾底這類結論底反科學的本質：『「自然」＝概念在外表上的堆積」—（哈哈！）』（註二）

不管黑格爾怎樣企圖證明自然是從屬於思想的，他可沒有找到這樣的證明。馬克思寫過，雖然黑格爾早已把世界溶化於意識中了，但是世界仍然是眞實的和不從屬於人的。這樣甚至於唯心論哲學底最傑出的代表當企圖『證明』物質從屬於意識底發展時，不得不和科學發生厲害

（註一）馬克思政治經濟學批判一一頁。　（註二）列甯哲學筆記一八〇頁。

的矛盾。

祇有辯證唯物論給了唯心論的觀念以致命的批判，照唯心論說來，思想是不從屬於自然和社會發展的。

「與唯物論相反，唯心論認爲世界是「絕對觀念」「世界精神」「意識」底體現——馬克思底哲學唯物論底出發點是世界按其本質說是物質的，世界上各色各樣的現象乃是運動着的物質底各種不同的形態；爲辯證法所確定的現象底互相聯結和互相制約乃是運動着的物質底發展底規律性，世界是按着物質運動底規律而自己發展的，用不着任何「世界精神」』（簡明教程）

雖然黑格爾在思想對自然的關係的問題上有着深刻的謬誤，但是他還能夠詳細的闡明辯證思維底諸形式，給了形式邏輯的思維方法以嚴重的打擊。

黑格爾尖銳地批評了形式的無內容的形而上的邏輯。他指出：站在這個邏輯底觀點上，學者祇應當限制於抽象的重複：對象等於對象自己，A＝A，人是人，植物是植物。假如科學將一切問題底解決限制在這個意味上，那麼它便永遠不能做任何一個新發明，而將逗留在原處。按黑格爾，科學底發展是由於在概念中表現了對立底發展，由於在產生、發展和消滅中觀察一切。形式邏輯雖然亦企圖發現運動底原因，可是不在對象或概念本身中去找到這個原因，而在對象或概念之外去找。例如，按十七—八世紀學者們的觀點，力——這是一件事物，物質——完全另外一件事，力——

——運動底源泉物質——受外來推動的受動的東西。世界似乎被分裂爲兩個方面；在物質外的能動的方面及受動的方面——即物質。

舉出這個例子時，黑格爾完全公正地稱這種統治於十七—八世紀科學上的『悟性底王國』爲『不幸的意識』它完全不正確地分裂世界。所以黑格爾認爲『悟性的』或形式的——形而上的觀點是片面的。

按照黑格爾，祇有在把矛盾不看做外的彼此相異的地方，祇有在對於對象，對於自然『力』不是外來的而相反地是處於對象、自然內部的，組成對象自然的本身的內容的地方祇有在這裏『悟性底王國』才被『理性底王國』所替代。照黑格爾，理性底一切活動和悟性底活動相反，是建設在辯證的基礎上的。理性已經不推開矛盾，而相反地找尋和發現他們。理性不分裂對立的方面和傾向爲獨立出現的現象，而把他們聯結在高級的統一中。理性不如『悟性』一樣不是把握終結的彼此脫離的事物，而是把握發展底結果——即完全的和和協展開了的觀念富藏。在這個意義上，理性和『悟性』底活動相反，是不會錯誤的，因爲在理性中已經包括了全部現實，全部存在，所以在認識事物的時候，理性便自己認識了自己。所以，按照黑格爾底學說，在理性底範圍內認識等於自我認識。

按黑格爾底理論，不依賴於我們意識的客觀的對象的世界怎樣轉變爲自己的對立物而成爲理性底內容呢？黑格爾在觀念的活動中，在意識底能動性中看到了實現這個轉變底手段。

黑格爾企圖提高人的理性，給它以發現觀念運動中和自然發展中的矛盾的能力，但是在這裏，黑格爾得出了錯誤的結論，走向了神祕主義。

深刻地敍述黑格爾辯證法底重要結論的鮮明文件是精神現象學底奴隸與主人一章。精神現象學（用馬克思底話說）是黑格爾哲學底源泉和祕密。

簡單地說來，這一章底內容如下：開始似乎是自然底對象統治着——他是主人，意識祇跟着它，服從它——意識祇起奴隸底作用。可是，對象雖然它是主人，祇有依賴意識才能認識自己意識乃是奴隸。換言之，主人經過奴隸（意識）認識自己，而奴隸在自己方面依賴對象依賴主人認識自己是奴隸。對立物——意識和對象，奴隸和主人底互相聯系和關係存在着。這個對立性底發展底辯證法是這樣的，主人底意識是奴隸的。這是因為對象——主人——在意識中找到自己，看到自己意識乃是服從者奴隸。其次，在分析主人底本質時，黑格爾確認主人與事物的關係，祇在事物給他以滿足這一程度上。而且，事物中的這一方面，主人亦經過奴隸底活動發現的。奴隸出現為對象的、物質的世界和主人之間的中間人。結果，主人脫離了事物，離開了事物。奴隸（意識）仍然和事物聯系着并鞏固這個聯系。這個聯系經過勞動來鞏固和加深。奴隸改變了事物，形成了事物。事物是他的活動底結果。事物抵抗奴隸，奴隸克服這個抵抗，這樣來掌握事物。這個奴隸底活動和主人底無所作為底結果發生了什麽呢？發生了驚人的變換：按黑格爾，那使奴隸成為奴隸的東西勞働現在解除了他。奴隸成為事物底主人，而主人則成為依賴奴隸的依賴奴隸底活動的，卽成了奴隸。

奴隸和主人對換了位置。假如注意到黑格爾在主人和奴隸關係上所包括的意義，則是由於意識底能動性對換了對象和意識底位置：意識成了主人，對象成了奴隸。

黑格爾所熱烈地爲着它鬥爭的能動性底原則，它還理解得非常有限。照黑格爾底學說，行動、能動性、活動，并沒有越出純粹理論的領域，而且按他的意思并需藉助於智力勞働。

這個例子令人信服地證明：黑格爾雖然研究了矛盾、辯證的發展、對立性底彼此過渡，但是以不正確的結論結束了這個研究，企圖證明意識高於自然。黑格爾辯證法底神祕主義這裏亦表現得很鮮明。所以，應該堅决地強調：孟塞維克化的唯心論者，對精神現象學底上述一章，企圖幾個把它當作辯證唯物論的著作，這是曲解和僞造事情的眞實情形。

不管黑格爾著作的全部熱情，不管精神現象學底一切熱烈的號召行動、能動性，黑格爾所想改變的現實仍舊是原樣未變的。

在這上面已經明白地說明了黑格爾哲學體系底唯心論的性質。雖然發展底觀念在他那裏帶着辯證的性質，可是這個發展祇在純粹思想的範圍中、理論底範圍中實現，在精神哲學中，黑格爾自己解釋了『能動性』在他的哲學中的意義。他寫道：『主觀的因素應該得到客觀的意義，并且相反地，對象應該做成我的對象，不僅因爲對象是爲抽象思想所創造的，而且因爲它的一切內容是思想底結果』（註一）所以所說的不是實踐的活動，而是思想底活動；按黑格爾對象是思想

（註一）黑格爾精神哲學二〇三頁。

及其內容底發展底結果。對象底變化是因爲人關於它的思想已經變化的緣故。

但是爲了改變對象祇在思想上改變它是完全不夠的。馬克思在神聖家族中就已經寫道：『爲着要站起來而祇在思想中站起來而讓現實的可感覺的重担仍然壓在現實的可感覺的頭上，這是完全不夠的。這個現實的可感覺的重担并非用任何觀念的法術可以驅走的。』(註一)其次馬克思寫道：『觀念不能走出舊制度底範圍，它永遠祇能走出舊制度底觀念底範圍。觀念一般地不能完成任何東西。爲着觀念底完成需要人，人應該應用實踐的力量。』(註二)

在黑格爾，現實是爲意識所產生的精神從自己的胸懷內產生對象的世界，爲着經過一些時候來殘酷地對付自己的創造。這個意識發展底全部神祕主義，列甯在他的黑格爾邏輯學的筆記中小心地揭露了的。正是黑格爾哲學見解底神祕主義引導到擁護和辯護十九世紀上半期的普魯士國家。既然現實是觀念而且是完成形式的觀念，那麼就應該擁護這個觀念。

十分明白的，吸引先進學說和革命家注意的不是黑格爾辯證法底上述的神祕主義的一點。吸引他們注意的是他的關於發展的學說，關於對立底鬥爭是發展底源泉的學說。

在邏輯學中黑格爾詳細地敍述了自己的關於矛盾的學說。對立和矛盾——不是規律中的例外，不是在人類思想發展中和自然發展中的偶然的東西，而是眞正的『理性底王國』，因爲祇有經過矛盾才能揭露對象底本質，認識對立底運動是一切科學的目的。

(註一)馬·恩全集卷三，一〇六頁。 (註二)同上一四七頁。

黑格爾底關於發展的天才學說，他的如下的思想即認識是對立鬥爭底認識和矛盾是任何運動、任何生命發展底源泉，乃是他的巨大的歷史功績。他的辯證法底『合理的核心』底實質就在這上面。

但是黑格爾雖承認着矛盾是普遍的，但祇把它們關連於意識底領域；照黑格爾，矛盾在實踐活動中是沒有位置的，對立底鬥爭不僅不普遍於全宇宙，而且甚至亦不普遍於意識運動底一切階段上。

列甯嘗說到『黑格爾在概念底辯證法中天才猜到了事物底辯證法』時，指出『正是猜到了，不再多一點』（註一）。

列甯寫道黑格爾『要求邏輯在其中形式應該是內容的形式，活的現實內容底形式，與內容不可分裂地聯系着的形式』（註二）。關於思維形式底內容性的黑格爾底要求是辯證法底天才要求，但是關於思維形式底內容性的要求對於黑格爾并不意味着思維應該反映客觀世界。他要求思維應該是有內容的，即思維不應該成爲空的和死的圖式。祇有辯證唯物論教導人底思想、概念、觀念應該以自己的內容反映人們在與自然鬥爭中和社會生活發展中所積累的豐富經驗。祇有在這個條件下，人的思想底形式邏輯才不是空洞的、抽象的、死的，而是活的、有內容的。在黑格爾那裏已經遇到關於必須將思維底形式和生活本身發展聯系起來觀察的猜想，但是列甯指出：

（註一）列甯：哲學筆記一八九頁。　（註二）同上九三頁。

黑格爾是唯心論者不能夠澈底科學地發展底有內容的思維形式。

在邏輯學中黑格爾簡單地說明了絕對觀念生活底第一階段。它的意義可作如下的敍述：永存的絕對觀念在其基始的形態中乃是存在底概念，所謂『單純的存在』——邏輯底開始，它不能有更進的規定幷且作爲完全無規定的絕對否定的和本身無所區別的，它等於無，作爲對立性的存在底概念和無是邏輯底開始，觀念往前運動底開始。由於自己內部的矛盾的天性而彼此過渡——即處於推移底過程中這些概念獲得了更確定的性質而變成爲質——特殊的『存在底規定性，』而從所有這些『無』——存在底特殊的代表——底同一性的觀點上來觀察，則出現爲量的方面。質——存在底內的規定性，量——他的外的規定性。不管量底變化，質在一定的時機前保存着自己的特點。存在與無的對立讓位於另一對立——質與量，這兩者是處於統一中的。這個他們的統一黑格爾稱之爲度量。這個一致爲量底變化所破壞。質底更迭（這是在飛躍形態下到來的）引導到過渡爲無度量的。這便結束了質與量底發展和實現了過渡到本質，這裏特別鮮明地揭露了存在底內外矛盾。根據——存在底某種完整性，生存——存在底外的表現形象——本質底一個表現，一個方面及現象——存在底某種豐富性，所有這些範疇整個地在自己的運動中引導到現實底概念。正是在這上面黑格爾區別着自己邏輯底一切基本範疇：偶然性和必然性，因果性和互相作用，自由和必然，可能性和現實性。祗有本質在其一切規定上的完全的揭露，造成了產生作爲存在底眞理的概念的先決條件。概念底發展以及本質底發展底所以成爲可能，祗是因

爲有思想中的內的對立。概念底自己發展正是爲這些矛盾所產生的。概念底自己發展以自己的運動規定了客觀世界底生存和發展，出現爲宇宙底創造者。辯證家的黑格爾企圖在普通的特殊的和單獨的矛盾底概念中指明概念底具體性。邏輯上概念底一切發展完成於觀念。

這就是簡單地黑格爾在他的邏輯學中的議論的進程。

列甯極重視概念運動底黑格爾的分析。辯證邏輯底任務就在在科學的概念，觀念底運動中反映客觀世界底運動。所以黑格爾爲着概念底靈活性而進行的鬥爭（雖然是站在虛偽的立場上的）有着巨大的意義。列甯關於黑格爾底邏輯學這方面寫道：

『概念普通以爲是死的，黑格爾加以分析和指出其中有着運動。終極的？——就是走向終極！無？——就是說非這、非那，一般地存在？——就是說這樣的無規定性，存在＝不存在。各方面的包羅萬象的概念底靈活性，一直達到對立底同一的靈活性——實質就在這裏。』（註一）

不管在黑格爾底邏輯學中一般概念底辯證分析底全部深刻性，他的邏輯帶着抽象的思辨的性質，充滿着神祕的內容。因此馬——列主義底創造者，批判地克服了黑格爾底唯心的辯證法，創造了自己的澈底科學的唯物的辯證法。馬克思在資本論第一卷德文版的再版序言中寫過他的方法和黑格爾底方法不僅在基本上不同而且和它直接相反。馬克思寫道：對於黑格爾，思維底過程是現實底創造者，『對於我相反地，觀念的東西不過是移植在人的頭腦中并在人的頭腦中改

（註一）列甯哲學筆記二〇頁。

造過了的物質的東西。』（註一）

恩格斯給了黑格爾所創造的哲學知識底體系以很好的估計。在費爾巴赫論中恩格斯寫道，黑格爾想創造終極的哲學體系。這個『體系』應該貢獻人類以絕對的最後的不再有任何往後發展的眞理。黑格爾在自己的邏輯學中企圖證明『眞理』發展着日益豐富着，應該把它當作過程來觀察——而自己却結束了這個對眞理的觀點。他宣佈自己哲學體系底全部內容爲絕對的、最後的不變的眞理，這樣就和自己的『破壞一切獨斷的辯證方法發生矛盾。這就是說在異常地生長了的反動方面的重壓之下窒死了革命的方面』（註二）

恩格斯指出唯心論者——辯證家黑格爾沒有澈底地運用關於普遍發展的思想。黑格爾不得不給自然和意識的發展加上一個界限。自然底發展祇能按照已經走過的道路來重新開始。發展實現在環狀的圈子裏。黑格爾底體系埋葬了他的方法。在這一點上包含着黑格爾方法底要求（揭露自然和意識發展底客觀的辯證法）和他的體系底要求（以『絕對知識』底發現來結束發展）之間的深刻的矛盾。

在黑格爾哲學中有革命的方面，因此馬克思稱黑格爾爲以自己有力的聲音響澈於文化史上幾十年的人；但是亦有其保守的方面。由於這方面他常常和普魯士的現實妥協。而且很明白的，黑格爾底方法和體系之間的這個矛盾不能簡單化地了解爲在一只箱子中——革命的方法在

（註一）馬克思資本論卷一，廿三頁。　（註二）恩格斯費爾巴赫論九頁。

另一只箱子中——保守的體系。在黑格爾那裏，辯證法和唯心論是混合着的。黑格爾有的是唯心的辯證法。黑格爾哲學中這個體系和方法之間的矛盾歸根結底是和當時德國的諸條件底矛盾性，這時代德國資產階級地位底矛盾性聯系着的。

這個兩重性就解釋了爲什麼黑格爾不同地影響了在哲學和科學領域中的以後的事變和爲什麼他的同時代人同樣不同地對待他。一些思想家，如費爾巴赫尖銳地和公允地批評了黑格爾，因爲他的唯心論，但是沒有理解在創造對宇宙的辯證觀點上的他的功績。另一些人——把他當做「死狗」而嗤之以鼻。而祇有馬——列主義底創始者給了黑格爾哲學——部份地是他的辯證法底意義以眞正歷史的科學的估計，能夠批判地取其合理的核心和拋棄唯心論的外殼。

現代的資產階級反動哲學家，依列甯的說法，這些『哲學研究院底頭目』，堅决地和無保留地拋棄黑格爾底辯證法，而同時却不忘記和他勾搭，他們甚至號召『回到黑格爾去』。他們召開黑格爾學會底年會，宣讀關於黑格爾學說底各種問題底報告。現代的極端反動主義者企圖從黑格爾那裏借用些甚麼呢？回答祇有一個：他們借用黑格爾底神祕主義，盡力鼓吹他的關於絕對觀念的學說，僞造他的關於國家的學說，企圖用他的法權哲學來辯護法西斯統治者底反動。法西斯營壘中的極端反動主義者將黑格爾底神祕主義變成新黑格爾派底特殊體系，——這是戰鬥的反動派底哲學。

眞正的馬克思主義者應該揭破任何脫離辯證唯物論，孟塞維克化的唯心論——這個法西

107

斯主義和托洛茨基主義底意識形態上的掩護品，不是白白的企圖以公開的黑格爾主義代替馬克思和列甯的哲學唯物論。我們黨揭破了孟塞維克化的唯心論是反動的仇視列甯主義的流派。黨同樣揭破了對於文化史底機械論的修正。

我們應該研究馬列主義創始者對於黑格爾的態度，這種態度指明了黑格爾在世界文化史上的眞實的作用。恩格斯在估計黑格爾哲學底意義時寫道：

「……黑格爾哲學底……眞正意義和革命性質就正在於它一下子永遠地結束了那以爲人的思維和行動底結果是終極性質的一切思想。在黑格爾看來哲學所應認識的眞理已經不是收集幾條現成的獨斷的原理，在這些原理發現後，祇要牢記它就夠了；現在眞理是包含在認識過程底本身中，在科學底長期的歷史發展中，科學從知識的低階段上昇到高階段，但是他永遠不會達到這樣的一點，卽在這點上它——找得了所謂絕對眞理——不能再前進，除了袖手靜坐，驚喜地默想這個已經獲得的絕對眞理之外，再亦不能有所作爲了。」（註一）

列甯繼續發展了對黑格爾哲學的這個古典的估計。他證明了，黑格爾底辯證學說是革命的。

「黑格爾對於人的理性及其權力的信賴和黑格爾哲學底基本論點：宇宙間進行着變化和發展底經常的過渡使得他的那些不願意和現實妥協的學生們達到這個思想，卽和現實作鬥爭，和現存的不公允及罪惡鬥爭亦是在永遠發展底世界規律中有根據的。假如一切都發展着，假如

（註一）恩格斯：費爾巴赫論七頁。

一種制度爲別種制度所更替，那麽普皇或俄皇的專制制度極少數人藉剝奪大多數人而發財，貧產階級對人民底統治爲什麽要永久地存在呢？』（註一）

列甯和斯大林教導黨應該布爾塞維克式地去對待科學——卽善於在黑格爾那裏採用我們——布爾塞維克在爲共產主義鬥爭中爲人類幸福的鬥爭中所需要的東西。爲馬—列主義創始者們所批判地創造地改造了的黑格爾學說底革命方面乃是黑格爾辯證法底『合理的核心』。黑格爾底關於宇宙經過內部矛盾的辯證變化的思想，卽他的關於發展的學說，他和哲學上的反動的鬥爭，至今吸引着進步的、先進的科學底代表們底重大的注意。

曾經需要把黑格爾底基本思想——關於發展的思想——從他的唯心論的外殼中解放出來，需要改造黑格爾的辯證法。關於這點馬克思給庫格曼寫道：

『他（杜林——著作）很好地知道我的研究方法不是黑格爾的，因爲我是唯物論者，而黑格爾——唯心論者。黑格爾的辯證法是任何辯證法底基本形式，但是祗有在淸除了它的神祕形式之後，而這正是我的方法和它的區別。』（註二）

聯共（布）黨史簡明教程說：

『……馬克思和恩格斯僅僅採用了黑格爾辯證法底『合理的核心』，拋棄了黑格爾的唯心論的外殼，并繼續發展了辯證法，給了它以現代科學的形態。』

（註一）列甯全集卷一，四一〇—四一一頁。（註二）馬·恩通信集二三〇頁。

109

在批判黑格爾的唯心論哲學上和在馬克思與恩格斯的思想發展上起很大作用的是他們的同時代人，著名的德國哲學家—唯物論者路德維希・費爾巴赫(Feuerbach, Ludwing 1804—1872)。

二　論路德維希・費爾巴赫哲學底『基本核心』

在黑格爾死後，在德國到來了一個尖銳的思想鬥爭底時期。一派黑格爾底追從者在法權、政治、歷史領域內發展他的最反動的信念；另一派，所謂『左派黑格爾派』（布魯諾・鮑威爾、愛德迦・鮑威爾、施鐵納爾等參加的）企圖從黑格爾底哲學學說中做出急進的結論出來批評宗教，甚至將哲學和政治聯系起來。在參加『左派黑格爾派』的一切哲學家中（如果不算馬克思和恩格斯的思想的發展，他們在學生時代曾經參加『左派黑格爾派』小組底工作的）著名的德國學者，哲學家—唯物論者路德維希・費爾巴赫說出了和敍述了最進步的信念。

馬克思和恩格斯在前世紀四十年代之初所進行的實際的革命鬥爭亦尖銳地侵入於理論底領域，部份地哲學底領域。馬克思和恩格斯以巨大的注意注視了當時的哲學鬥爭，身受着費爾巴赫哲學底『解放的影響』。聯共(布)黨史簡明教程以極大的深刻性揭露了馬克思主義底創始者們對德國的哲學家—唯物論者路德維希・費爾巴赫的關係。

『在說明自己的唯物論時，馬克思和恩格斯常常援引費爾巴赫，費爾巴赫是恢復唯物論底

110

權威底哲學家。但是這不是說馬克思和恩格斯底唯物論與費爾巴赫底唯物論是一樣的。實際上，馬克思和恩格斯採用了費爾巴赫唯物論底『基本的核心』，繼續發展了它成爲唯物論的科學哲學的理論，拋棄了他的唯心論的和宗教倫理學的雜質。』

費爾巴赫哲學底內容是什麼？他的唯物論底『基本核心』在哪裏？

路德維希·費爾巴赫生於一八〇四年德國的小地方蘭德斯戈，他是著名的德國法律家和政治家安西姆·費爾巴赫的兒子。費爾巴赫生長於其中的家庭有着異常多方面的興趣。一個哥哥是傑出的畫家，另外一個哥哥專心致志於自然科學，第三個哥哥跟着父親的道路從事於政治活動。

路德維希·費爾巴赫起初是愛蘭根大學的學生，以後是柏林大學的學生，研究了神學、宗教史和哲學史，醉心於黑格爾哲學。在青年時代，費爾巴赫是黑格爾底熱情的追從者。他的第一本著作，死與不朽的思想，引起德國警察底懷疑，并造成了反動派對這個哲學家的不可忍耐的態度，這種態度一直繼續到一八七二年，卽直到費爾巴赫之死。

神父、牧師、宗教的狂信者、政治的反動派對費爾巴赫特別仇恨。費爾巴赫把他們看做自己的最不可調和的敵人。例如，在保存着的費爾巴赫底一封信中，他關於自己的敵人這樣說：『假如神父們是有思想的，那麼他們是奸惡的、無良心的、虛偽的；假如他們是善良和忠實的，那麼他們是蠢笨的。』

按其性格說，費爾巴赫是勇敢的和異常堅決的，他不忍受政治的壓迫，特别是在科學創造的領域內。費爾巴赫是爭取資產階級民主制度的德國的有激進情緒的資產階級底鮮明的思想的代表，他促進了對德國的普魯士專制主義的先進的反對派情緒底生長。

費爾巴赫底大部份的生涯是在政治鬥爭之外，在風暴般的變動之外（這種變動在十九世紀中葉的德國歷史上是很豐富的）渡過去的。「德國的斯賓諾莎」甚至沒有能夠走上廣大的科學舞台，因爲在他整個生涯中沒有能夠得到任何一個德國大學的哲學教授的位置。普魯士政府害怕和迫害這個進步的，有民主情緒的勇敢的和堅決的思想家＝唯物論者。不管一切阻礙，在革命時期，在一八四八年時期，費爾巴赫終於獲得了在海得堡對學生、智識份子、工人、手工業者及一般地對普魯士專制制度有反對情緒的人們宣讀自己的演講。但是甚至在這裏，他亦遇到了阻礙。當費爾巴赫底演講底組織者，請求借用海得堡大學的房屋以供演講之用時，大學管理處拒絕了這個請求。費爾巴赫被迫地在市議會的房子裏宣讀自己的演講。

費爾巴赫在極窮困中結束了自己的生命。好像是爲着嘲笑哲學家，費爾巴赫所住的勃魯克堡的房子，在他死後爲當地政府所購得，并在那裏建造了一所監獄，并任命一個神父——即費爾巴赫底最鮮明的敵人爲這個特殊機關的首腦。

在自己覺悟生活底初年，大概至一八三九年止，費爾巴赫是黑格爾底追從者。他的著名的著作關於死和不朽的思想，他的歷史—哲學的著作，部份地他關於荷蘭哲學家＝唯物論者斯賓諾

涉的著作都是屬於這個時期的。在這些著作中他企圖把人類思想發展史當做理性底發展來研究，而個別的哲學體系當做歷史生活和這個理性發展底特殊的表現和顯視來研究。但是至一八三九年時，費爾巴赫已經確信立足於黑格爾學說底觀點上不能做出關於自然和人的生命底深刻的科學結論。如費爾巴赫所說，黑格爾號召其讀者和聽衆去研究『天上的領域』。這不能滿足費爾巴赫。一八三九年他寫好了名著黑格爾哲學批判，在這書內給了黑格爾底唯心哲學以有內容的批判的檢討。以後在一八四一年在費爾巴赫最重要的著作基督教底本質更發展了這些反對黑格爾的論據。費爾巴赫用以反對黑格爾的基本思想就是哲學，當它侷促於純粹的思想底範圍中時，不能夠達到自己的眞理的結果。照費爾巴赫，哲學本身以他自己的力量是不能創造生活的。哲學并非自己本身產生其觀念之豐富的。祇有研究自然，哲學家才獲得知識。按費爾巴赫底意見，哲學家底任務不在於局限在個別人底思維底範圍中，而在於把自己的目光向自然看去。

費爾巴赫宣佈了唯物論底勝利。他證明了，黑格爾哲學不過是哲學地粉飾了的神學，不過是對於世界及其發生的神父觀點底哲學的表現。

費爾巴赫說：黑格爾底『絕對精神』乃是平常的人的意識，不過脫離了人罷了。

與這相反，費爾巴赫斷言意識是物質底產物。在這個哲學基本問題底唯物論的解決上，在這個給黑格爾的唯心論以堅決的打擊上——費爾巴赫底歷史功績。

恩格斯在自己的古典著作費爾巴赫論中指出，當費爾巴赫底著作基督教底本質出現時，它

一下粉碎了積累於唯心論體系中的舊的矛盾，宣佈了唯物論底勝利。恩格斯寫道：費爾巴赫思想底實質可以歸結如下：

『自然不依賴任何哲學存在着。在這個基礎上生長着我們人們、自然的產物。在自然和人之外，并沒有任何東西。由我們的宗教幻想所造成的最高存在——祇是我們自身的本質底幻想的反映。妖魔取掉了；「體系」被粉碎了和拋在一旁了……』

恩格斯接着寫道：

『沒有身受這本書底解放影響的人，他就不能想像這個影響。我們大家都興高彩烈，而我們大家一時都成了費爾巴赫底信徒。馬克思以怎樣的熱情來歡迎這個新的觀點以及這新觀點怎樣影響着他——不管一切他的批評的保留，——可以從他的神聖家族一書中看出來。』（註一）

按馬克思和恩格斯底說法基督教底本質使『黑格爾底世界精神退位』。在神聖家族中他們這樣地估計費爾巴赫底歷史功績：

『誰消滅了概念底辯證法——祇有哲學家才知道的神的戰爭呢？費爾巴赫。誰在舊導具的位置上在「無限的自我意識」的位置上，不放上「人底意義」（好像人除了他是人外，還有甚麼別的意義似的）而放上「人」本身呢？費爾巴赫而且祇有費爾巴赫。』（註二）

而且眞的，費爾巴赫在熱中於黑格爾之後，他的一切注意是用來反對唯心論的，高度地估價

（註一）馬・恩全集卷十六，六四二頁。
（註二）同上卷三，一一七頁。

了費爾巴赫底唯物論哲學，馬克思邀請費爾巴赫參加法德年鑑。馬克思寫道：你，歷史賦予着反對謝林和黑格爾的使命。你——謝林底反面既然謝林是唯物論的諷刺畫，那麼眞本——即費爾巴赫自己他的一個出現就應該毁壞這個在黑格爾和謝林身上出現的唯心論的幽靈。

馬克思和恩格斯這樣高度的估價了費爾巴赫底功績，但同時在一開始他們就看到了他的唯物論底局限性。

費爾巴赫在批評黑格爾哲學時，拋棄了德國古典唯心論所有的積極的東西，拋棄了黑格爾底辯證法。他從來沒有了解黑格爾辯證法底意義，稱黑格爾哲學爲神學、宗教底最後躲避所和支持。

無疑的，費爾巴赫對唯心論的這類批評是由當時的落後的社會關係所產生的。

依列甯的話說，費爾巴赫沒有了解政治在人的生活中的地位。例如他拒絕提出自己爲佛蘭克堡國民會議的候選人。馬克思在一封信中寫過，費爾巴赫太多自然和太少政治。從這裏便產生了費爾巴赫底局限性。他沒有走出資產階級民主主義夢想的限度。

在自己對社會生活的觀點上，費爾巴赫仍舊是站在唯心論底立場上的。馬克思與恩格斯，在完全克服了費爾巴赫唯物論底限制性之後，在德國的意識形態上寫道：

『當他不研究歷史時，費爾巴赫是唯物論者，而當他觀察歷史時，他完全不是唯物論者』(註二)

(註一)馬・恩全集卷四，三五頁。

在關於社會的學說中他力圖達到消滅過度的富與貧的財產分配，經過改良而不是經過革命來求得財產底平均分配。按費爾巴赫的意見由於這樣便可消滅乞丐、貧困和專横而在意識形態的領域內便可消滅愚昧和反動。人將成爲和協地發展的生物，他將對『眞理的宗教』和哲學發生興趣。不管關於將來的和協地發展的人和關於沒有專横、反動、沒有在一極上過度地財富集中另一極上貧困的社會的夢想，費爾巴赫承認社會經過人們底宗教活動，經過愛底宗教經過人們彼此間的眞正的人的關係而實現其最高理想。費爾巴赫甚至按照何種宗教體系統治於某個時期來劃分人類社會底歷史時期。所有這些說明在社會觀點底領域內，費爾巴赫沒有走出唯心論底界限。費爾巴赫唯物論底這種局限性底基本原因乃是他不了解社會人底實際活動底意義，他不了解發展底思想——辯證法，這是黑格爾所能已經有了的，雖然是唯心的形態的。

費爾巴赫底唯物論在他解決哲學底基本問題上可以鮮明地看到。

費爾巴赫在其哲學改革芻議中寫道：思維、單獨地、抽象地脫離了自然便不給予任何積極的知識；積極的知識產生於人和自然交接的結果或者用費爾巴赫底話說，『我』和『非我』交接底結果。自然——一切知識底來源；眞理的哲學從自然開始而哲學則是其他科學底始祖。自然——一切科學之母。一般的科學和哲學就在他們從自然中發生，在事實上把握自己的發端，他們有着共同的基礎——物質世界。在哲學改革芻議和哲學底基礎中費爾巴赫提出這個問題：即哲學應該把自己的結論依據在自然底事實之上。但是哲學怎樣做到這一點呢？與黑格爾相反，費爾巴赫

認爲哲學不僅在最後才轉到現實，轉到自然，而相反地，它應得從現實，從自然開始。「精神跟隨在感覺之後而不是感覺在精神之後」——費爾巴赫寫道。人底思想——這是事物之末而非事物之始。從思想從意識到自然底過渡是『純粹信仰底放肆』在另一個地方他指出：假如人從研究現實、自然開始并留在那裏，那麽哲學對於人將是經常的需要。假如人不去研究自然而建立哲學體系，那麽這個體系是空洞的和無內容的，它將是僧侶主義。

費爾巴赫對於哲學基礎的了解本身就已經反對了黑格爾的關於哲學底任務和對象的學說。在黑格爾眞理的哲學和宗教結合着。在費爾巴赫眞理的哲學在和宗教區分的地方把握自己的基始。在黑格爾，人從理性過渡到自然。在費爾巴赫哲學從現實、從自然開始。在黑格爾，一切發展是由『絕對觀念』底特殊的能動性來完成的。在費爾巴赫，自然本身的生活放在注意底中心。自然是能動的和完全獨立的。這裏可以看到不同的出發點；哲學內容和對象底相反的論證。

假如照費爾巴赫底學說，哲學底全部內容和性質是由從人與自然的互相關係構成的，那麽在費爾巴赫看來，人是什麽呢？人，費爾巴赫把他看做是自然底一部份。主體、『我』人同時亦是客體，自然底一部份服從自然底規律的。因此照費爾巴赫『我』對『非我』，主體對客體，人對自然的關係是建立在這個基礎上的，即人、主體同時亦就是客體并在這個意義上他表現了與客體與自然的一致。

是的，費爾巴赫底人——這是抽象的生物，既與一定的政黨、階級、階層沒有聯系的，又與一定

的政治利益沒有聯系的，與一定的社會歷史環境沒有聯系的。這樣的人——自然底一部份並且僅僅如此而已。這樣的人——祗是生物學上的生物。在這個意味上，費爾巴赫底人還是抽象的、受動的，他是被動的直觀的生物。生物能動的方面在客體中在自然中。照費爾巴赫底學說，祗有自然作用於人，人則是受動的。

雖然按費爾巴赫，人是外間世界，自然和主觀世界的統一，並在這個意義上他是哲學底最高對象；可是費爾巴赫沒有能夠指出從人到環境到自然的過渡。從人是無動作的被動的生物的這類哲學立場上亦是無法做到這點的。祗有研究人改變世界的活動，祗有研究人們底階級鬥爭才能指出從人到自然的過渡。

當列甯說到德國唯物論哲學體系底缺點時，他首先指出費爾巴赫底所謂『人類學主義』它使費爾巴赫底哲學成爲直觀的，而哲學底對象——人成爲抽象的生物。

費爾巴赫哲學學說底這個人類學主義是什麼東西呢？人類學這個字是從兩個希臘字來的：“Anthropos”，——人、“Logos”，——學說、文字、思想。人類學即關於人的學說、科學。費爾巴赫企圖根據人類學建立整個哲學體系。

最初的影像是：假如費爾巴赫底人是和自然統一的，假如人本身是自然底一部份，那麼人是現實的，具體的。但是這祗不過是最初的影像。祗要看一看自然底特點怎樣表現在人身上以及人和動物界區別在那裏，就可以發見費爾巴赫底學說底弱點。恩格斯在費爾巴赫論中指出，雖然費

118

爾巴赫底人是現實的，但是他是抽象的，處於世界之外的生物。

『……他以人為出發點，但是他沒有一句話提到人底周圍環境，所以他的人仍然是在宗教中出現的抽象的人。』（註一）

恩格斯底這個分析揭露了形而上唯物論（費爾巴赫是其代表）底最重要的缺陷之一。這個缺陷就是他的哲學底直觀性。

假如按照辯證唯物論底學說，人和自然底最高的一致表現於人底實踐活動，表現於工業，那麼，按費爾巴赫底學說，事情就完全不是這樣。對於他人是一成不變的。他的屬性是不變的。費爾巴赫不能夠揭發人底實踐，批判的，革命的政治活動。他脫離其周圍的社會環境來觀察人。在這上面亦就是他的哲學學說底所謂人類學主義之所在。不是偶然的，馬克思底費爾巴赫提綱底第一條說：費爾巴赫底唯物論是直觀的，費爾巴赫不了解社會人底革命的實踐批判的和生產的活動底作用。

不管費爾巴赫對於人的觀點底機智和深刻，他的理論是局限的，不充份的。因為，不管人們如何從生理學和生物學的觀點上去研究人的手（舉例說）底構造，但是他們永遠亦不能達到認識那經手所創造的巨大的歷史事業。為着弄清人的手在社會史上的意義和作用，要求去注意人底生產活動，在這裏人的意識和人的手底功能實踐地實際地表現着。

（註一）馬・恩全集卷十四，六五七—六五八頁。

上述一切就說明了爲什麼費爾巴赫在自己的認識論上亦仍然是抽象的唯物論者。他在一切成熟的著作中宣稱感覺是決定的不從別的東西引導出來的哲學上最初的。他指出感官是哲學底器官。費爾巴赫把感覺看做是人被動的感受自然。在不大的一篇叫做哲學改革底必要的論文中費爾巴赫在第廿九條提綱中寫道：『哲學底主觀的基始和發展同時亦是他的發展底客觀基始。在你思想質量以前，你先感覺到質量。受動的狀況先於思維。』人類意識底變動的狀況（這在費爾巴赫是和一般地感覺等同的）是任何知識底第一階段。這樣在費爾巴赫那裏祇能在局限的範圍內在感覺活動的形態中找得活動底理解。但在他那裏沒有實踐＝感覺的活動。辯證唯物論和形而上唯物論底重大區別之一就在這裏。當費爾巴赫說感覺活動時，他說的是意識底活動。當辯證唯物論者說到感覺的活動時，他指的是實踐＝革命的感覺的活動，其中包括着政治的活動。這裏的區別是原則的區別。

費爾巴赫終於是直觀的唯物論者。他分認識底過程爲兩個階段，在經歷這兩個階段時，人表現爲受動的被動的物體。認識底第一階段他稱爲『心底』活動，第二階段——『腦底』活動。照費爾巴赫，心比悟性革命些，飽充滿着感覺力。頭腦集中注意於自然間的統一的東西。這個統一的東西，頭腦在抽象的形態下記錄下來。當人拋棄心底活動和過份熱中於腦底活動時，自然將凋萎下去。頭腦有時會跑前去，但是在頭腦中常常很久坐着舊的東西。在這個意味上，頭腦是保守的，祇有心指出科學發展的道路。在哲學改革底必要中，費爾巴赫這樣地解決了自己的哲學底這個重要

的問題「頭腦（煩悶形而上的局限性，唯心論底來源）和心（苦難底來源）……是哲學最重要的工具、器官。對象決定直觀的「我」在思維中我決定對象，在思維中我是我，在直觀中我是非我。」

認識底基礎，費爾巴赫承認是自然在人底頭腦中的反映。但是他同樣地很高的估價理性在認識中的作用。他認爲，當人企圖深入自然底祕密時不能避開理性。自然底諸事實一切概括，祇有藉助於理性產生的觀念才能進行。一切知識底眞理性底標準，按費爾巴赫的意見是在人們在意見上的相同。假如觀念在社會中爲大家接受，那麼它們就是眞理。假如對某個理論或觀念有爭論，有不同的意見，這就是說這個觀念還沒有得到完成的形式；卽按費爾巴赫哲學和科學理論底眞理性和虛僞性底標準是在意識底界限內的。但是這是人的知識的眞理性和虛僞性底唯心論的標準。因爲停留在意識底界限內，祇靠觀念在社會內是否流行是不能估計理論底眞理性或虛僞性的。爲着找到理論底眞理性底客觀標準應該走出理論底界限，卽轉到現實本身底發展，轉到人底實踐活動。費爾巴赫在這裏沒有貫徹自己的唯物論，雖然他宣稱自然是精神思想底基礎。

費爾巴赫在哲學思想史上不僅以唯物論者著名，而且以傑出的宗教批評者著名。列甯對費爾巴赫底宗教本質演講錄一書給以重大的意義，這是批評宗教底古典著作。列甯扎記了這部著作和指明了這本書底最鮮明的處所，幷註釋了在批評宗教、基督教和唯心論上底積極收獲的一切思想。

在這本書中，費爾巴赫這樣地提出問題：一切過去的哲學和宗教經了不平等的婚姻，這婚姻應該離開的。批評宗教底結果『不信仰代替信仰，理性代替聖經，寺院代替宗教，地代替天……物質的貧苦代替地獄，人代替基督。』照費爾巴赫底意見這應該是人的觀點從宗教的催眠劑中清醒過來的結果。

但是費爾巴赫沒有提出科學從宗教中完全解放的問題。他認爲有可能和必要把宗教所有的『優點』包含到哲學中去，使宗教成爲哲學的，哲學成爲宗教的。在費爾巴赫那裏，無神論和宗教批判與承認宗教和哲學結合底必要驚人地綜錯在一起。

費爾巴赫把宗教規定爲非實在的非現實的幻想式樣底綜合。宗教是無知之女。按費爾巴赫底意見，宗教不過是移植在自然上的人底屬性，自然底神化。按宗教的觀點，自然獲得了人所固有的能力、力量、利益性質，因此成了神明的。祇要人們在自然中發現眞正的自然，而在人身上發現眞正的人，宗教的外殼馬上就會自己脫去的。費爾巴赫在其宗教本質演講錄中證明了，人在不同的時代創造了不同的宗教觀念。從這裏他得出結論：人照自己的式樣創造神，而不是神創造人。

費爾巴赫沒有能夠暴露產生宗教底階級的社會的基礎；他還不知道宗教底發展是由於社會矛盾的結果。

假如看一看費爾巴赫所提議的和宗教鬥爭的手段，那麼其中沒有一個超越出純粹道德的，倫理的本能和標準底界限。提高到教育水準的道德——與宗教鬥爭的主要手段。假如宗教是無

知之女那麼反宗教底武器就是教育。

列甯稱費爾巴赫的祇用一個教育來反對宗教的鬥爭是傳統的資產階級的宗教批判。在另一地方列甯說到費爾巴赫反對宗教鬥爭是傳統的戰爭恩格斯同樣指出，費爾巴赫完全不想廢除宗教，他祇想充實它。

在費爾巴赫底宗教批判中同樣應該注意到他所加強的和完全公允地強調的各種宗教阻礙科學進步的作用。例如，費爾巴赫詳細地研究了『基督教產生於社會生活頹廢和墮落的時代』的問題，他寫道『假如人們企求達到眞理達到天上的生活，這就是說地上的生活是謊語和欺騙』費爾巴赫在結束這個宗教批判時，指出上帝不過是神祕地理解着的人的本質及其一切固有性。因此，誰信從關於上帝的學說，信從神學，他便是信從無知，相反地，無神論給科學以生命、力量、能力來達到有益的結果。

費爾巴赫在他的宗教批判中所提出的正面的思想帶着妥協的性質。這在費爾巴赫企圖創造新宗教來代替舊宗教上就已經表顯出來了。在自己企圖創造新宗教——愛底宗教上，他是從理解社會爲人們底自然』種族關係出發的。規定社會爲種族的聯系時，他亦規定人底幸福爲企求道德的完善，道德的自足。在這個意味上人當求得幸福時應該犧牲自己，不應該追求實際的利益，因爲他的利益是在道德的領域內。這裏鮮明地顯露了在宗教及其與社會的關係的定義上的神祕的契機。費爾巴赫觀點底這個方面將特別清楚，如果注意到他的下述的結論：即在社會中人

對人是神而不是獸——如十七世紀英國哲學家湯姆士·霍布士所想像的一樣。這樣，費爾巴赫把愛看做宗教而神——愛底最高表現與收穫。他把愛看做是人底感性底特殊狀態，而感性在其最高表現上等於神，因爲，感性神化了和愛底本質就在感性而這個感性最鮮明地表現在心底活動上，所以心亦被承認爲宗教底本質。按費爾巴赫沒有宗教就沒有道德沒有善行，因在自己任務中包括着人底道德教育的哲學應該和這類的宗教符合。這裏費爾巴赫最鮮明地暴露了自己的不澈底性。人和自然底屬性底綜合在他那裏出現爲在人身上的特別的神。甚至可以說：費爾巴赫底神——這就是人底本質而人底本質亦就是神。因此人不應企圖創造這樣的關於宇宙的圖畫，即神支配着這個世界。按費爾巴赫人不應該想像站在宇宙之上的神，而應該在自己身上，在自己的最高本能表現，特別是愛之中發現它。性愛、男女關係是費爾巴赫宗教底核心。他的將宗教包括於哲學中的觀點是根據在這上面的：既然人及其一切熱情，道德的本能，感覺的自愛應該成爲哲學底對象，所以表現在愛上的人底感性同樣亦應該成爲哲學底對象。

雖然費爾巴赫沒有完全從德國唯心論和德國資產階級底宗教夢想中解放出來，可是他的宗教批判總還是帶有進步的和積極的性質。

假如注意到上述一切，而對於費爾巴赫在德國哲學史上及在文化史上的地位，對於他的哲學的積極的『核心』要做一個結論的話，那麼這個結論可以寫成下述的基本的諸要點。首先應該注意，不管他的唯物論底直觀性，不管他對歷史過程底唯心論的解釋，他的哲學底形而上性，無

124

神論和承認特別的等同於愛底宗教的結論——不管所有這些局限性，費爾巴赫底唯物論較之十七——十八世紀底唯物論是哲學和科學思想發展底更高階段。在十八世紀法國唯物論者底活動之後，費爾巴赫第一個在德國的基地上恢復了唯物論，并且沒有停留在十八世紀唯物論所已經達到的水準上而推動了它前進。費爾巴赫底哲學學說，在馬克思和恩格斯底哲學觀點底形成上有巨大的影響，幫助了他們給黑格爾唯心論以堅決的批評。大家知道，費爾巴赫第一個起來批評最『聰明的唯心論』——黑格爾的唯心論。費爾巴赫詳細地、唯物地闡明了哲學底基本問題；他證明了：哲學本身是第二次的，主觀是依存於客觀并和它處於深刻的統一中。費爾巴赫闡明了自然怎樣產生人，及和自然一致的人怎樣認識自然。依據在斯賓諾莎及其著作神學＝政治論文之上，依據在十八世紀法國唯物論者費爾巴赫底著作之上，費爾巴赫做了給宗教以歷史批評的極佳的企圖。他證明了：關於神（基督教內各宗派以他來行動的）的觀念是爲人本身創造的。假如像基督教那樣理解神，那麼神是沒有的。神並不站在自然和人之上。這個結論是費爾巴赫在宗教批評領域內的歷史功績。最後，當估計費爾巴赫在哲學史及社會思想史上的功績時，不能不提到費爾巴赫底民主主義的思想。不是偶然的，法西斯野蠻派將費爾巴赫底著作和羅曼·羅蘭、高爾基、愛因斯坦及其他傑出的文化、科學巨匠的著作一起焚燬。法西主義—野蠻主義和厭人主義的思想——反對費爾巴赫。這不是偶然的，不僅因爲費爾巴赫是一切神祕和野蠻底敵人，而且因爲費爾巴赫爲民主主義而鬥爭，反對十九世紀德國底反動和專橫。他深刻地仇視政治上的反動

派，科學上的神父哲學講座裏的『棍子』。所有這些說明，爲什麽費爾巴赫是馬克思主義底哲學先驅者之一。正是由於所有這些我國的革命人民極高地估價着費爾巴赫在世界文化史上的作用。

三　辯證唯物論——馬列主義政黨底宇宙觀

馬克思和恩格斯以前的哲學理論，雖然有時亦包涵着偉大的發現，但是總還不是澈底的，完全科學的，在一切結論上無畏的，本質上是澈底革命的理論。不論黑格爾底辯證學說，不論費爾巴赫底唯物理論都是一樣。完全明白的，爲什麽在一八三〇—四〇年代在歐洲許多國家中形成起來的工人階級不能簡單地借用這些在當時是先進的理論。它應當鍛鍊出自己的理論武器，澈底革命的和有效的勇敢的打擊勞働者底敵人們的武器。

馬克思和恩格斯底哲學學說不是黑格爾底辯證思想和費爾巴赫唯物論學說底『合命題』。但是如馬克思和恩格斯曾經寫過的一樣，費爾巴赫曾經給了他們以巨大的『解放影響』。馬克思在當時的一篇文章中這樣地估計了傑出的德國唯物論者底哲學：

『而你們，思辨的神父和哲學家，我勸告你們，假如想要知道事物如他們在現實中存在的一樣——即達到眞理，那麽就要從過去的思辨哲學的觀念和成見中解放出來。而對於你們沒有別的道路可以達到眞理和自由，除了經過費爾巴赫這一道路外——這是一『煉獄』……它是我們

時代底瀨罪所。』——（註一）馬克思與很高的估計費爾巴赫同時就開始批評他的觀點底局限性。馬克思這樣地結束費爾巴赫提綱『哲學家祇是各色各樣地解釋了宇宙，但是事情是在改變它。』（註二）

這已經是新的社會階級底——無產階級底——新的宇宙觀底敍述。引導工人階級走上爭取共產主義鬥爭的道路——這是馬克思和恩格斯在製定關於解放工人階級的天才學說時，放在自己面前的任務。

在一八四四——一八四六年時的早年著作中馬克思已經給了鮑威爾所領導的一個學派以批評，這派否認革命人民在社會發展上的創造作用。鮑威爾及其擁護者宣傳一種理論，按這種理論歷史過程底一切缺點都算在羣衆行動底賬上，而這個過程底一切進步點都歸之於個別活動家底精神創造。這時候馬克思第一次完成了歷史唯物論底那個最重要的論點，即歷史是爲人民本身所創造的和人民的鬥爭決定歷史發展底方向。馬克思在神聖家族中寫道『假如社會主義作家將這個全世界歷史的作用歸之無產階級，那這絕不是由於（如批評的批評家告訴我們的那樣）他們認爲無產者是神的緣故。』（註三）

『毋甯是——馬克思寫道——相反地，因從一切人的東西甚至從人的形態中的抽象，在形成着的無產階級身上找得了實踐地完成的表；因爲在無產階級底生活條件上現代社會底一

（註一）馬・恩全集卷一，一二〇頁。（註二）同上卷四，五八九及五九一頁。（註三）同上卷三，五六頁。

切生活條件達到了非人底頂點；因爲在無產階級身上人失去了自己，并同時不僅發現了這個失去底理論意識而且受着什麽都不能停止的、把捉不住的、絕對權力的窮困（必然性底實際表現）底命令而直接被迫地起來反對這非人狀況——所以無產階級能夠而且應該自己解放自己。但是他不能解放自己，如果不消滅自己本身的生活條件……不消滅集中於他自己地位上的現代社會底一切非人的生活條件。他不是枉費地經過勞働底嚴格的鍛鍊的。」（註一）

馬克思做了極著名的結論說：在整個歷史上精神的發展是在有損於人類一般羣衆的情況下進行的。但是在工人階級創造的那個社會制度內人們思想的發展將與勞働者物質幸福底高漲同時並進。

蘇聯的偉大經驗便是這個思想底最好的證明。斯大林同志在其在斯達漢諾夫式工作者會議上的演說中指明了我們革命底那些特點，由於這些特點全民底文化高漲乃是過渡到共產主義和消滅智力勞働和體力勞働對立底必要的階梯；他指明祇有偉大的十月社會主義革命才保證了我國人民一切力量繁榮怒放底物質條件。

但是假如全部社會歷史是以人民底活動爲基礎，假如歷史上不朽的和肯定的一切東西都取決于人民怎樣爲它鬥爭和人民怎樣創造它，那麽顯然的，馬克思和恩格斯首先看到自己的任務是在組織人民并使他的活動對于歷史過程成爲更加有效果的。

（註一）馬・恩全集卷三，三五六頁。

馬克思和恩格斯一步步地揭破自由資產階級代表們所做的所謂『保護』人民。人民應該自己解放自己——這是馬克思和恩格斯底結論。

和人民在社會發展中的作用的學說直接聯系着的是馬克思和恩格斯關於改變現實是革命的理論和實踐底任務的學說。馬克思證明了思想永遠沒有引導社會走出舊社會底界限，他祇引導走出了舊社會底思想底界限，爲着眞實地實現這個過渡就需要應用實踐的力量。爲着解脫現實的枷鎖就需要應用現實的鬥爭手段。祇在在鬥爭中吸收人民底大多數，這種手段才能算是充份的。

在這個條件下『與歷史動作底根據一起將生長着羣衆底規模歷史行動就是羣衆底事業』。(註一)

人民，他的活動，他的組織，他的爭取政治自由的能力，他的無盡藏的力，能夠消除一切舊的保守的政治制度和一切舊的死去了的學說的力——這就是馬克思寫過的那個改造世界的偉大的歷史力量。

馬克思和恩格斯底事業底偉大的繼承者——列甯和斯大林對馬克思底這個思想付予極大的意義。列甯尖銳地批評了民粹派底抹煞羣衆活動，他證明祇有在無產階級革命之後『從社會主義起才開始在社會和個人生活底一切領域內的迅速的眞正的羣衆的在人民大多數參加

(註一)馬・恩全集卷三，一〇五頁。

下的以後爲全體人民參加的前進運動。」（註一）

斯大林在發展馬克思和恩格斯第一次在神聖家族中所說出的著名的思想時，同時指明了，民族和國家底命運決定於千百萬勞働羣衆，祗有社會主義才解決了全體人民爲着人民本身利益的自覺活動的問題。

勞働者——歷史過程底眞正創造者，歷史底眞正創造者。

當我們注意到斯大林同志在接見五金工業和煤業工作人員時所說的關於人民不朽的話，可以看到，馬克思和恩格斯關於人民活動底作用的思想得到了更鮮明的、更深刻的意義。

馬克思認爲改變現實祗有在認識這個現實的條件下才可能。現實的、實際的歷史應該成爲哲學底基礎。在這個基礎上，馬克思尖銳地批評了烏托邦社會主義者底思想，這些思想防礙了工人階級自我意識底更進的發展。

馬克思和恩格斯不是簡單地贊成改變現實，而是主張這個改變底一定性質，這個改變底結果應該是共產主義社會。

馬克思在共產主義上看到這樣的一個社會，在那裏沒有私有財產和剝削，在那裏歷史自覺地創造着，在那裏人在社會歷史上第一次得到了和諧的各方面的發展底可能。

馬克思和恩格斯在許多著作中（其中包括天才的共產黨宣言）所發展的關於共產主義

（註一）列寧全集卷廿一，四三九頁。

革命和無產階級革命的思想指明了一切民族底將來，指明了工人階級勝利底必然性。

他們以不可擊破的邏輯向全體先進的和進步的人類宣佈了工人階級底全世界歷史的作用，共產主義革命和勞働者奪取政權底必然性。馬克思底話：「一個巨影在歐羅巴躑躅着——共產主義底巨影，」這是高傲的、充滿着對工人階級勝利信心的號召被壓迫者起來作解放鬥爭的有力的號召。

馬克思和恩格斯在共產黨宣言中指明資產階級社會創造了強大的生產手段和交換手段，好像一個魔術師一樣，却不能對付他所呼喚出來的力量。日益尖銳化的階級鬥爭和無產階級組織性底增漲——資本主義快要死亡和社會主義革命底必然性底證明。

世界發展底全部以後的經驗光輝地證實了馬克思主義創始者底天才的預言。

馬克思主義創始者們底全部以後的生活是爭取那個新社會制度——共產主義底鮮明的和澈底的鬥爭，它的產生底歷史必然性馬克思和恩格斯在上世紀四十年代就預言了的。

* * *

隨着無產階級底革命羣衆運動底生長和展開創造了和琢磨了它的宇宙觀，它的革命理論，這個宇宙觀，這個理論，用列甯的話說，是祇有在和眞正羣衆的和眞正革命的運動密切聯系中才能形成的。這就是爲什麽馬克思主義的「理論是在其一般形態取來的各國工人運動底經驗。」（斯大林）

馬克思和恩格斯所創造的、列甯和斯大林所提高到新的更高階段的理論從第一步起就和無產階級底革命運動和無產階級政黨底鬥爭聯結着。正因爲工人階級底政黨掌握着澈底＝科學的馬列主義的理論這樣的有力武器，他能夠給勞働者指出走向他們解放的道路和科學地發現反對舊世界鬥爭的有效的手段馬克思主義在無產階級身上找得了自己的物質的武器。無產階級在革命理論身上找得了思想的武器理解自己的任務，理解社會發展和階級鬥爭底規律理解實現自己的最後目的底道路。列甯寫過：沒有革命的理論就不能有革命運動，吸引各國澈底革命家走向馬克思主義理論的不可克服的力量乃在馬克思主義內部地和不可分離地結合着嚴格的高度的科學性和澈底的革命性。

還在自己的早期著作——什麼是『人民之友』和他們怎樣反對社會民主派及做什麼中，列甯小心地說明了關於革命人民及其先進階級（無產階級）戰勝沙皇制度和資產階級底條件的問題。這個最重要的條件，列甯認爲是將工農底羣衆革命運動和科學社會主義結合起來科學社會主義，用斯大林同志底話來說，是從辯證唯物論中邏輯地必然地產生出來的。

列甯和斯大林教導道：留在自發運動和工會主義意識底階段上工人階級是不能勝利的。馬克思和恩格斯爲其創立而工作的，列甯和斯大林在最大的革命戰鬥中所撫育、鍛鍊、教育的工人階級政黨實現了自覺的澈底＝革命的鬥爭。正是布爾塞維克黨能夠把羣衆的工人運動和科學社會主義結合起來，正是它以辯證唯物論的宇宙觀爲領導將世界工人運動提高到更高的階段，

引導沙俄工人階級奪取政權，引導蘇聯走向全世界歷史意義的勝利。

工人階級底導師和領袖——馬克思恩格斯、列甯、斯大林將世界歷史底一切成果用來爲革命的改造社會及繁榮眞正科學的知識服務。跟着無產階級底階級鬥爭底發展產生了歷史的必然性來確定這個鬥爭底原則和在歷史上唯一的澈底革命的階級——無產階級底宇宙觀。由於各個別知識部門的發展和巨大的事實材料底堆積出現了一種可能來創立嚴格科學的、深刻革命的哲學理論作爲『自己發展底完全範圍上』（註一）的知識。馬克思和恩格斯所創造的、列甯和斯大林所發展的就是這樣的理論，它是工人階級澈底＝革命政黨底宇宙觀。

『馬克思主義不僅是社會主義底理論——斯大林同志寫道——這是完整的宇宙觀，哲學體系，從這裏面邏輯地產生馬克思底無產階級社會主義。這個哲學體系叫做辯證唯物論。』（註二）

馬克思和恩格斯、列甯和斯大林所創造的唯物辯證法是工人階級及其政黨底哲學是無產階級階級任務和鬥爭經驗底自覺的表現，是人類在幾千年社會和科學發展中所積累的一切肯定的、有生命的、進步的東西底天才的概括。

與一切以前的形而上的理論不同，列甯和斯大林底黨把自然和社會底全部生活看做是矛盾發展底結果，即辯證地永遠運動着和發展着的。辯證法作爲一種方法是和形而上學直接對立

（註一）列甯哲學筆記一〇三頁。　（註二）引自勃里·里關於外高加索布爾塞維克組織史問題一一五頁。

的，其特徵是『不把自然看做彼此脫離彼此孤立，彼此沒有依存的對象和現象底偶然的堆積——而看做聯結着的統一的整體，在這裏各種對象、現象有機地彼此聯結着彼此依存着彼此制約着。』

辯證法與形而上學相反，形而上學把自然底對象、現象抽象地、彼此孤立地，在他們的生活和歷史發展之外去觀察。辯證法具體地在一切周圍條件底聯系中去觀察每個現象。因此，辯證的認識是正確的、豐富的、多方面的。

不僅自然而且社會人底一切認識，一切他的思想和概念，辯證法都在發展和變化中去觀察。**在人底思維中正如在自然間一樣沒有甚麼絕對不變的、永遠如是的東西。**

客觀地應用着的概念底靈活性底典型例子可以舉出列甯關於資產階級革命轉變為社會主義革命的學說。部份地他的論策略書在指出了政策底任何科學論證應該出發於『最確切的，客觀地考驗過了的估計階級底互相關係及每一個歷史時機底具體特點』（註一）之後，列甯製定了嚴整的歷史地具體的關於資產階級民主革命到社會主義革命的轉變的學說，并無情地揭破了社會主義革命底叛徒們，以後變成間諜、軍事破壞者、暗害者和暗殺犯的匪幫的托洛茨基、加米業夫、齊諾維埃夫、富可夫、布哈林等資產階級應聲蟲們的反革命的『理論』。這些叛徒曾經反對社會主義革命叛變了工人階級底事業，這些叛徒企圖使革命的發展向後轉，消滅工人階級奪

（註一）列甯全集卷二〇，一〇〇頁。

取政權底可能，『重複着無意義地死記着的公式，而不去研究新的、生動的現實底特點。』列甯揭破了加米業夫——齊諾維埃夫立場底叛徒的仇視無產階級的實質。

『「無產階級和農民底革命＝民主專政」——列甯在一九一七年四月指出道——已經實現了，雖然是在異常特殊的蘇維埃和臨時政府兩個政權并存的形式中。社會主義革命和爭取工人階級專政已經放在日程上了。生活使概念從公式底王國走入現實底王國，充實之以血肉具體化了它，并且這樣便變化了它的形態。』（註一）這就是關於辯證認識底具體性和靈活性底列甯的提法。

與這個相聯系的應該特別指出斯大林同志所更進的發展的馬＝列主義關於社會主義國家是保證順利的完成建設無階級的社會主義社會和逐漸從社會主義過渡到共產主義的偉大的、創造的改造的力量的學說。十八次大會上的斯大林報告在國家的學說中加進了些什麼新東西呢？斯大林同志證明我們國家發展底全部經驗及社會生活底全部現代的環境和馬克思及恩格斯生活着的時代的社會發展有着根本的區別。對於那個時代，對於前世紀中葉以為社會主義社會祇能同時在一切或大多數大資本主義國家中同時勝利的觀點是完全正確的。但是在帝國主義時代，這時候資本主義發展不平衡底規律表現得更加有力，這時候工人階級堅強和發展了，這時候在政治鬥爭底長久的經驗中生長了有鍛鍊的工人階級底共產黨，它能夠領導工人階級

（註一）列甯全集卷二〇，一〇〇頁。

獲得勝利和鞏固勝利，在這時代，社會主義首先在少數或者一個單獨的國家內的勝利成爲可能的和必然的了，而社會主義在一切國家內同時勝利是不可能的了。

這就是說，歷史環境較之馬克思和恩格斯在世時發生了根本的變化。馬克思和恩格斯底觀點是從資本主義在壟斷前的發展的條件出發的，那時候社會主義在大多數文明國家中同時勝利是現實的前途，并且預計着在那確立了無產階級專政并在社會主義的鄰邦包圍中的國度裏，國家在過渡到共產主義去時，跟着共產主義社會高階段底實現就可以完全衰亡。

但是在帝國主義時代，歷史環境劇變了。蘇聯社會主義建設底具體的歷史條件鮮明地證明了列甯和斯大林關於在一個國家內和在資本主義國家底包圍中社會主義建設的新學說。斯大林同志總括蘇聯社會主義建設底偉大經驗證明：在新的歷史條件下，處於資本主義包圍中的社會主義國家，在過渡到共產主義去時，不應該衰亡下去而應該鞏固起來。如果共產主義社會建立在一個國家中，并處於資本主義包圍下，那麽就在共產主義下國家仍然存在的。

斯大林同志所闡明的關於蘇維埃國家發展底兩個階段的問題，關於跟着社會主義建設底任務和具體條件的變化，社會主義國家底作用的變化的學說乃是列甯的關於社會主義時期內社會主義國家底作用的學說底光輝發展。

與形而上學不同，「辯證法觀察自然不把它當做靜止和不動，停滯和不變的狀態，而看做不斷的運動的變化，不斷的更新和發展的狀態。在這裏永遠是某種東西產生着發展着，某種東西破

135

壞着過完了自己的時代。』作爲澈底＝革命的理論的辯證唯物論，科學地揭露一切發展底前途、將來，并指明在這個發展中什麼東西應該勝利和什麼東西應該死亡。這樣，辯證法在馬列主義政黨手中乃是戰鬥的有效的領導的理論武器，用以爭取進步的有生命的肯定的東西的勝利和消滅反動的過時的舊的東西。聯共（布）黨史簡明教程以列甯—斯大林的明智指出，對於我們黨首先重要的不是那目前似乎鞏固而已經開始衰亡的東西，重要的是產生着和發展着未來屬於他的東西。正是從辯證唯物論底這個論點中產生了那個對於馬＝列主義者在爭取共產主義社會底建成中的領導的訓示：『就是說，要在政治上不犯錯誤，要向前看，而不要向後看。』

從辯證法底下列的這個要點中同樣產生着對於一切先進的進步的人類的極端重要的結論，這個要點就是一切發展看做是從小小的和隱祕的數的變化到公開的、根本的質的、突然的飛躍的變化底過渡。按照馬克思主義辯證法底這一要點，『從一種狀態到另一種狀態底一切過渡，其到來不是偶然地，而是規律性地是看不見的和逐漸的量的變化底積累底結果。』自然，社會生活和人的認識底發展進行於從舊的狀態到新的狀態的各種過渡底過程中，并且不是轉圈子的運動和『過去了的事物底簡單的重複而應該了解爲前進的運動，爲依向上昇漲綫的運動，爲從舊的質的狀態到新的質的狀態底轉變，爲從簡單到複雜，從低級到高級的發展。』

由於馬克思主義的辯證法，人類社會底歷史得到了唯一正確的科學的解釋，勞働者在爭取自己解放底鬥爭中有了不可替代的武器。

137

辯證唯物論是下述馬＝列主義創始者底極佳的學說底科學的根據；這學說就是工人階級從資本主義奴役下的解放祇能經過革命而不能經過資本主義底緩慢的量的變化。正從這裏，產生了下面的著名的結論：『就是說，要在政治上不犯錯誤，就要做革命家，而不要做改良主義者。』

在聯共（布）黨史簡明教程第四章中我們讀到：『與形而上學相反，辯證法底出發點是自然底對象自然底現象都固有着內部矛盾，因爲所有他們都有自己的正面和反面，自己的過去和將來，自己的腐朽的和發展的，而這些對立底鬥爭，新與舊之間的鬥爭，衰亡與生長之間的鬥爭，消滅與發展之間的鬥爭組成了發展過程底內部的內容，從數量到質量轉變底內部的內容。』

辯證唯物論提供了一種可能去滲透社會和自然發展底歷史規律性底意義和使認識了的規律來爲工人階級及其政黨底革命行動服務。辯證唯物論暴露統治於自然和社會中的矛盾，指出革命的解決這些矛盾的道路。在全部客觀世界和思維歷史上看到的對立底鬥爭帶着普遍的性質。列甯關於辯證唯物論底這方面寫道：

『統一物底分解爲二和認識其矛盾的部份……是辯證法底實質（一「本質」之一，基本的要點和特點之一，如果不是唯一的基本要點）』（註一）客觀世界和認識底一切方面經過這個鬥爭而發展着，因此在自然和社會底一切過程中，在科學發展底一切領域中發現『互相排除的對立的傾向』乃是『在其「自己運動」中，在其自發的發展中，在其生動的生活中去認識宇宙底

（註一）列甯全集卷十三，三〇一頁。

「一切過程」（註一）的決定的條件。在自然和思維底最簡單的和最基始的現象和聯結上，辯證唯物論就已經揭露了區別和矛盾，對立底互相聯系。甚至最簡單的機械運動已經是深刻的矛盾和同時是這個矛盾底不斷的再生和解決。

跟着轉入更複雜和多方面的自然現象，那他們的矛盾發展成爲更豐富的了。反映、發現活的生命底矛盾和組織鬥爭來革命的實踐的解決它們——這是辯證法底基本要求。從這裏產生了對於無產階級及其政黨的全部實踐活動的結論：

「假如發展底進行是經過內部矛盾的發露是經過基於這些矛盾之上的對立力量底衝突來克服這些矛盾，那麼，很明白的，無產階級底階級鬥爭是完全自然的與必然的現象。

這就是說不應該掩飾資本主義秩序底矛盾而應該揭發和暴露這些矛盾，不應該熄滅階級鬥爭而應該把它貫澈到底。」

正是這些亦就解釋了爲什麼列甯認爲可能給唯物辯證法下定義爲關於對立底一致和鬥爭的學說，爲研究在對象底最本質上的矛盾的科學，并指出這個定義包括着辯證法底核心。「辯證法是關於對立怎樣能夠和怎樣會（成爲）同一的——在那些條件下他們是同一的彼此轉化着的——爲什麼人底智慧不應該把這些對立當做死的、僵化的而應該當做活的有條件的、活動的、彼此轉化的來把握它的學說。」（註二）——列甯寫道。

（註一）列甯全集卷十三，三〇一頁。（註二）列甯哲學筆記一〇九頁。

139

辯證唯物論關於一切是根據對立底鬥爭而發展着的論點底最好的例子和範例是蘇聯工人階級專政底發展。社會主義底無數敵人做了不少的企圖，想使蘇聯底發展脫離鞏固工人階級專政底道路而走上剝削和『衰亡』它的道路。人民底兇殘的敵人，法西斯的走卒布哈林力主立卽消滅軍隊和維護革命秩序的機關等等。

斯大林同志揭露我們發展底辯證法。斯大林同志在我們黨底第十八次代表大會上說：

『我們正繼續前進，向共產主義前進。是不是在共產主義時期國家在我們這裏同樣亦保存着呢？

是的，還保存着的，假如那時候還沒有消滅資本主義的包圍，假如還沒有消滅外來的武裝進攻的危險，而且很明顯的，我們國家底形式又會跟着國內和國外環境的變化而改變的。

不，不會保存而會衰亡下去，假如資本主義的包圍已被消滅，假如它在那時候已爲社會主義的包圍所代替。』（註一）

蘇聯社會主義建設底經驗完全證實馬＝列主義底這個古典的論點。我們的國家底向共產主義去的發展依靠在社會主義國家及其軍隊底日益增長的力量上。

我們黨底辯證法是自然和社會底唯一科學的理解，它與任何改良主義，任何形而上學是不可調和的。它將全世界發展底經驗用來替革命鬥爭服務，它給了工人階級和黨以對列甯—斯大

（註一）斯大林在十八次大會上關於蘇共（布）中央委員會工作總報告五六頁。

林事業底正確和對他的實現底不可搖撼底信心。

辯證唯物論不僅是認識自然和社會現象底澈底科學的和革命的方法，而且是自然現象底科學的、馬列主義的解釋。他同時是唯物論的理論馬克思主義的哲學唯物論。

辯證唯物論給我們黨以認識和改變現實底有力的思想武器。蘇聯共產黨（布）由於辯證唯物論，在自己的活動中依據在歷史發展規律底確切的全面的知識上。

列甯和斯大林黨底宇宙觀底出發點是承認客觀的在我們之外存在着的世界，即自然和社會。黨在人底周圍底物質世界上看到一切思想出現和發展底來源。辯證唯物論底宇宙觀和各色各種唯心論底最重要的根本的區別就在『關於我們認識底來源，關於認識（及一般的「心理的東西」）對物理的世界的關係……』（註一）的問題上。馬＝列主義政黨宇宙觀底澈底＝唯物論的性質根本地破壞着任何主觀主義、煩瑣哲學、理論之脫離生活。

由於辯證唯物論底出發點是物質世界本身，所以馬＝列主義政黨底宇宙觀就有着不斷充實的無盡的來源。辯證唯物論底基本論點，按形式是和客觀世界規律有區別的，按內容是和它完全符合的，因為邏輯底規律不過是自然和社會底發展在人底意識中的反映。

辯證唯物論底這種性質是為下述這點規定的：即它在自己的內容中包涵着自然、社會和思維各方面發展底總結、富藏。唯物辨證法『應該從自然和精神底全部生活中引導出來。』辯證唯

（註一）列甯全集卷十三，二一三頁。

物論要求：「將一切人的實踐加進於對象底完全的定義中去，作爲眞理的標準以及從人的需要上實際地規定對象底聯系。」（註一）

馬＝列主義政黨底宇宙觀底全能正確和深刻的生命力是產生於關於革命理論對實際的關係問題底正確的科學的解決。由於這個和生活有內部的和深刻的聯系，我們黨底科學的宇宙觀獲得了深刻的客觀內容，多方面地爲社會人底實踐，社會主義建設，世界共產主義運動及整個科學發展底實踐所考驗。

但是在社會史上沒有超於社會和人之上的抽象的「生命」和「實踐」。這個「生命」永遠是歷史地和社會地具體的，它存在於社會階級政黨底活動底形態中。辯證唯物論在科學史上第一次具體地和多方面地揭露了實踐本身。

馬＝列主義底創始者看到前世紀底哲學家和自然研究者底最重大的局限性之一正是在：他們「完全輕視了研究人底活動對他的思維的影響。他們——恩格斯寫道——在一方面祇知道自然，在另一方面祇知道思維。但是人的思維底最重要的和第一個的基礎却正是人底改變自然，而不是一個作爲自然的自然；而人底理性底發展正是比例着他怎樣學會了改變自然。」（註二）

馬克思和恩格斯就已經科學地論證了辯證唯物論底對象和性質，解釋了辯證唯物論是論客觀世界和認識發展的一般規律的科學。馬克思主義底創始者指明爲着滲透於客觀世界和認

（註一）列甯全集卷二六，一三五頁。（註二）馬・恩全集卷十六，四〇六頁。

識發展底最一般的規律的意味和把認識了的世界發展底規律來爲工人階級服務，就要求共產黨底積極活動克服一切舊的意識形態和批判地創造地概括世界科學底一切成果。

馬克思不倦地重複指出我們哲學底特點在於他的行動性、能動性，在於他的改造、改變世界底意圖和能力。他批評了過去的一切哲學理論和體系，因爲他們是非行動的、受動的、直觀的。他科學地闡明了什麽叫做改變世界這一問題。祇有布爾塞維克黨才能夠把這一問題從理論的範圍轉入生活中去。它根據革命底經驗闡明了這一問題：即應該如何改變世界，用什麽手段和怎樣可以把哲學和能夠實現這個改變現實的強有力的實踐力量結合起來。這樣，列甯和斯大林底黨把馬克思底公式——哲學至今祇是解釋了世界，而任務是在改變世界——從公式變成了現實。正是我們的黨，蘇聯勞働者在它的領導下能夠改變了世界，基本上建成了社會主義社會和進入了從社會主義到共產主義的逐漸的過渡的階段中。

馬克思在神聖家族中已經指出過去許多哲學體系底錯誤是在：人們常常想改變他們周圍的現實，可是認爲：祇要藉助於觀念就可以改變現實。一切烏托邦社會主義者是這樣做的，許多偉大的哲學家亦是這樣做的。馬克思證明，單單一個觀念不能消滅奴隸制和使人走出舊制度底界限。觀念祇能脫出舊制度觀念底界限，而爲了找到眞正的出路應該採用實踐的力量。

列甯和斯大林發展了馬克思底這個思想。他們指明馬克思主義的布爾塞維克黨底宇宙觀底特點就在與認識理論、思想在社會生活中的作用一起最堅決地承認羣衆底革命毅力，革命創

143

造，革命倡導底意義。

在經濟工作人員代表會議的演說中斯大林同志曾舉過極好的例子來說明替我們黨底鬥爭服務的、替共產主義社會建設服務的偉大歷史經驗。斯大林同志在這演說中說在軍隊、民族、和國家史上曾有這樣的情形，卽因爲不知道走向勝利的正確道路，軍隊遭受了失敗。祇有布爾塞維克能夠將兩個偉大力量——革命理論和羣衆底實踐活動結合起來。

這個改變世界的思想在斯大林同志底一切著作中得到了光輝的發展。斯大林同志指明：馬克思主義不僅是社會主義底理論，而且同樣是整個的宇宙觀，哲學體系，從其中邏輯地產生出馬克思和恩格斯底無產階級的社會主義。這個哲學體系叫做辯證唯物論。在這意義上，斯大林同志在全部地解答了最複雜的問題底意義和意思，這個問題就是哲學至今祇解釋了世界而任務是在改變世界。斯大林同志天才地揭露了，稱爲辯證唯物論的哲學體系，照耀着奪取無產階級專政的道路，在無產階級專政的條件下，科學共產主義底思想掌握着人民而成爲能夠改變世界的有力的力量。

布爾塞維克黨底革命思想在一九一七年十月以前就已經是傑出的有力的力量。在奪取了工人階級專政之後，這些思想更獲得了全世界＝歷史的意義，這時候辯證唯物論在六分之一的地球上成了統治的宇宙觀了。由於這布爾塞維克黨在社會生活史上第一個團結了千百萬人來爲着達到一個目的而奮鬥，產生了一個有力的運動，在這運動中人民和共產主義合而爲一。

作爲馬‖列主義政黨底宇宙觀的辯證唯物論是唯一的哲學思潮，它已經實際地實現了共產主義科學和人民之間的生命的深刻的統一。

在文化、科學哲學史上，還不會有過這樣的情形，即科學的宇宙觀，先進的哲學理論成了全民的資產，成了千百萬人底理論武器。并且在工人階級專政出現以前這亦是不可能的，因爲過去的哲學體系不能完全適合人民底利益，甚至過去先進的科學理論亦不能成爲人民底資產，因爲意識形態影響的手段和意識形態底傳佈是操在統治階級手中，這些統治階級永遠無意於使人民知道社會生活底規律和科學地理解自己的任務。所有這些，從工人階級奪得了政權以後，就根本地改變了。

我們的黨正和一切共產國際底黨一樣，和資產階級的及改良主義的政黨相反，力求使全體人民掌握現代的科學宇宙觀——辯證唯物論。而且列甯和斯大林底黨有着一切手段來實現這點。實現這個偉大任務底基礎是社會主義在我們國內的勝利，是斯大林憲法。

十八次黨大會提出的任務——共產主義的教育人民，這眞是最偉大和崇高的任務，是人們和國家所從未提出過的。需要以全部的注意力深刻地思索這一任務底實質。將全體人民團結在一個宇宙觀（馬‖列主義）的旗幟之下，把對社會發展規律的科學觀點變成蘇維埃社會底唯一的宇宙觀。

在過去，任何一個社會，任何一個階級，任何一個政黨都不能提出這樣巨大的任務。資本主義

國家中的統治階級現在也不能提出這樣的任務。因爲沒有一個剝削者階級高興使科學成爲人民底資產，使人民積極參加政治生活，更不高興人民將自己的運命掌握在自己手中。這些歸根結蒂就決定了剝削者階級反對在勞働者中傳佈對社會發展的科學觀點。

由於偉大的十月社會主義革命底結果，情形就根本改變了。蘇聯所獲得的成功使得可以有這樣的迅速的和各方面的我國人民底文化高漲，這樣的他的社會主義意識底生長，以致科學的宇宙觀成爲統一的宇宙觀。現在要求我們來進行巨大的更進一步的工作來共產主義的教育勞働者，來提高蘇維埃社會底思想＝政治水準。

列甯和斯大林底偉大的黨底十八次大會給了蘇維埃人民以他們的物質和文化水準更進一步的生長的綱領，更大的道德＝文化的和思想的團結。蘇聯勞働者在布爾塞維克黨周圍，黨所進行的共產主義的教育羣衆，使全蘇聯的人民，千百萬勞働者——積極的共產主義建設者去研探人類科學知識底偉大寶庫——馬克思主義——列甯主義。

把世界工人運動底經驗，全部科學的發展包涵於馬克思哲學理論中去的列甯和斯大林的學說，使這個科學成爲在他的歷史發展底全部範圍上的知識。我們黨底哲學宇宙觀底絕對的豐富和正確，使這個宇宙觀成爲唯一的，能夠完全包括研究着的現象底重要的內部的矛盾的要點。辯證唯物論的宇宙觀要求研究對象底一切方面，一切他的聯系和媒介。這種要求全面性防止我們不犯錯誤和不僵化，」（註一）它使辯證唯物論成爲革命的改變現實的科學。

列甯給了全面的同時具體的研究社會現象的模範，當他揭露帝國主義發展底不平衡性時，正如馬克思在創作資本論時一樣，列甯研究了極大的事實材料，他在許多古典的著作中達到了在帝國主義時代資本主義發展不平衡性底規律更加銳化的結論。列甯揭破了資產階級底走狗考茨基，考茨基宣佈有組織的資本主義底階段——「超帝國主義」——到來了，在這階段上資本主義比半世紀前更強。為了削弱革命，考茨基偽造資本主義發展底規律，誇大和在曲解的形態中描述資本主義社會發展底個別趨向，抹煞社會生活底一切其他條件和方面，而把誇大的方面用做決定的和唯一的方面。列甯澈底地揭破了考茨基底這個叛賣的假科學的『方法』，列甯寫道：假如抽象地、簡單化地、非辯證地因而是不正確地論斷，假如『不依據在現實中進行着的發展而預先脫離它……』，那麼可以以為發展是走向一個唯一的吞滅一切企業和國家的托拉斯。在分析中祗停留在這上面——就是說曲解現實和表現壟斷的大資產階級底最壞的願望。假如從革命無產階級底立場上（即唯一科學地客觀地、澈底＝唯物論地）來觀察資本主義發展底方向，那麼應該說資本主義發展底進行『在這樣的條件，這樣的速度下，在這樣的矛盾、衝突和震動下（而且絕不僅經濟的，還有政治的、民族的等等）無疑地在事情走到一個全世界托拉斯走到民族財政資本「超帝國主義的」全世界聯合之前，帝國主義必然地將要破產，資本主義將應該變為自己的對立物』（註二）這一個例子已經鮮明地指出馬＝列主義政黨底宇宙觀是對於社會發展

（註一）列甯全集卷二六，一三四頁。

（註二）同上卷十八，三五七頁。

底眞正科學的觀點，這個宇宙觀看到新的生長着的有其將來的東西，另一方面舊的、死亡下去的應該消滅的東西這個宇宙觀底全能和有力同樣還在於它指出這個新的、進步的東西底發展底道路，促進他的勝利和動員黨和勞働者底注意和力量來消滅舊的、過時的和反動的東西。辯證唯物論給我們以眞正歷史發展底深刻地正確的圖畫，在辯證唯物論中在理論地＝澈底的形式上給與着歷史現實底反映，這種反映是從模糊發展底基本傾向的偶然性和不主要現象中解放出來了的。

在蘇聯共產黨（布）和共產國際底理論和實踐的活動中，他們的創始者和領袖——列甯與斯大林底活動中，辯證唯物論在新時代，帝國主義與無產階級革命無產階級專政時代在我國直接建設共產主義時代得到了光輝的全面的發展、論證、具體化和應用。

作爲馬克思和恩格斯所創造的辯證法底更進一步的發展的列甯底辯證法，是在『和第二國際底機會主義搏戰過程中長成和強壯起來的，而與這個機會主義鬥爭曾經是幷且還是爲戰勝資本主義所必要的條件。』（註一）斯大林同志指出：列甯不僅復活了恢復了馬克思和恩格斯底辯證唯物論，清除了機會主義和修正主義，『而且他更進一步向前發展了馬克思主義……』（註二）

『列甯底方法中所給予的東西——斯大林同志說——在馬克思底學說中大致已經都有

（註一）斯大林列甯主義諸問題十版二頁。（註二）同上。

了，這個學說，照馬克思自己的話來說，「實質上是批判的和革命的精神自始至終地貫澈着列甯底方法。但是假如以爲列甯底方法僅僅是馬克思的方法底恢復，那是不正確的。實際上，列甯底方法不僅只是馬克思底批判的和革命的方法底恢復，不僅只是馬克思底唯物辯證法底恢復，而且是這個方法底具體化和往前發展。」（註一）分析了帝國主義世界發展底新階段，科學地照耀了無產階級爭取社會主義革命和工人階級專政的鬥爭底道路，創造和發展了在一個國家內建成社會主義的偉大學說，創造了關於布爾塞維主義底戰略戰術問題上的觀點底嚴整的體系，闡明了無產階級政黨底學說，總結了馬克思和恩格斯之後的整個科學的發展，列甯和斯大林全面地發展了和豐富了馬＝列主義政黨底宇宙觀——辯證唯物論。

例如，當闡明布爾塞維主義底戰略和戰術時，列甯和斯大林發展了辯證法和馬克思主義哲學唯物論底一切方面。他們指出：爲着保證黨底戰略和戰術的任務要求對於歷史過程底一般規律以及當前時機底具體條件要有全面的知識。列甯寫道：無產階級底鬥爭能夠成爲勝利的鬥爭只有在這樣的條件下，即他的政黨底綱領是「現實過程底確切的公式。」正是辯證唯物論給了黨可能去規定社會諸階級底行將到來的搏鬥底規律性的結果，指明戰略的路線和鬥爭底目的。馬＝列主義的政黨在自己的口號中反映着在其規律性運動中展開着的事變的客觀過程，嚴格地估計到工人階級及其政黨底積極活動。這就是爲什麽列甯說過：

（註一）斯大林：列甯主義諸問題十二頁。

『在那以學說是否適合社會經濟發展底客觀過程爲學說底唯一的和最高的標準的地方，在這裏教條主義是不能有的。』（註一）

由於執行這個辯證唯物論底基本要求，工人階級及其政黨底戰略路線指出實現提出了的目的唯一正確的道路。以澈底科學的宇宙觀武裝着的工人階級政黨在歷史發展底一切偏差和偶然性中看到鬥爭底領導路線發展底基本傾向。這就說明了爲什麼如恩格斯所說事變永遠不會使無產階級底革命政黨出於意外。

估計到歷史『永遠比最好的政黨底、最先進的階級底、最覺悟的先鋒隊底想像，來得更富於內容、更多樣、更多方面、更生動、更「狡猾」—』（註二）蘇聯共產黨（布）和共產國際深刻地分析具體環境，建立永遠地適合着變動的環境的原則的和靈活的策略。策略底靈活性應該反映現實底靈活性，并成爲工人階級用以改變這個現實的工具。

列甯和斯大林所製定的革命鬥爭底策略和戰略鮮明地指明作爲馬—列主義政黨底宇宙觀底辯證唯物論底全部意義。

斯大林同志實現了辯證唯物論底更進一步的發展，以和工人階級一切敵人鬥爭底新經驗，以現代科學的發展底經驗，以國際工人運動及蘇聯社會主義建設底新經驗豐富它。極複雜的在蘇聯的經驗前歷史所不知道的到共產主義之路，斯大林同志以革命的理論照耀了它，給了黨和

（註一）列甯全集卷一，一九二頁。 （註二）同上卷二五，二三〇頁。

全體人民以『信心判別方向的力量和對周圍事變內部聯系底理解。』（註一）斯大林同志在蘇聯共產黨（布）十八次代表大會上的報告，他對蘇聯發展底遠景，社會主義國家底鞏固的分析，對於蘇聯的整個共產主義建設有特別的意義。斯大林同志發展了辯證唯物論，給了蘇聯走向共產主義底全部運動以明智的分析。和馬克思、恩格斯和列甯一樣，承認認識社會發展底客觀規律性底巨大的作用，斯大林同志認爲黨底偉大勝利底條件之一是黨應該怎樣領導事業和領導向何處去。『……黨是不可戰勝的，假如他知道領導事情向哪裏去和不害怕困難。』（註二）斯大林同志要求嚴格的估計革命的遠景，善於正確地將國家底政治和經濟任務和對社會主義建設底個別問題的日常的『平常的』工作結合起來。他把在國家發展中每一步的前進看做是在總的蘇聯走向完全共產主義中的一個契機；每一個個別的成績看做是在走向共產主義的一般發展上的表現，每個個別勝利看做是蘇聯發展（卽爲工人階級專政指揮、領導和實現的共產主義社會）底一般規律底表現和揭露。

追隨着馬克思和恩格斯，他們在自己的戰鬥的革命活動中進行了無情的鬥爭反對各色各種唯心論，形而上學（從少年黑格爾派——鮑威爾、施鐵納爾等至亞芬亞里烏斯）和機械主義（從庸俗唯物論福格脫、布希納、摩勒蕭特直到煩瑣哲學者—折衷論者如杜林等），列甯和斯大林繼續着和一切形態的唯心論和形而上學鬥爭，澈底地揭破了民粹派、馬赫主義者、新康德主義

（註一）斯大林：列甯主義諸問題一三頁。

（註二）同上五一二頁。

151

者，斯脫魯維派、孟塞維克派、考茨基派、托洛茨基派——布哈林派資本主義復辟派等等底哲學問題上的一切著作底反動的、反科學的詭辯哲學的性質。

斯大林同志，蘇聯人民底領袖徹底地揭破了托洛茨基派、布哈林派、資產階級民族主義者（他們在自己兇惡的仇恨和反對蘇聯上結合爲間諜、破壞者、暗殺犯的法西斯匪幫）底反革命性。

在斯大林同志底直接領導之下，黨粉碎了孟塞維克化的唯心論和機械論，它們作爲托洛茨基——布哈林蛻變者法西斯僱用者底卑汚的間諜活動直接的思想上的掩護而出現於哲學戰線上。在和人民公敵作不可調和的鬥爭中斯大林同志發展了馬克思主義——列甯主義，辯證唯物論。

爲列甯和斯大林底黨，爲那個有辯證唯物論爲自己的哲學宇宙觀的黨所組織的蘇聯社會主義的勝利是馬——列主義理論底偉大凱旋。全世界的發展以及蘇聯的發展光輝地證實了辯證唯物論——馬克思、恩格斯、列甯、斯大林所創造的宇宙觀底完全的眞理性，深刻的科學性和現實性。

斯大林同志在黨十八次代表大會上的傑出的報告中以天才的遠見揭露了共產主義的教育勞働者和我們幹部精通理論對於勝利地建設共產主義底意義。

「我們應該承認——斯大林同志說——這一個定理，卽在國家和黨的工作的任何一個部門中，工作人員的政治水準和馬克思主義——列甯主義的覺悟愈高，則工作本身也愈高和愈有成

效。工作底結果也愈有效力相反的——工作人員底政治水準和馬克思主義＝列甯主義的覺悟性愈低，則在工作中就愈會失敗和瓦解工作人員本身也愈會狹小和墮落爲目光如豆的事務主義者，而他們亦愈易蛻化。可以確信地說：假如我們能把我們所有各部門中的幹部，在思想上造成這樣的程度，在政治上鍛鍊到這樣的程度，使得他們在國內和國際的環境中能夠自由確定方針，假如我們能夠把他們造就成爲成熟的馬克思主義者＝列甯主義者，使他們能夠不犯許多嚴重錯誤地來解決國家領導問題，——那麼我們就有一切根據認爲我們所有的問題底十分之九都已經解決了。」

我們黨底注意，它的明智的決議引導到黨和國家底幹部及全蘇聯勞働者底理論和政治水平的高漲。

全部人類社會在工人階級奪取政權以前是自發地、矛盾地經過風暴般的震盪和敵對而發展的。這個發展常常伴隨着退步、倒退，社會發展底進步趨勢爲反動趨勢所替代等等。

無產階級專政時代是以完全不同的社會發展底特點爲其特徵的。這裏沒有勞働者對異己的外來的、脫離他們的力量的盲目服從。掌握了政權的人民自己支配着自己的運命。但是正是這種情形亦就給自由的獨立地創造自己生活的人民以巨大的責任，要求黨和非黨布爾塞維克底廣大階層各方面地精通社會發展規律的科學。

我們的國家正按着歷史上前所未見的道路前進，向共產主義前進，共產主義底歷史的必然

性會爲馬列主義底創始者們所科學地證明了的。馬克思和恩格斯在理論上所預言的東西，在我們的條件下成了眞實的現實。千百萬人民底實際生活。在這些條件下先進的革命理論底作用巨大地增長起來了。我們事業底勝利取決於我們的幹部如何精通社會科學，取決於我國千百萬勞働羣衆如何把這個知識變爲自己的親近的和接受的東西，取決於蘇維埃人民底意志和經驗及其用不盡的革命力如何用來完成黨十八次大會決議所擬定的計劃。

在我國人民底一切創造活動上，在他們的共產主義的覺悟的增長上，在勝利地克服人們意識中的資本主義底殘餘上，我們布爾塞維克黨有決定的意義。因爲它領導着全部共產主義底建設，團結和動員人民底一切創造力來建設共產主義。放在黨面前的任務，它的作用極大程度地增高了。

列甯和斯大林底黨領導着國家在極複雜的道路上走向了社會主義。

假如我們自己問一問自己，不管一切暗害者殺人犯、托洛茨基—布哈林變節者們、間諜、外國偵探機關底代理人們底企圖阻礙我們向共產主義的前進，而我們還是得到了驚人的勝利，其原因在那裏，那麽我們應該說原因是在我們黨底列甯—斯大林的政策在它的戰鬥力在它的隊伍底一致，在我們黨底中央底斯大林的領導。

不是偶然的，現在對於我國人民底一切階層以及對於資本主義國家中一切忠誠和先進的人們，我們黨的領袖的名字，斯大林同志的名字乃是自由、幸福、進步、文化這類字的同義語。

馬克思和恩格斯所教育的無產階級革命家底政黨，列甯和斯大林所教育和鍛鍊的偉大的布爾塞維克黨對於社會科學，革命規律底知識永遠是給以巨大的意義。

在黨對科學的關係上，在眞理地反映社會生活底規律於理論中的問題上，在過去和現在都沒有一個資產階級和小資產階級的政黨可以與布爾塞維克黨相比擬。這是因爲：祇有布爾塞維克黨在自己的鬥爭綱領上表現着一切人民底將來。它的目的，它的建成共產主義的計劃非但不和社會底歷史發展底客觀過程相矛盾，而且相反地是從這個過程中產生出來幷促進這個發展的。

這就是爲什麼我們黨底偉大思想永遠地號召着人民前進，去爭取社會生活底更高形式，在這些思想本身中包涵着走向勝利的有力的號召，這個思想能夠團結千百萬勞働羣衆來進行新社會制度戰勝舊社會制度的鬥爭。而相反地，由於資產階級和小資產階級政黨底目的和綱領立場是擁護已成的資產階級社會關係，保守和辯護它，所以這些政黨底目的必然要和社會生活中一切進步的東西發生矛盾，所以這些反動政黨和階級底意識形態不得不以一切手段來替已成的並且已經過時了的社會制度辯護。因此，便可以了解這個事實：卽資產階級的思想永遠不能眞確地和全面地揭露社會生活規律底意義。

資產階級的學者過去和現在都曲解歷史事實，偏向地概括各民族歷史中的政治事變，造成關於社會發展前途和將來的不正確的觀念，反對那些爲工人階級的事業而進行鬥爭的，和那些

155

將自己的思想、願望、政治目的和組織用來反對統治的剝削者階級的科學和文化活動者。資產階級的社會科學因爲它不正確地、曲解地解釋歷史過程，所以實質上已經不是科學了。

對於現代的社會主義黨及社會民主黨底所謂社會『科學』亦可以說同樣的話。祇要指出那種理論和實踐活動之間，思想和人民生活之間，綱領和鬥爭底實際手段與形式之間的深刻的脫節（這是對於任何一個社會民主黨都是特徵的），就足以相信這些對社會的觀點亦不能成爲眞正科學的和有用的。

斯大林同志在自己的天才的古典著作論列甯主義底基礎中揭露了社會民主主義思想體系底基本罪過——理論與實踐底脫離，而這個脫離底結果則是社會民主黨底『理論家』完全不能認識社會生活底規律及使這些規律來爲無產階級底革命活動服務。

斯大林同志指出：由於理論和實踐深刻的脫節的結果，在第二國際底社會民主黨和社會主義黨中就有着這種情形：『不是完整的革命理論，而是脫離了羣衆底實際革命鬥爭的和變成了死板教條的理論論點和理論片斷。爲着裝飾門面當然也會提出馬克思底理論，但是爲的是閹割掉他的生動的革命精神。

不是革命的政策，而是萎靡的庸俗態度和畏縮的政客手腕，議會的外交和議會的拉攏。爲着裝飾門面，當然也會通過「革命的」決議和口號，但是爲的是把他束之高閣。

不是使黨在自己的錯誤中領受教育和學習正確的策略，而是小心避開痛切的問題，抹煞和

156

掩飾他們。爲着裝飾門面，當然也曾不嫌說說病痛的問題，但是爲着以某種「橡皮性的」決議案來結束事情。

第二國際底面目，他的工作方法，他的武器庫就是這樣的。」（註一）

繼續發展着關於社會關於布爾塞維克黨的馬克思主義的科學，列甯和斯大林給了第二國際底理論教條以致命的批評。如斯大林同志所說，需要恢復那被破壞了的理論與實踐之間的一致，消滅兩者之間的脫節並在這個基礎上創造以最先進的澈底＝科學的革命理論武裝着的眞正無產階級的政黨。

斯大林同志不止一次地指出理論和實踐底脫離，不會把社會生活規律底知識來替革命鬥爭服務可以給工人運動帶來什麼樣的害處。

在一九二六年的共產國際執委第七次擴大會議上斯大林同志轉述了一個瑞士的革命工團主義者所講的故事：

「事情發生於一九〇六年，在我們黨的斯托哈姆代表大會上。這位瑞士同志在自己的故事中把社會民主黨引證馬克思和恩格斯的樣子描寫得十分可笑，我們——大會的代表聽了之後，簡直笑倒了。故事內容如下。事情是發生於克里姆在海陸軍起義時，海軍和步兵底代表去見社會民主黨黨員們並向他們說：近年來你們號召我們舉行起義反對沙皇制度；我們確信你們的號召

（註一）斯大林列甯主義諸問題八頁。

是對的，我們海軍和陸軍士兵已講好了起義，現在請你給我們指示。社會民主黨黨員們呆了一會回答道，他非召集專門的會議不能解決起義問題。海軍士兵說明不能再遲延了，事情已經準備好了，如果他們得不到社會民主黨人的直接回答而社會民主黨人不來領導起義，那麼事情會失敗的。海陸軍士兵走了出來，等候訓令，而社會民主黨人就召開會議來討論這個問題。拿來了資本論第一卷，拿來了第二卷，最後連資本論第三卷也拿來了。大家都來找馬克思關於克里姆關於西凡斯托堡關於在克里姆起義的指示。但是在三卷資本論中，不論關於西凡斯托堡，關於克里姆關於海陸軍兵士起義都沒有找得一條指示。（笑聲）再翻過馬克思和恩格斯底其他著作，找尋指示——仍然沒有任何指示。（笑聲）怎樣辦呢？而海軍士兵們已經又來了，等候回答。怎麼了呢？社會民主黨人迫得承認在這種情形之下，他們不能給海陸軍士兵們以任何指示。「海陸軍兵士底起義就這樣沒有成功。」——瑞士同志這樣結束了自己的故事。』（笑聲）

完全明白的，把革命規律知識和實踐的革命活動這樣的來『聯結』永遠亦不會引導到勝利，引導到偉大的社會主義的成功。祇有馬克思、恩格斯、列甯、斯大林，我們勝利的布爾塞維克黨創造了將對社會生活對革命規律及共產主義建設的科學觀點與勞働者的反對資本主義奴隸制爭取社會主義勝利的羣衆革命運動聯結起來的偉大的歷史意義的經驗。

一個例子，一八四六年三月二十日馬克思在自己家中召集了一個會議，來解決團結一切德國人民底革命力量以反對反動和專橫，來決定工人運動領導者行動之間盡可能的一般的式樣。

在這個會議上除馬克思和恩格斯外，參加者有宣傳宗派的空想的共產主義的威脫靈，參加共產主義者方面的愛德迦·封·維斯脫方林，美國的工人運動家，美國的第一個馬克思主義宣傳者威德梅爾，俄國的自由主義新聞記者安甯科夫等。安甯科夫在其著作回憶中寫道，馬克思提出這個問題即現在已經是結束手工業者底宗派共產主義的時候了，要求宣傳科學共產主義。威脫靈——宗派共產主義底代表——發展這樣的思想以爲對於無產階級，他在理論領域中準備到怎樣是沒有意義的，對於他有大的意義的是商店、咖啡店工人的商業等等。威脫靈大概還會繼續說下去的，如果不是馬克思帶着憤怒的緊縐的雙眉起來打斷他和開始自己的反對的意見。他的辛辣的演說底本質就在：覺醒了人民而不給他以任何堅定的深思熟慮的行動底根據，那就簡直是欺騙他。『剛才所說的幻想的希望底覺醒——其次馬克思指出——祇是引導到最後的滅亡，而不是被難者底得救，……號召工作人而沒有嚴格地科學的思想與積極的學說，等於空洞的和不正直的說教者底把戲，在這種把戲下，一方面有靈感的預言者，另一方面祇允許張開嘴聽他的驢子。』

當威脫靈開始堅持自己的庸俗的反動的計劃，並否認革命理論對於達到工人階級勝利的意義時『完全激怒了的馬克思猛力地拍桌子，以致檯燈響着和搖擺着，並站了起來說道「愚蠢從來亦沒有幫助過任何人」。』

這個例子及整個馬克思底活動說明了他的反對關於工人階級的歷史作用的反科學觀念

的鬥爭。馬克思力主國際工人運動中理論與實際底深刻的一致。

正是這個馬克思的卓越的思想為列甯在其許多著作中特別是做什麼一書中發展了和豐富了。

列甯關於結合革命理論和羣衆的工人運動的天才學說在斯大林同志的著作中得到了進一步的發展。列甯底偉大的同伴我們的領袖和導師——斯大林教導布爾塞維克黨以明智的列甯的結合理論和實際，知識和行動，以善於在複雜的社會事變中判明方向及善於用列甯的方法組織勝利。斯大林同志發展了馬列主義的關於社會的學說；揭露了人民底偉大的創造的作用。對於革命理論無產階級革命發展底規律的智識，斯大林同志給以極大的意義，同時，他對革命人民底有組織的戰勝一切的創造活動給以巨大的意義。

斯大林同志教導道人民在自己的活動中是不朽的，歷史過程底眞正創造者是工人、農民、智識份子；祇有在最深刻的內部的結成着科學和人民，共產主義和勞働羣衆活動的地方，偉大的勝利和勇敢的成功才可能的。這個觀點底眞理性底最大的成果和偉大的證明是在蘇聯科學和人民活動的極好的結合人民和共產主義的結合。下面這個結論現在已經是對於我們任何一個勞働者都已經十分淸楚了的：假如偉大的列甯和斯大林底黨沒有嚴格科學地發現建設共產主義社會底歷史道路、規律，假如布爾塞維克黨在自己決議中沒有擬定建成社會主義和共產主義的具體手段、形式和歷史時間，假如為三次革命底光榮所輝耀着的黨領導蘇維埃人民走向幸福生

活的黨不能把這些思想深入人民，團結人民在自己周圍，領導人民追隨自己，那麼就不能有我國勞動者現在所享有的這些偉大的勝利和成就。

布爾塞維克黨這些無疑的成功乃是馬＝列主義關於結合革命規律、共產主義建設底規律與人民羣衆底有力的創造活動的學說底最深刻的和全面的證明。

所有這一切放在我們黨底每個黨員及非黨布爾塞維克們身上以一種責任，即不斷的研究我們黨底偉大的歷史經驗，他關於無產階級革命底規律的學說善於在自己爭取實現黨底決議的鬥爭中以這個學說爲領導。

原著者：亞歷山大洛夫　譯自一九三九年出版之小册子。

161

一　斯大林對於馬列主義哲學底偉大貢獻

斯大林同志爲聯共（布）黨史簡明教程所寫並作爲該書底一個構成部份——有機部份的論辯證唯物論與歷史唯物論一著，有着巨大的思想上的意義。斯大林同志底這一著作表示着辯證唯物論發展上底一個新的階段——最高階段，它是馬列主義哲學思想底最高峯。

馬克思和列甯就曾經想對於辯證唯物論給一個簡明而有系統的闡釋。馬克思於一八五八年一月十四日在其致恩格斯的一封信中說：『……我很願以兩三張報紙的容量把黑格爾所發現而同時又糢糊了的那方法上的合理東西使之通俗化，而成爲一般人類的理性所能接近的東西。』（馬恩通信集一〇五頁）但是由於某些原因馬克思沒有完成自己的願望。同樣，列甯也曾經想對辯證方法作個簡明而通俗的闡釋，大家都曉得他曾作了很大的準備工作，他的哲學筆記就是證據。然而，列甯也沒有完成這一任務。在這方面馬克思和列寧沒有來得及作成的，斯大林同志把它完成了。

斯大林同志在馬列主義科學底發展史上首次以極度的科學的深刻性和明確性，對馬克思

163

主義哲學底一切組成部份：辯證方法、哲學唯物論及歷史唯物論，給了簡明、通俗、而有系統的闡釋。在這部完整而嚴密的馬列主義哲學理論的概論裏面每一句話和每一個命題，都是科學地加以思考和熟慮過的。

斯大林同志論辯證唯物論與歷史唯物論一著，對布爾塞維克黨底巨大的理論的和實踐的經驗，作了一個哲學的概括。我們看到這一著作，不僅對馬克思主義宇宙觀底各命題加以總括，而且對於馬克思和恩格斯關於辯證法問題所給與的一切以及對於列寧添加於辯證唯物論學說的一些新東西，也都加以深刻的概括。並且，斯大林同志對極豐富的理論經驗底這一概括，是根據科學的最新材料和工人階級底全部革命實踐來作成的。

斯大林同志底論辯證唯物論與歷史唯物論一著，乃是他從前的關於馬克思主義哲學問題的理論著作之總結。要是把斯大林同志從最早的時候起所寫的哲學著作都研究一下，那麼，這些著作底眞正宏偉的完整性、一貫性、內在的邏輯聯系、以及連續性，眞是令人驚異的。

二

從他的革命活動和理論活動底最初起，斯大林同志就異常重視馬列主義底哲學。比如，你把去年所發表的斯大林同志的幾篇文章：無產者階級與無產者政黨、社會民主黨怎樣了解民族問題，以及他的其他的早年的著作仔細想一想，就可以看到，這些著作都深刻地貫徹着革命的辯證

164

法。這些都是把辯證唯物論底方法創造地應用於解決那些擺在工人階級政黨面前的各種任務之典型模範。

尚在俄國一九〇五年革命以前，在指出普列哈諾夫底一些哲學著作（關於明確地闡發革命的宇宙觀底基礎的，如史的一元論、論唯物史觀、論個人在歷史上的作用問題等）底意義時，斯大林同志同時就看到了普列哈諾夫底理論著作之一切缺點，即他不善於架起一座橋樑，從辯證法底一般觀念渡到正確的解決階級鬥爭底戰略和策略問題上去。普列哈諾夫底錯誤竟達到這個地步，就是終於陷入機會主義，落在俄國日益展開的工農革命鬥爭所提出而擺在工人階級政黨面前的那些新任務後面了。

那時，斯大林同志在列甯的著作——比如什麼是「人民之友」及他們如何反對社會民主派、做什麼等裏面就已經看到了馬、恩著作底進一步的發展，看到了對於階級鬥爭底迫切任務的答案，看到了馬克思主義方法之創造地應用於俄國底特殊條件。

斯大林同志在一九〇五年所寫的著作，比如略談黨內的爭論、答「社會民主黨人」都是列甯做什麼一書底思想之直接繼續和發展。

從馬克思主義哲學發展底觀點看來，斯大林同志於一九〇六——一九〇七年用喬治亞文在梯夫里斯出版的一些合法的布爾塞維克報紙——新生活、新時代、我們的生活及時代等上面所連續發表的著名論文無政府主義還是社會主義，更有特殊的意義。斯大林同志底這些戰鬥的

在思想上內容充實的論文，都是反對無政府主義派的，該派散落在高加索，曾是反對布爾塞維主義的那些勢力底最積極的隊伍之一。

該派複製巴枯寧、克魯泡特金、蒲魯東及其他無政府主義『權威』底『觀念』，曾經力謀教工人不要參加政治鬥爭，在一切十字路口大聲高呼任何國家底『有害』，各方努力破壞布爾塞維克黨底理論基礎——馬克思主義哲學。無政府主義者『領袖』之一——切爾克佐夫，在無政府主義者機關報『No biri』上面，曾經寫了好多文章來反對馬克思主義底哲學。

對於『無政府主義者』底這種解體作用的『說教』，應當給一個當頭棒喝了，把這個企圖使革命運動隊伍分化和解體的派別，應當加以粉粹了。於是斯大林同志便在無政府主義還是社會主義這個總題目之下，寫了好多文章，回擊該派，這些文章都作為對於馬列主義科學底極重大的貢獻，而放在布爾塞維克黨底思想寶庫裏面了。

斯大林同志對馬、恩、列底著作有着極淵博的知識，並有着將理論的結論獨立地應用於工人階級實踐之才能。他在這些文章裏面以十分通俗的形式解釋了作為無產階級宇宙觀的辯證唯物論與歷史唯物論。他指出馬克思底無產階級的社會主義——無產階級專政和社會主義革命的學說就是從這一哲學體系中邏輯地得出的。

在反對無政府主義者的鬥爭中，斯大林同志展開了馬克思主義關於無產階級專政的學說——關於達到社會主義底唯一而必要的條件的學說。在他的這些差不多於三十五年前所寫的

論文裏面，斯大林同志就對社會主義制度作了個評述，這一評述直到今日看來還是新鮮的。他以巨大的力量揭穿了無政府主義者對馬克思主義底盡其誹謗能事的攻擊。斯大林同志以明瞭而典型的形式闡明了社會主義革命到來底歷史的必然性，發展了關於工人階級政黨在爭取社會主義革命和社會主義勝利鬥爭中的作用之學說。用他的話說社會主義革命和社會主義勝利的不可避免，正如黑夜過後白天到來的不可避免一樣。

斯大林同志底這些文章，都是跟無產階級底革命的階級鬥爭之迫切任務密切聯系起來去闡發馬列主義理論問題的模範。

在無政府主義還是社會主義諸文裏面，在馬克思主義哲學底闡釋上，斯大林同志那時就已是高出於普列哈諾夫底一些馬克思主義哲學作品底水平之上。哲學和無產階級鬥爭實踐之聯系，這些文章之特有的主動性，將哲學和無產階級專政學說之聯系它們之不是充滿抽象例子，而是充滿從無產階級底日益展開的革命鬥爭中所採引的活的例子，——這些特點都在使他的文章成了馬列主義哲學底傑出的作品了。

只有從斯大林同志關於馬列主義哲學問題的所有這些理論著作的見地上，才可以理解他於一九〇九年在讀了列甯底唯物論與經驗批判論一書後立即對該書所作的那種歷史的評價。斯大林同志在其高加索來信之一中曾指出謂『伊里奇底這本書乃是對馬克思主義哲學（認識論）諸命題底一種唯一的總括，』『伊里奇底唯物論在好多方面是跟普列哈諾夫底這樣的

東西不相同的。』

在唯物論與經驗批判論一書出版後，實在需要一種眞正天才的炯眼、馬克思主義哲學底淵博知識、對於普列哈諾夫底當時最高的哲學權威之批判態度、及獨立研究問題的立場，才能如此評價該部巨著的。要是把那時的環境具體想一下，那麼列寧此書底這一評價之意義更其增長了。

列甯底這部著作，曾引起了反動陣營內的瘋狂攻擊。它首先遇到了馬赫主義者波格達諾夫派底攻擊，這是毫不足奇的，因爲它給了馬赫主義以決定的打擊。其次孟塞維克、普列哈諾夫及其在哲學上的孟塞維克化的學派（亞克雪洛德），也都以惡意和輕蔑態度，來迎接列寧此書底出版。普列哈諾夫在其與波格達諾夫通信集註解裏面對於伊林（列甯）底著作也說了幾句盛氣淩人的輕蔑的話。亞克雪洛德被普列哈諾夫所慫恿，也對列寧底這部著作加以卑劣的批評，他在這一批評中在好多最主要的地方都放棄了馬克思主義底哲學。

只有在布爾塞維克中間，唯物論和經驗批判論一書底出版曾經引起了莫大的高興，大家都覺得敵視無產階級的馬赫主義的理論，從此澈底粉碎了。只有斯大林同志在此書出版後，一下子便看清楚了它是辯證唯物論發展上的一個新的進步。

要是囘想一下，在二十年後——在一九二九年——三〇年還需要來粉碎機械論和孟塞維克化的唯心論，對列甯唯物論與經驗批判論一書底攻擊，那麼斯大林同志尚在一九〇九年對此書所作的評價之意義更其一目了然了，這一評價在斯大林同志的列甯主義基礎和聯共（布）

黨史簡明教程裏邊，仍被繼續並使之更加深刻了。

三

斯大林同志底論辯證唯物論與歷史唯物論一著，將他全部革命活動期間關於馬克思主義哲學所作的一切，都加以總括、蒐集及有系統地闡釋。它體現了馬列主義底全部智慧，它在哲學上概括了無產階級鬥爭底世界經驗，它在辯證唯物論和歷史唯物論底進一步的發展上給了好多新的東西。

在這一著作裏面，斯大林同志更進一步發展了列寧的哲學黨性原則。該書開頭所說的頭一個命題，即辯證唯物論乃是馬列主義政黨底宇宙觀一點，就有力着重地指出了馬克思主義哲學與布爾塞維克黨全部歷史底內在的、有機的聯系。它教導我們要把馬克思主義哲學看作爲着解決階級鬥爭和社會主義建設任務所必要的戰鬥的理論武器。此著把一切極深刻的結論和命題，都闡釋得很通俗明白，使每個讀者都可以明瞭它們的實踐的意義。

斯大林同志從馬克思主義哲學底一般命題到階級鬥爭底迫切問題架了一座橋樑。他指出，無產階級底政黨，要是它願成爲眞正地馬列主義的政黨和正確地解決擺在它的路程上的任務的話，那麽它就應當以馬克思主義底革命靈魂——唯物辯證法爲指導。

斯大林同志指出：『無產階級政黨在其實際活動中，應當不是以某種偶然的動機爲準則，而

是以社會發展規律中所得出的實踐結論爲準則。』（註一）

斯大林同志教導我們幹部要把社會看做新與舊之間的鬥爭，要理解在反對舊勢力的鬥爭中新者、增長者、進步者之不可克服性。這樣，他便喚起了人們爲新者勝利而奮鬥的勇氣和力量，提高了人們對新者定必戰勝舊者和衰亡者的信心。這是直接從馬克思主義的辯證方法所得來的：『在辯證方法看來，最重要的不是那在現時似乎鞏固但已經開始死亡的東西，而是那正在產生着和正在發展着的東西，卽使它在現時還似乎是不堅固的，因爲在辯證方法看來，只有正在產生着和正在發展着的東西才是不可克服的。』（註二）

斯大林同志特別着重地指出了從自然和社會現象在其中存在着的有機的相互聯系之見地上去觀察它們之重要性。他把馬列主義關於矛盾及其鬥爭、關於矛盾底各種類型及其解決底各種形式的學說作了進一步的探究。在他的著作裏面，他指出了有着對抗型的矛盾。這種矛盾是要消失和泯滅的，而對抗秩序底矛盾，則只有用殘酷的階級鬥爭底方式才能解決。

馬克思和恩格斯曾創造了馬克思主義底哲學科學，對於舊的古典的遺產，從根本上加以改造，他倆結束了黑格爾底觀念論，從他的辯證方法中採取了合理的核心；他倆克服了費爾巴哈唯物論底狹隘性，而採取了他的唯物論底基本核心。馬克思和恩格斯在把唯物論辯證法底法則定

（註一）聯共（布）黨史簡明教程

（註二）聯共（布）黨史簡明教程

式化時，一般說來，對於這些法則仍保存了他倆所遇到的那些哲學術語。這不僅是自然而然的事，而且是直接從擺在馬克思主義創立者面前（在剛要製定新宇宙觀的基本原則之那些歷史條件下）的那些任務中產生的。

後來列寧在發展辯證唯物論時，他在這一關係上更向前推進了。在他的哲學筆記裏面，他重新撮述了辯證方法底好多基本特點和成份。可惜，列寧底著作未曾完成——他沒有來得及將自己的以有系統的形式闡發辯證唯物論和歷史唯物論的志願進行到底。

現在在完全另一個時代底條件之下，對唯物辯證法底有系統的闡發，就需要充實以新的現代的內容，新的現代的例子了。應該選取新的術語、新的例子，作為辯證方法底根據了。斯大林同志熟慮了布爾塞維克黨所積蓄的巨大經驗，並將恩格斯底古典著作反杜林論裏面所闡釋的辯證方法底內容及列寧在其哲學筆記裏面所發展的關於辯證法諸成份的豐富材料，加以概括，對於馬克思主義辯證方法和馬克思主義哲學唯物論底基本特徵又以新的方式給了一個典型的評述。

四

斯大林同志關於歷史唯物論問題給了好多新的東西。他把社會生產力的命題當作生產底最革命的要素，當作生產發展底決定要素的命題而加以發展，他以徹底詳盡的完全性和明白性，

指明了物質財富生產方式在全部社會生活中起着怎樣的作用。在資產階級的關於社會的科學裏邊，對於這個問題，曾經造成了莫大的混淆。資產階級社會學底代表者，曾經提出而且現在還在提出作爲社會發展底主要原因的不知有多少了！有的說是觀念底作用，有的說是英雄和征服者底作用，有的說是地理的因素以及什麽人口問題、家庭底形式和性質、社會的需要等等。資產階級的社會學簡直糾纏不清，而不能對社會發展的主要與決定的原因問題，給以答案。

然而，就是在馬克思主義的文獻中，對於這個問題也可以遇到不清楚和混淆的地方。比如，我們把普列哈諾夫底所謂『地理偏向』回想一下。他放棄了唯物史觀，而誇大了地理環境在社會發展中的作用和意義。

甚至恩格斯關於這個問題，也有一個不明確的說法。恩格斯在他的家庭私有財產及國家底起源一書序言（於一八八四年寫的）裏邊曾經寫道：『生活在一定的歷史時代和一定的國度裏的人們之社會制度，是由兩種生產所規定的：一卽勞動底發展階段，一卽家族底發展階段。』

這樣，我們便看到，恩格斯在他的這個命題裏面和他關於歷史唯物論的其他一切說法不同，跟馬克思底說法不同，而斷言物質生產和家族兩因素乃是社會發展中的決定原因。恩格斯底這一命題是不明確的，是錯誤的。問題是在於家族形式本身在人類歷史上是依着在社會生活底各種階段上所支配着的物質生產方式而變化的。所以，不能把家族跟物質生產並列起來，而作爲社會發展的決定原因。恩格斯本人在他的名著家庭私有財產及國家底起源一書裏面所引舉的大

量的實際材料，就十二分確定地說明了這一點。

可以說，在我們的宣傳和教育工作中，恩格斯底這一命題曾經引起了若干的困難，因爲不僅教師，甚至有時連學生也都看出了恩格斯在這一點上的若干不澈底性。但是科學戰線上底工作人員當中，不論那一個人却都沒有理論上的勇氣，去澈底把這個命題思索一下，而說出它的錯誤性。

斯大林同志底論辯證唯物論與歷史唯物論一著，在這個問題上便用銳利的馬列主義的武器把我們的幹部武裝起來了。斯大林同志對社會發展底主要而決定的原因之光輝的分析表明，爲什麼不論地理環境或人口論，都不能成爲這種原因，至於家族更不用說了。這一分析表明在社會物質生活條件體系上決定社會面貌的這種主要力量，乃是『人們生存的必需的生活資料謀得方式，就是物質資料底生產方式——這些物質資料就是食品、衣服、鞋靴、住房、燃料、生產工具以及其他各種爲社會能藉以生活和發展的必要資料』。（斯大林語）

斯大林同志底這一著作，對於人類全部歷史上人們生產關係底發展作了個簡明的概述。在這一概述裏面把歷史上彼此更替的各種社會經濟結構底基本規律性定式化了，這一概述可說是對馬克思爲其政治經濟學批判一書所寫的有名的緒言之直接補充。對生產關係發展底這一簡明的概述，給了一切社會科學工作人員以創造工作底出發點。

不論歷史學家，尤其是物質文化歷史學家，或經濟學家、哲學家，都在這一概述裏面找到了指

導的指示。這一概述裏面所舉的巨疊材料，乃是上述一些科學領域內進一步研究工作之鑰匙，封建主義起源底一些最困難最麻煩的問題，古代史、中古史及近代史底一些未曾解決的和複雜的問題，從斯大林同志在這個簡明的概述裏面對歷史過程和其基本規律性所作的那些概括的見地看去，便都迎刃而解了。

斯大林同志關於先進觀念在社會發展中的作用的學說，更有着獨特的意義。他指出歷史唯物論乃是唯一科學的理論，這一理論澈底揭開了在社會裏面觀念起源底物質源泉。同時，馬克思主義則強調觀念在社會生活中底嚴重意義和作用。歷史底經驗，特別是無產階級革命運動和社會主義底革命底經驗，教導我們：新的社會秩序，如果沒有新的觀念，那是不能勝利的，社會裏面新的、先進的觀念，只有在新的社會關係底地盤已經成熟的時候，才能出現的。斯大林同志對於這個問題所發展的天才的思想，乃是唯物史觀進一步發展上的一個重大的進步。

斯大林同志論辯證唯物論和歷史唯物論一著中的新東西，便是對社會主義生產方式底基本規律性之定式化——在社會主義國度裏面生產關係和生產力完全相適應底定式化。在蘇聯已經建設成的社會主義社會，是以工人、農民及知識份子底勞動合作爲基礎的。在蘇聯，已經創造了這樣的制度，就是在這個制度裏面已經沒有勞動社會性與佔有私人形式之間的矛盾了，已經確立了生產手段社會公有制；已經消滅了失業現象；已經消滅了生產底無政府性——產生經濟危機底可能性。

自然而然的，在社會主義國度裏面已經產生了新的社會發展規律性。斯大林同志首先在馬列主義歷史上發見了這些規律性。他指出了社會主義生產關係底全部特色，說它們是一種解除了剝削的人們底合作和互助關係。斯大林同志對於蘇聯生產力和生產關係之間所存在着的那種獨特的聯系，首次給了一個評述。他說，在蘇聯，『生產關係是完全適合於生產力底情況的，因為生產過程底社會公共性質是由對於生產資料底社會公共所有制所鞏固。』

斯大林同志在他的論辯證唯物論和歷史唯物論一著裏面所說的這些命題，乃是馬克思政治經濟學批判緒言及列寧著作裏面所闡發的唯物史觀底指導觀念之直接的繼續。

斯大林同志對歷史唯物論底這些補充和進一步的發展，是根據對社會主義時代底經驗之概括而來的，現在沒有這些補充和進一步的發展，便沒有也不能有唯物史觀了。

斯大林同志論辯證唯物論和歷史唯物論一著底科學的豐富性，就是這樣的。

* * *

聯共（布）中央在一九三八年十一月十四日的決議裏面曾說，黨底中央出版聯共（布）黨史簡明教程一書，所抱目的是在於在好多馬列主義理論和黨史問題——比如關於個人在歷史上的作用問題，關於現代戰爭性質問題，關於降低社會主義國家底作用和意義問題等——底解釋上將馬克思主義的著作，將宣傳工作，從庸俗化和簡單化之下解放出來。尤其對於不正確地人工地割裂馬列主義學說各構成部份（辯證唯物論和歷史唯物論與列寧主義，馬克思主義哲

學與黨史）的情形加以結束的這個任務，有更重要的意義。

斯大林同志底論辯證唯物論和歷史唯物論的著作，便是用革命理論底戰鬥武器，以馬列主義底精神來理解這些問題的方法，把我們的幹部武裝起來了。

原著者：米汀　賀甫譯自眞理報

附　　録

辯證唯物論與歷史唯物論研究提綱

——蘇聯共產黨（布）中央所屬列寧訓練班

辯証唯物論與歷史唯物論研究室審定——

第一部份

第一題 辯證唯物論——馬列主義政黨底宇宙觀

馬列主義的理論——關於社會發展，關於無產階級革命，關於無產階級專政，關於共產主義社會建設的科學。辯證唯物論——馬列主義底哲學革命的無產階級底哲學。馬列主義科學底創造性。馬克思主義對人類所積累的全部知識之概括和改造。

馬克思主義底三個根源和三個組成部份。辯證的和歷史的唯物論——共產主義底理論基石。辯證方法的研究自然現象和唯物論的解釋自然現象。歷史唯物論——辯證唯物論的論點擴展和應用於研究社會生活。

辯證唯物論和歷史唯物論——完整的宇宙觀，哲學體系——其中邏輯地產生馬、恩、列、斯底科學社會主義。無產階級階級鬥爭底戰略和戰術與馬列主義底哲學。辯證唯物論和歷史唯物論對於馬列主義政黨底實踐活動底意義。

附录

聯共（布）黨史簡明教程——馬列主義基本知識底百科全書。馬克思和恩格斯底學說和列甯與斯大林所加於馬克思主義科學的新的東西底聯系統一、完整和承繼性的模範。

參考書

列甯：馬克思主義底三個根源和三個組成部份（俄文列寧全集十六卷。中文卡爾・馬克思讀書版。）

斯大林：無政府主義或社會主義（俄文見勃里亞：關於外高加索布爾塞維克組織史問題一一九——一二八頁。）

斯大林：關於列寧主義底基礎第二章——方法，第三章——理論（俄文列甯主義問題十一版，中文列甯主義問題莫斯科外國文書籍出版局一九四〇年版。斯大林選集第一卷或列甯主義概論單行本解放社版。）

斯大林：論辯證的和歷史的唯物論（俄文：列甯主義問題十一版。中文：聯共（布）黨史簡明教程第四章，或哲學選輯附錄。）

補充參考書

恩格斯：社會主義從空想到科學的發展（俄文：單行本。中文：單行本，生活版。）

列甯：卡爾・馬克思（俄文列甯全集十八卷。中文：卡爾・馬克思讀書版。）

斯大林在十八次大會上關於聯共（布）中央工作的總結報告（俄文列甯主義問題十一

版中文列甯主義問題外國文書籍出版局一九四〇年版或單行小册子，新華日報社版或解放週刊第七五期）。

聯共（布）黨史簡明教程結論。

論因聯共（布）黨史簡明教程之出版應如何進行黨的宣傳（聯共中央，一九三八年十一月十四日決定中文聯共（布）黨史簡明教程下册附錄生活版）。

第二題　唯物論與唯心論

哲學上的兩個營壘唯物論與唯心論。一切哲學底基本問題。這個問題底兩方面唯物論和唯心論——社會上階級鬥爭的反映。列寧論哲學上的黨性。唯心論和宗教的聯系。唯物論和唯心論底諸形式在哲學史上唯物論和唯心論的鬥爭。列甯對唯心論的批判。馬克思以前的唯物論底積極方面及局限性。辯證唯物論——哲學發展上之最高階段。馬列主義哲學底行動性和革命性。

參考書

恩格斯：路得維希·費爾巴哈與德國古典哲學之末日（俄文馬恩全集十四卷中文：費爾巴哈論，生活版）。

列甯：唯物論與經驗批判論代序及第四章第四節『哲學上之政黨和哲學的無頭腦者』（

俄文列甯全集十三卷中文譯本有神州國光社版傅子華譯。

列甯：論戰鬥唯物論底意義（俄文列甯全集二十七卷。中文馬克思恩格斯與馬克思主義。）

斯大林：論辯證的和歷史的唯物論（俄文列甯主義問題十一版。中文聯共（布）黨史簡明教程第四章，或哲學選輯附錄。）

補充參考書

恩格斯：自然辯證法舊序（俄文馬恩全集十四卷。中文自然辯證法，神州國光社版。）

斯大林：無政府主義或社會主義（俄文見物里亞關於外高加索布爾塞維克組織史問題一二〇——二二五頁。）

普列哈諾夫：一元論歷史觀之發展第一章（俄文單行本。中文單行本讀書版。）

第三題　馬克思主義底哲學先驅者（黑格爾·費爾巴哈）

德國的古典哲學及其歷史意義。黑格爾哲學——德國古典唯心論哲學底完成。黑格爾底客觀唯心論。黑格爾底唯心論辯證法。黑格爾哲學中方法與體系之矛盾。黑格爾辯證法底『合理的核心』。馬克思主義辯證法與黑格爾的方法底對立性。

費爾巴哈及其與黑格爾唯心論的鬥爭。費爾巴哈唯物論底『基本核心』。費爾巴哈唯物論底局限性，費爾巴哈哲學中的唯心論的和宗教——倫理的雜質。費爾巴哈唯物論在馬克思和恩

格斯底哲學觀念的形成上的作用。

參考書

馬克思：費爾巴哈提綱（俄文見恩格斯：路得維希・費爾巴赫與德國古典哲學之末日一書附錄。中文見費爾巴赫論附錄。）

恩格斯：路得維希・費爾巴赫與德國古典哲學之末日。中文：費爾巴赫論，生活版。）

斯大林：論辯證的和歷史的唯物論（俄文列甯主義問題十一版。中文：聯共（布）黨史簡明教程第四章。）

補充參考書

斯大林：無政府主義或社會主義（俄文：見勃里亞：關於外高加索布爾塞維克組織史問題一一九——一二一頁。）

普列哈諾夫：一元論歷史觀之發展第四章（中文：讀書版。）

第四題　馬克思與恩格斯底哲學觀點之形成

馬克思主義產生底歷史條件。

馬克思與恩格斯底實踐——政治活動在其哲學發展上之作用，馬克思和恩格斯從唯心論到唯物論，從民主主義到共產主義的過渡。馬克思與恩格斯對先驅的哲學、政治經濟學和社會主

義理論的批判的改造。

馬克思與恩格斯之創造辯證唯物論和歷史唯物論，經濟學說與科學社會主義。

馬克思與恩格斯——第一個無產階級政黨『共產主義者同盟』底組織者和領袖，共產黨宣言的創作者。

參考書

列寧：卡爾・馬克思（俄文：列寧全集十八卷。中文：馬克思恩格斯與馬克思主義。）

列寧：紀念恩格斯（俄文列寧全集卷一。中文馬克思恩格斯與馬克思主義）

斯大林：論辯證的和歷史的唯物論（俄文列寧主義問題十一版。中文：聯共（布）黨史簡明教程第四章，或哲學選輯附錄。）

補充參考書

恩格斯：卡爾・馬克思（俄文：馬克思選集卷一。中文：論馬恩列斯，解放社版馬克思小傳。）

列寧馬克思與恩格斯通信集（俄文列寧全集十七卷中文馬克思恩格斯與馬克思主義。）

馬克思與恩格斯合著：德意志意識形態，費爾巴赫章（俄文：馬恩全集第四卷。）

第五題 關於恩格斯底著作

路德維希・費爾巴赫與德國古典哲學之末日

恩格斯底費爾巴赫論一書——馬克思主義的宇宙觀底基礎之有系統的闡述。恩格斯論馬克思主義與黑格爾哲學、費爾巴赫哲學之關係。哲學基本問題底古典式的定義。辯證方法底特徵和恩格斯對它的闡述。批判康德底唯心論的認識論和黑格爾哲學底矛盾、批判舊的馬克思以前的唯物論底局限性。恩格斯底費爾巴赫論一書底歷史意義。

參考書

恩格斯：路得維希費爾巴哈與德國古典哲學之末日（俄文單行本。中文：費爾巴赫論，生活版。）

補充參考書

普列哈諾夫：論一元論歷史觀之發展第五章（俄文單行本。中文：讀書版。）

第六題　十九世紀俄國唯物論哲學之發展

十九世紀的俄國哲學史——唯物論與反動的唯心哲學及僧侶主義鬥爭底歷史。

赫爾岑及其走向革命民主主義之路。赫爾岑著作中之唯物論與辯證法。

倍林斯基——革命民主派底思想家。倍林斯基底政治的和哲學的發展。

車爾尼雪夫斯基——革命民主派，社會主義者烏託邦主義者。車爾尼雪夫斯基著作中的辯證法。

杜勃洛留勃夫，它的哲學觀點及文學批判活動。

倍林斯基、赫爾岑、車爾尼雪夫斯基、杜勃洛留勃夫是俄國社會民主黨底先驅者。馬克思主義在俄國的傳播。

參考書

恩格斯：致巴普里茲書（俄文馬恩全集二十七卷，三八九頁。）

列甯：諸等級與階級在解放運動中之作用（俄文列甯全集十六卷。）

列甯：過去俄國工人刊物摘引（俄文列甯全集十七卷。）

列甯：論大俄羅斯底民族的自傲（俄文列甯全集十七卷。）

列甯：紀念赫爾岑（俄文列甯全集十五卷。）

補充參考書

恩格斯：論俄國的社會關係（俄文馬克思選集卷二。）

列甯：我們拒絕那一種遺產（俄文列甯全集卷二。）

列甯：「農民改革」和無產者農民的革命（俄文列甯全集卷十五。）

列甯：唯物論與經驗批判論第四章第一節之補充：車爾尼雪夫斯基從那一方面去批判康德主義（俄文列甯全集十三卷。中文單行本，神州國光社版。）

列甯：論戰鬥唯物論底意義（俄文列甯全集二十七卷。中文：馬克思恩格斯與馬克思主義）。

列甯：共產主義中的「左派」幼稚病第二章（俄文列甯全集二十五卷。中文單行本，外國工

人出版社版。）

普列哈諾夫：倍林斯基（俄文普列哈諾夫全集卷十。）

普列哈諾夫：車爾尼雪夫斯基（俄文普列哈諾夫全集卷五。）

譯者附註：對於中國的研究者本題可以省略，而另行研究近百年來中國哲學思想之發展，或中國哲學發展史略一題。

第二部份

第一題　在自然與社會中現象底普遍聯系和相互依存

唯物辯證法爲論自然、社會和人的思維底發展底一般規律的科學。馬克思主義的辯證方法與形而上的方法之直接對立。

自然是有機地聯系着的統一的整體，是運動與發展底規律性的過程。現象底互相聯系和互相制約。每一現象之各方面底互相依存和不可分割的聯系。原因與結果是客觀世界中現象底普遍聯系底一個契機。

普遍聯系底辯證規律與對現象的歷史態度，眞理底具體性。估計對象底聯系和關係底全部總和是正確的認識和行動底條件，列甯和斯大林論「基本環節」。

擴展和應用辯證聯系底規律於研究社會生活、社會歷史、無產階級政黨底實踐活動。

參考書

恩格斯：自然辯證法作爲科學的辯證法底一般性質（俄文單行本。中文單行本，神州國光社版。）

恩格斯：反杜林論概論，舊序中論辯證法一節（俄文單行本一九三八年版。中文單行本，解放社訂正版，）

列甯：再論職工會（俄文列甯全集二十六卷，一三一——一三九頁。）

斯大林：論辯證的和歷史的唯物論（俄文列甯主義問題十一版。中文：聯共（布）黨史簡明教程第四章，或哲學選輯附錄。）

補充參考書

恩格斯：社會主義從空想到科學的發展（俄文單行本一九四〇年版。中文單行本，生活版。）

恩格斯：路得維希·費爾巴赫與德國古典哲學之末日第四章，（俄文單行本。中文費爾巴赫論，生活版。）

列甯：論金子在目前以及在社會主義完全勝利後的意義（俄文列甯全集二十七卷。）

斯大林：社會民主黨怎樣了解民族問題（俄文布爾塞維克雜誌，一九三九年，二三——二四號。中文：解放週刊一二一期。）

運動——物質存在底形式、不可割裂的方式。辯證法——論發展底最全面的內容豐富的深刻的學說。辯證的理解運動爲一般的變化。運動底基本形態。運動與靜止。不斷的運動與變化——現實底客觀規律、合規律地產生着和發展着的東西底不可克服性。辯證的發展論底革命的本質和形而上的現象底『停滯』和『不變』論底反動性。

擴展與應用關於發展的辯證學說於社會生活、社會歷史、無產階級政黨底實踐活動。

參考書

恩格斯：自然辯證法：自然辯證法舊序，運動底基本形式（俄文單行本。中文：單行本，神州國光社版。）

列甯卡爾·馬克思：馬克思辯證法一節（俄文列甯全集十八卷。中文：馬克思恩格斯與馬克思主義，解放社版。）

斯大林：論辯證的和歷史的唯物論（俄文列甯主義問題十一版。中文：聯共（布）黨史簡明教程第四章，或哲學選輯附錄。）

補充參考書

恩格斯：自然辯證法：辯證法與自然科學一節（俄文單行本。中文：單行本。）

斯大林：無政府主義或社會主義（俄文見勃里亞書第二章。）

聯共（布）黨史簡明教程結論。

第三題　發展爲量變過渡至根本的質變

小的和隱祕的量變轉化爲公開的、根本的質變乃是自然和社會底發展底規律進化與革命，它們的辯證的互相關係發展底飛躍式的性質，列甯論飛躍底多樣性。馬列主義論發展底過程爲前進的運動，按上昇線的運動，從簡單到複雜、從低級到高級的發展。批判形而上的理解發展爲純粹的量的過程，爲簡單的生長，爲過去了的東西底重複。應用量到質底過渡底規律於研究社會生活、社會歷史、無產階級政黨底實踐活動。

參考書

恩格斯：反杜林論第一篇，哲學第十二、十三章（俄文單行本。中文：單行本訂正版。）

恩格斯：自然辯證法作爲科學的辯證法底一般性質（俄文單行本。中文單行本。）

列甯：論辯證法（俄文列甯全集十三卷。中文：馬克思恩格斯與馬克思主義。）

斯大林論辯證的和歷史的唯物論（俄文列甯主義問題十一版中文聯共（布）黨史簡明教程第四章，或哲學選輯附錄。）

聯共（布）黨史簡明教程第九章，第二節。

補充參考書

列甯：什麼是「人民之友」和他們怎樣進行反對社會民主主義者的鬥爭第一册（俄文列甯全集卷一，八〇——一〇〇頁）。

斯大林：無政府主義或社會主義（俄文見勃里亞書第二章）。

斯大林：偉大轉變之一年（俄文列甯主義問題十一版中文列甯主義問題外國文書籍出版局一九四〇年版，或斯大林選集第四卷解放社版）

第四題　發展爲對立底鬥爭

辯證法論自然和社會現象所固有的內部矛盾，新與舊、衰亡的與新生的東西之間的鬥爭——發展過程底內部內容。量變轉化到質變底內部內容。列甯論對立底鬥爭爲辯證法底實質、核心。辯證法論基於內部矛盾底揭露和其克服上的從舊到新的發展過程。敵對性和非敵對性的矛盾。批判形而上的理解發展爲『現象底和協的展開』。反對在理論上和實踐上機會主義的熄滅階級矛盾。

應用對立底統一與鬥爭律於研究社會生活，應用它到無產階級政黨底實踐活動上。

參考書

列甯：論辯證法（俄文列甯全集十三卷。中文：馬克思恩格斯與馬克思主義。）

斯大林：論辯證的和歷史的唯物論（俄文：列甯主義問題十一版。中文：列甯主義問題，外國文書籍出版局一九四〇年版，或聯共（布）黨史簡明教程第四章，或哲學選輯附錄。）

斯大林：論聯共（布）黨內的右傾（俄文列甯主義問題十一版。中文列甯主義問題外國文書籍出版局一九四〇年版，或斯大林選集第三卷，解放社版。）

補充參考書

馬克思：哲學之貧困第二章，（俄文：單行本一九三九年版。中文：單行本，作家版。）

恩格斯：自然辯證法（俄文馬恩全集十四卷，三九六，四一〇，四一四，四二五，四二六，四三二，四三七，四四五，四四七，五〇二，五〇六，五〇九，五一二，五一五頁。中文：單行本，神州國光社版。上述俄文頁數，無原書對照暫缺中文頁數。）

列甯：哲學筆記（俄文：單行本，三〇，三二，一一〇，一四〇，一四一，一八八，二一一，二一二，二一三，二六二，二六三，三二五，三二八頁，一九三六年版。）

斯大林：無政府主義或社會主義（俄文見勃里亞書第二章。）

斯大林：中央委員會向聯共（布）十五次大會的政治報告第三段（俄文列甯與斯大林研究黨史文件資料集第三卷。中文：斯大林選集第三卷。）

斯大林：論蘇聯的土地政策（俄文列甯主義問題十一版中文列甯主義問題外國文書籍出版局一九四〇年版，或斯大林選集第四卷。）

斯大林：再論我們黨內的社會民主主義的傾向（俄文列甯與斯大林研究黨史文件資料集第三卷中文斯大林選集第二卷）

第五題　唯物辯證法底範疇

本質與現象，在客觀世界中的本質與現象，本質與現象底統一。認識外間世界底律規性——人底合目的活動底基礎。

形式與內容在自然和社會現象中的形式與內容。他們的辯證的一致。內容底決定的作用，形式對內容的依賴性。形式對內容的積極的反作用。自然和社會中的因果性。必然性和偶然性。必然性與偶然性——自然與社會現象底聯系和發展底客觀形式它們的辯證的一致偶然性爲必然性底表現形式。

自由與必然。自由是認識了的必然。

可能性與現實性，在自然與社會發展中的可能性與現實性。產生眞實的可能性之條件及其轉化爲現實性。在可能性轉化爲現實性中社會實踐底作用。

列甯和斯大林論社會主義在一個單獨的國家內勝利的可能性及這個可能性底轉化爲現實性，斯大林論在我們國家內共產主義勝利底可能性。蘇聯人民爲轉化這個可能性成現實性的鬥爭。應用唯物辯證法底範疇到無產階級政黨底實踐活動上去。

參考書

恩格斯：自然辯證法（俄文馬恩全集十四卷四四四——四四七，五〇二——五〇六，五二一——五二二頁中文單行本。）

斯大林：論農村中的工作（俄文列甯主義問題十一版中文列甯主義問題外國文書籍出版局一九四〇年版，或斯大林選集第五卷。）

斯大林：論辯證的和歷史的唯物論（俄文列甯主義問題十一版中文聯共（布）黨史簡明教程第四章，或哲學選輯附錄。）

斯大林：新環境和新經濟建設任務（俄文列甯主義問題十一版中文列甯主義問題外國文書籍出版局一九四〇年版。）

補充參考書

恩格斯：反杜林論第一篇，第九章（俄文單行本一九三八年版中文單行本，訂正版。）

列甯：唯物論與經驗批判論第三章，第三與第六節（俄文列甯全集十三卷中文單行本。）

列甯：論歐洲聯邦的口號（俄文列甯全集十八卷。）

列甯：無產階級革命底軍事綱領（俄文列甯全集十九卷。）

斯大林：無政府主義或社會主義（俄文見勃里亞關於外高加索布爾塞維克組織史問題一二——一二六頁。）

斯大林：關於列甯主義問題（俄文：列甯主義問題十一版。中文：列甯主義問題外國文書籍出版局一九四〇年版或斯大林選集第二卷。）

第六題　關於恩格斯底著作反杜林論

反杜林論——馬克思主義思想底完整和澈底的敍述。在反杜林論中對於馬克思主義底根源及其組成部份底分析。

恩格斯反杜林論一書出版之歷史環境。

批判杜林底小資產階級的『社會主義，』庸俗唯物論。機械論和唯心論。反杜林論在與工人運動中的無政府主義及機會主義鬥爭中的意義。

恩格斯對馬克思主義辯證法的發展。

關於物質與運動，時間與空間的恩格斯底學說，恩格斯對十九世紀自然科學最重要發現底概括。

歷史唯物論在反杜林論中的發展。社會主義底歷史和理論在反杜林論中簡要敍述。

參考書

恩格斯：反杜林論第一篇和第三篇（俄文：單行本，一九三八年版。中文：單行本，訂正版。）

補充參考書

列甯：紀念恩格斯（俄文：列甯全集卷一。中文：馬克思恩格斯與馬克思主義。）

列甯：唯物論與經驗批判論第四章，第七節，論對杜林的二重的批判（俄文列甯全集十三卷。中文：中文單行本。）

第三部份

第一題 世界底物質性及其發展底規律性

世界底物質性，世界底發展及物質運動底規律性。物質運動底基本形式。世界中的多樣的現象——運動着的物質底不同的形態。

物質底哲學的和自然科學的概念。空間與時間——物質存在底客觀形式。

擴展世界發展底物質性與規律性的論點來研究社會生活。

參考書

恩格斯：自然辯證法：運動底基本形式（俄文馬恩全集十四卷。中文：中文單行本，神州國光社版。）

列甯唯物論與經驗批判論第一章，第三章第一、二、三、四、五節（俄文列甯全集十三卷。中文單行本。）

斯大林：論辯證的和歷史的唯物論（俄文：列甯主義問題十一版。中文：聯共（布）黨史簡明教程第四章，或哲學選輯附錄。）

補充參考書

恩格斯：反杜林論第一篇第四、五、六章及附錄（俄文：單行本，一九三八年版。中文：單行本，訂正版，缺附錄。）

列甯：唯物論與經驗批判論第五章（俄文：列甯全集十三卷。中文：單行本。）

第二題　物質底第一性與意識底第二性

馬克思主義的哲學唯物論關於物質底第一性和意識底第二性的學說。物質——感覺、表象、概念底來源。思維——高度組織的物質底產物。意識為物質底反映。

辯證唯物論論從無機物質到有機物質，從非感覺物質到有感覺物質底過渡。勞動在人底意識發展上的作用。

擴展馬克思主義哲學唯物論關於物質底第一性和意識底第二性的論點來研究社會生活；應用這個論點到馬克思主義政黨底實踐活動上去。

參考書

恩格斯：自然辯證法：勞動在猿猴人化過程中底作用（俄文：馬恩全集十四卷。中文：單行本，或中國青年延安版，第三卷第一期。）

列甯：唯物論與經驗批判論第一章，第五、六節（俄文：列甯全集十三卷。中文：單行本。）

斯大林：論辯證的和歷史的唯物論（俄文列甯主義問題十一版。中文聯共（布）黨史簡明教程第四章或哲學選輯附錄。）

補充參考書

恩格斯：自然辯證法讀書札記（俄文馬恩全集十四卷。中文單行本。）

恩格斯：反杜林論第一篇，第七、八章（俄文單行本一九三八年版。中文單行本，訂正版。）

恩格斯：路得維希·費爾巴赫與德國古典哲學之末日（俄文單行本中文費爾巴赫論，生活版。）

第三題　世界之可認識性及其規律性

馬克思主義的哲學唯物論論世界底可認識性及其規律性。爲經驗實踐所考驗的人的知識底可靠性與眞理性根據社會實踐和科學發展將『自在之物』轉化爲我們之物，批判不可知論和懷疑論。

擴展論世界底可認識性及其規律性的論點於研究社會生活應用這論點於馬克思主義政黨底實踐活動。

參考書

恩格斯：路德維希·費爾巴赫與德國古典哲學之末日（俄文單行本。中文費爾巴赫論，生活

列甯：唯物論與經驗批判論第二章，第四章第一節、第六節（俄文列甯全集十三卷中文單行本）

斯大林：論辯證的和歷史的唯物論（俄文列甯主義問題十一版中文聯共（布）黨史簡明教程第四章，或哲學選輯附錄。）

補充參考書

恩格斯：社會主義從空想到科學的發展英文版序言（俄文單行本中文單行本，解放社版。）

恩格斯：馬克思底資本論（俄文馬克思選集卷一中文政治經濟學論叢，解放社版。）

恩格斯：反杜林論附錄（俄文反杜林論，一九三八年版中文譯本缺附錄。）

列甯：論辯證法（俄文列甯全集十三卷中文馬克思恩格斯與馬克思主義。）

第四題　關於眞理的學說

辯證唯物論論客觀眞理，絕對眞理和相對眞理的學說。科學認識從無知到知從不完全的知識到更完全的知識。人的思維、認識由相對眞理總和構成絕對眞理的能力。辯證唯物論的眞理底具體性的學說。應用關於眞理底具體性的學說於馬克思主義政黨底實踐活動。實踐在認識論上的作用。

斯大林論先進的科學。科學與實踐活動的聯系；理論與實踐底統一——無產階級政黨底路標。

參考書

馬克思：費爾巴赫提綱（俄文：馬克思選集卷一。中文：費爾巴赫論附錄。）

恩格斯：反杜林論第一篇，第九章（俄文單行本一九三八年版。中文單行本，訂正版。）

列甯：唯物論與經驗批判論第二章第四、五、六節及第三章第一、二節（俄文：列甯全集十三卷。中文：單行本。）

斯大林：論辯證的和歷史的唯物論（俄文：列甯主義問題十一版。中文：聯共（布）黨史簡明教程第四章，或哲學選輯附錄。）

斯大林：在克里姆林宮招待高等學校工作人員宴會上的演說（俄文：單行本。中文：斯大林選集第五卷。）

補充參考書

斯大林：關於列甯主義底基礎第二章——方法，第三章——理論（俄文：列甯主義問題十一版。中文：列甯主義問題外國文書籍出版局一九四〇年版，或斯大林選集第一卷。）

斯大林：論蘇聯憲法草案第二節（俄文：列甯主義問題十一版。中文：列甯主義問題外國文書籍出版局版，或斯大林選集第五卷。）

斯大林：斯大林在第一次全蘇聯斯大哈諾夫工作者會議上的演說（俄文列甯主義問題十一版。中文列甯主義問題外國文書籍出版局版，或斯大林選集第五卷。）

第五題　辯證邏輯與形式邏輯

辯證邏輯爲論客觀世界與思維發展底規律的科學，爲世界認識史底總結、總和、結論。在辯證邏輯中認識形式底客觀性和內容性。

辯證唯物論的邏輯和形式邏輯的根本區別。形式邏輯底基本要點。

馬列主義創始者論形式邏輯及其對於認識的意義。列甯和斯大林反對折衷論和詭辯論的鬥爭。

辯證唯物論邏輯在科學認識上，在馬克思主義政黨底實踐上的意義。

參考書

列甯：列甯再論職工會（俄文列甯全集二十五卷一二五——一三九頁）。

斯大林：斯大林論辯證的和歷史的唯物論（俄文列甯主義問題十一版中文聯共（布）黨史簡明教程第四章，或哲學選輯附錄。）

恩格斯：恩格斯自然辯證法（俄文馬恩全集十四卷，三九一——三九八，四一四——四一五，四七五——四九二，四九三——四九九頁。中文單行本。）

補充參考書

列甯：哲學筆記（俄文：單行本，九二——一〇三，一七〇——一九五，一九九，二〇七，二一一，二一三，二二四一頁）。

列甯：第二國際底破產（俄文：列甯全集十八卷。中文：列甯選集第九卷）。

斯大林：關於列甯主義的基礎（俄文：列甯主義問題十一版。中文：斯大林選集卷一，或列甯主義問題，外國文書籍出版局一九四〇年版）。

聯共（布）黨史簡明教程結論。

第六題　關於列甯底著作唯物論與經驗批判論

列甯創作唯物論與經驗批判論時的歷史環境。

列甯底唯物論與經驗批判論一書——布爾塞維克黨底理論準備。列甯概括恩格斯死後整個時期內科學底最重要的成果。列甯對主觀唯心論底全面的批判。列甯對馬克思主義哲學唯物論底基本論點之發展：關於世界底物質性及其發展的規律性，關於物質底第一性和意識底第二性，關於世界底可認識性，關於人的知識底可靠性和眞理性，關於認識在實踐上的作用。

列甯論資產階級的自然科學危機底實質和根源及其出路。歷史唯物論諸問題在唯物論與經驗批判論一書中。

202

列甯的關於哲學底黨性的學說，列甯底唯物論與經驗批判論對粉碎取消派和召回派的意義。

斯大林論列甯底唯物論與經驗批判論在馬克思主義哲學發展上的意義。

參考書

列甯馬克思主義與修正主義（俄文列甯全集十二卷中文馬克思恩格斯與馬克思主義）。

列甯唯物論與經驗批判論（俄文列甯全集十三卷中文單行本）。

補充參考書

列甯我們的解放者（俄文列甯全集十五卷）。

列甯狄慈根逝世二十週年紀念（俄文列甯全集十六卷）。

聯共（布）黨史簡明教程第四章。

列甯致高爾基書信（俄文列甯全集二十八、二十九卷）。

物里亞關於外高加索布爾塞維克組織史問題第二章、第三章（俄文單行本一九三八年版）。

第七題　馬列主義論科學的預見

唯物論的理解歷史社會發展規律底知識——科學的預見社會事變底基礎。

馬、恩、列、斯底天才的科學的遠見歷史發展進程證實馬克思主義政黨底科學預言底

正確性、眞理性。社會主義在蘇聯的建成——列甯與斯大林底天才預見之光輝證實。斯大林同志論認識社會發展規律對於科學預見對於爭取共產主義的實踐鬥爭的意義。

參考書

列甯：預言（俄文列甯全集二十三卷。中文馬克思恩格斯與馬克思主義）。

斯大林：十八次大會關於聯共中央工作的總結報告第一、三部份（俄文列甯主義問題十一版。中文單行本，新華日報社版，或解放週刊第七五期。）

斯大林：論辯證的和歷史的唯物論（俄文列甯主義問題十一版。中文聯共（布）黨史簡明教程第四章，或哲學選輯附錄。）

補充參考書

馬克思與恩格斯：共產黨宣言（俄文單行本。中文單行本，解放社版。）

斯大林：關於列甯主義底基礎第三章——理論（俄文列甯主義問題十一版。中文列甯主義問題，外國文書籍出版局一九四〇年版，或斯大林選集卷一。）

斯大林：論列甯（俄文單行本一九四〇年版。中文論馬恩列斯，解放社版。）

聯共（布）黨史簡明教程第十二章及結論。

關於因「聯共（布）黨史簡明教程」之出版應如何進行黨的宣傳：聯共中央一九三八年十一月十四日決定（中文見生活版聯共（布）黨史簡明教程下册附錄，或解放週刊

第七九期。）

第八題　辯證唯物論與馬列主義政黨底戰略與策略

辯證唯物論與歷史唯物論——共產主義底理論基石。馬列主義政黨底理論、綱領、戰略與策略底有機聯系。列甯和斯大林論戰略與策略爲領導無產階級鬥爭的科學。辯證唯物論與歷史唯物論——黨底戰略和策略底科學基礎。

馬、恩、列、斯之應用辯證唯物論論點於無產階級政黨底戰略與策略。

參考書

列甯：卡爾·馬克思：無產階級底階級鬥爭底策略一節（俄文列甯全集十八卷。中文馬克思恩格斯與馬克思主義）。

斯大林：關於列甯主義底基礎第七章戰略與策略（俄文列甯主義問題十一版。中文列甯主義問題，外國文書籍出版局一九四〇年版或斯大林選集第一卷。）

斯大林：論辯證的和歷史的唯物論（俄文列甯主義問題十一版。中文聯共（布）黨史簡明教程第四章或哲學選輯附錄。）

聯共（布）黨史簡明教程結論。

補充參考書

列甯：在民主革命中社會民主黨的兩個策略（俄文：列甯全集第八卷。中文：列甯選集第五卷，或兩個策略單行本）。

聯共（布）黨史簡明教程第三、七、九、十一等章。

斯大林論列甯（俄文單行本。中文：論馬恩列斯，解放社版）。

斯大林：十月革命與俄國共產黨人底策略（俄文：列甯主義問題十一版。中文：列甯主義問題，外國文書籍出版局版，或斯大林選集第一卷，解放社版）。

斯大林傳（俄文單行本。中文單行本）。

第四部份

第一題　歷史唯物論——馬列主義關於社會的學說

在關於社會的學說上的馬克思主義底先驅者（法國唯物論、烏託邦社會主義、黑格爾、費爾巴赫）。馬克思與恩格斯在對於社會歷史的觀點上所完成的變革之歷史意義及本質。歷史唯物論——擴展辯證唯物論底論點來研究社會生活，應用這些論點來研究社會歷史。社會主義由空想轉化為科學。歷史唯物論底基本論點。應用歷史唯物論於工人階級政黨底實踐活動。

參考書

馬克斯與恩格斯：共產黨宣言第一章（俄文：單行本，一九三九年版。中文：單行本，解放社版）。

恩格斯：路得維希·費爾巴赫與德國古典哲學之末日第四章（俄文單行本中文費爾巴赫論，生活版。）

恩格斯：反杜林論引言、概論與第三篇第一章（俄文單行本，一九三八年版中文單行本，訂正版。）

列寗：馬克思主義底三個根源與三個組成部份（俄文列寗全集第十六卷中文馬克思恩格斯與馬克思主義）。

列寗：卡爾·馬克思唯物史觀節（俄文列寗全集第十八卷中文馬克思恩格斯與馬克思主義。）

斯大林：論辯證的和歷史的唯物論（俄文列寗主義問題十一版中文聯共（布）黨史簡明教程第四章或哲學選輯附錄。）

補充參考書

馬克思：資本論第一卷第二版序言。

恩格斯：致布洛赫、史密特、梅林等的信（俄文馬恩通信集一九三一年版中文馬恩通信選集）。

列寗：什麼是「人民之友」和他們怎樣進行反對社會民主主義者底鬥爭（俄文列寗全集卷一，中文單行本，外國文書籍出版局版。）

列甯：唯物論與經驗批判論第四章（俄文：列甯全集十三卷。中文：單行本。）

第二題　社會底物質生活條件

社會底物質生活條件及其在社會發展中的作用。物質財富生產底方式——社會物質生活條件體系中的主要力量。地理環境與人口在社會發展上的作用。生產方式——生產力與生產關係底一致底體現。生產及爲生產所決定的政治的和意識形態的上層建築底不斷的變化與發展。社會發展底歷史——生產方式底歷史，生產力與生產關係發展底歷史。

參考書

恩格斯：反杜林論第三篇第二章（俄文：單行本，一九三八年版。中文：單行本，訂正版。）

恩格斯：馬克思墓前演說（俄文：馬克思選集卷一。中文：卡爾·馬克思，馬克思讀書版。）

列甯：什麼是「人民之友」和他們怎樣進行反對社會民主主義者的鬥爭第一冊（俄文：列甯全集卷一。）

斯大林：論辯證的和歷史的唯物論（俄文：列甯主義問題十一版。中文：聯共（布）黨史簡明教程第四章，或哲學選輯附錄。）

補充參考書

馬克思：資本論卷一，第五章第一節。

馬克思：馬克思給安能科夫的信（俄文：馬恩通信集一一——二五頁，一九三一年版。中文：馬恩通信選集五九——六四頁解放社版）

馬克思與恩格斯：德意志意識形態費爾巴赫篇。（俄文：馬恩全集卷四）

恩格斯：自然辯證法勞動在猿猴人化過程中之作用（俄文：馬恩全集卷十四。中文：單行本，或中國青年延安出版第三卷第一期）

恩格斯：致斯池爾根涅的信（俄文：馬恩通信集八〇——八三頁）

第三題　生產力底發展與生產關係底基本式樣·物質生產底特點

生產力及其在物質生產發展中的作用。生產關係對生產力發展的影響。生產力與生產關係底不適合——社會革命底經濟基礎。

斯大林同志論生產關係底五種形式：

生產關係底五種基本式樣原始公社制度，奴隸佔有制度，封建制度，資本主義制度，社會主義制度。

在資本主義之下，生產力底性質與生產關係之間的不可調和的矛盾。由於無產階級革命底結果社會主義的生產力與生產關係之產生。

生產手段底社會所有權——蘇聯生產關係底基礎。在社會主義和共產主義下生產力與生

209

產關係之完全適合。

參考書

馬克思：政治經濟學批判序言（俄文馬克思選集卷一。中文：政治經濟學概論，解放社版。）

恩格斯：反杜林論第三篇，第二章（俄文單行本中文單行本，訂正版。）

列甯：卡爾·馬克思社會主義節（俄文列甯全集十八卷中文馬克思恩格斯與馬克思主義。）

斯大林：論辯證的和歷史的唯物論（俄文列甯主義問題十一版中文聯共（布）黨史簡明教程第四章，或哲學選輯附錄。）

補充參考書

馬克思：資本論卷三，四十七章。

恩格斯：家族私有財產與國家之起源第九章（俄文單行本，一九四〇年版。中文單行本，新生命版。）

列甯：俄國資本主義底發展二版序，第二章之結論，第三章第一節（俄文列甯全集第三卷。中文單行本，新生命版。）

列甯：帝國主義——資本主義底最高階段（俄文列甯全集十九卷。中文列甯選集第八卷。）

列甯：蘇維埃政權底迫切任務（俄文列甯全集二十二卷中文列甯選集十三卷。）

列甯：無產階級專政時代的經濟和政治（俄文列甯全集二十四卷。）

列甯：論合作社（俄文：列甯全集第二十七卷。）

斯大林：偉大轉變底一年（俄文：列甯主義問題十一版。中文：列甯主義問題，外國文書籍出版局一九四〇年版，或斯大林選集第三卷。）

斯大林：論蘇聯憲法草案（俄文：列甯主義問題十一版。中文：列甯主義問題或斯大林選集第五卷。）

斯大林：在第一次全蘇聯斯大哈諾夫式工作者會議上的演說（俄文：列甯主義問題十一版。中文：列甯主義問題一九四〇年版，或斯大林選集第五卷。）

第四題　階級與階級鬥爭

馬列主義的階級定義。階級底起源。在奴隸佔有制度、封建制度、和資本主義制度下的階級與階級鬥爭。無產階級階級鬥爭底基本形式。在自發的工人運動中灌入社會主義的意識。共產黨——無產階級底先進的、有組織的隊伍，在階級鬥爭中無產階級底領導作用。

馬克思主義的和自由主義的理解階級鬥爭。無產階級專政——階級鬥爭在新形式中的繼續。階級與階級鬥爭在蘇聯。剝削者階級底消滅。社會主義底勝利與蘇聯階級結構底變化。社會主義社會底工人階級、農民與知識份子。工人階級在社會主義社會中的領導作用。階級鬥爭在現階段上的形式。

參考書

馬克思與恩格斯：共產黨宣言第一、二章（俄文單行本一九三九年版。中文單行本，解放社版。）

馬克思致韋得梅葉爾書（俄文馬恩通信集六六——六九頁。中文馬恩通信選集六五頁。）

列甯：卡爾·馬克思，階級鬥爭節（俄文列甯全集十八卷。中文卡爾·馬克思，讀書版。）

列甯：偉大的發端（俄文列甯全集二十四卷。）

列甯：論自由主義的和馬克思主義的理解階級鬥爭（俄文列甯全集十六卷。）

列甯論國家（俄文列甯全集二十四卷。）

斯大林在十八次大會上關於聯共中央工作的總結報告（俄文列甯主義問題十一版。中文列甯主義問題一九四〇年版。）

斯大林：論辯證的和歷史的唯物論（俄文列甯主義問題十一版。中文聯共（布）黨史簡明教程第四章，或哲學選輯附錄）

補充參考書

恩格斯：反杜林論第二編第二、三、四章（俄文單行本一九三八年版。中文單行本，訂正版。）

恩格斯：家族私有財產及國家之起源第三、四章（俄文單行本。中文單行本。）

列甯：做什麽？第一章第二節（俄文列甯全集卷四。中文列甯選集卷三。）

斯大林：論聯共（布）黨內的右傾（俄文列甯主義問題十一版。中文列甯主義問題，外國文

書籍出版局一九四〇年版，或斯大林選集第二卷。）

斯大林：論辯證的和歷史的唯物論（俄文：列甯主義問題十一版。中文：列甯主義問題或聯共（布）黨史簡明教程第四章，或哲學選輯附錄）

第五題　關於恩格斯底著作家族私有財產及國家之起源

恩格斯底家族私有財產及國家之起源一書在製定和論證歷史唯物論上的意義。恩格斯論原始公社發展中的基本階段。

恩格斯論階級和國家產生底原因。恩格斯論階級的本質及國家較之氏族組織的區別點。恩格斯論國家底歷史的過渡的性質，論資本主義底不可避免的滅亡和共產主義底必然勝利。

參考書

恩格斯：家族私有財產及國家之起源（俄文：單行本，一九四〇年版。中文：單行本，明華出版社版。）

補充參考書

列甯：論國家（俄文：列甯全集第二十四卷。）

列甯：什麼是「人民之友」和他們怎樣進行反對社會民主主義者的鬥爭（俄文：列甯全集第一卷。中文：譯文一部份見列甯選集第二卷。）

斯大林：在第一次全蘇聯集體農莊突擊隊員代表大會上的演說（俄文列甯主義問題十一版中文列甯主義問題外國文書籍出版局一九四〇年版或斯大林選集第五卷）

第六題　國家與革命·無產階級專政

國家底產生。國家底標誌。國家底兩個基本作用——對內的和對外的。在敵對社會中國家底剝削者的本質。國家底不同形式。資產階級民主是資產階級專政底形式之一，在資本主義總危機時期中的資產階級國家。

馬列主義創始者論社會革命。奴隸底革命。農奴底革命。資產階級革命與社會主義革命之間的根本區別。偉大的十月社會主義革命及其歷史意義。

列甯和斯大林所闡明的社會主義革命底新理論。推翻資本主義，粉碎資產階級底國家機關和建立無產階級專政——無產階級革命底基本內容。無產階級專政底三個方面。蘇維埃政權——無產階級專政底國家形式。黨和工人階級在無產階級專政底體系中。

社會主義國家發展底兩個主要階段。斯大林同志論社會主義國家及在資本主義包圍下，在共產主義下的國家。

參考書

列甯：國家與革命第一章（俄文列甯全集第二十一卷。中文列甯選集第十二卷。）

214

列甯：論國家（俄文：列甯全集第二十四卷。）

斯大林：關於列甯主義底基礎第四章——無產階級專政（俄文：列甯主義問題十一版。中文：列甯主義問題一九四〇年版，或斯大林選集第一卷。）

斯大林：在第十八次黨代表大會上關於聯共（布）中央工作的總結報告第三部份（俄文：列甯主義問題十一版。中文：單行本，新華日報版。）

補充參考書

馬克思：給韋得梅葉爾的信（俄文：馬恩通信集六六——六九頁，一九三一年版。中文：馬恩通信選集六五頁，解放社版。）

馬克思與恩格斯：共產黨宣言（俄文：單行本，一九三九年版。中文：單行本，解放社版。）

馬克思：哥達綱領批判（俄文：單行本一九四〇年版。中文：單行本，解放社版。）

列甯：關於專政問題底歷史（俄文：列甯全集第二十五卷。）

列甯：在共產國際第一次世界大會上論資產階級民主和無產階級專政的提綱和報告（俄文：列甯全集第二十四卷。）

列甯：在無產階級專政時代的經濟與政治（俄文：列甯全集第二十四卷。）

斯大林：關於列甯主義問題（俄文：列甯主義問題十一版。中文：列甯主義問題外國文書籍出版局一九四〇年版，或斯大林選集第二卷。）

斯大林：在第一次全蘇聯集體農莊突擊隊員代表大會上的演說（俄文列甯主義問題十一版。中文列甯主義問題一九四〇年版，或斯大林選集第五卷。）

第七題 羣衆和個人在歷史上的作用

歷史唯物論論社會歷史發展底規律性及羣衆底行動是這個發展底決定的力量。歷史唯物論論歷史發展中的客觀條件和主觀因素。列甯和斯大林的反對民粹派主觀社會學的鬥爭。馬列主義論偉人在歷史上的作用。馬克思、恩格斯、列甯、斯大林——工人階級底偉大領袖。馬、恩、列、斯底將理論的力量和無產階級運動底實踐——組織經驗結合起來。斯大林論列甯型的政治活動家。馬列主義論羣衆——階級——政黨——領袖的互相關係。

參考書

恩格斯：馬克思墓前演說（俄文：馬克思選集第一卷。中文：卡爾·馬克思，讀書版。）

斯大林：論列甯（俄文單行本，一九四〇年版中文：論馬恩列斯。）

聯共（布）黨史簡明教程第一章第二、四節。

補充參考書

列甯：卡爾·馬克思（俄文：列甯全集第十八卷。中文：卡爾·馬克思，讀書版。）

列甯：紀念恩格斯（俄文列甯全集第一卷中文馬克思恩格斯與馬克思主義。）

列甯：什麼是「人民之友」和他們怎樣進行反對社會民主主義者的鬥爭第一册（俄文列甯全集第一卷。）

斯大林：論辯證的和歷史的唯物論（俄文列甯主義問題十一版中文聯共（布）黨史簡明教程第四章，或哲學選輯附錄。）

斯大林傳（俄文單行本，一九四〇年版。中文單行本。）

給斯大林同志——列甯事業底偉大繼承者，聯共（布）中央於斯大林同志六十壽辰給斯大林同志的賀辭（俄文布爾塞維克雜誌，一九四〇年一月號。中文缺，可參閱論馬恩列斯中莫洛託夫等文章。）

論因「聯共（布）黨史」之出版應如何進行黨的宣傳——一九三八年十一月十四日聯共中央決議（俄文單行本。中文聯共（布）黨史簡明教程生活版附錄，或解放週刊第七九期。）

普列哈諾夫：論個人在歷史上的作用（俄文單行本。）

普列哈諾夫：論一元論歷史觀之發展第五章（俄文單行本。中文單行本，讀書版。）

第八題　思想在社會發展中的作用

社會的物質生活條件——社會思想、理論、政治觀點、政治制度發生底來源。社會精神生活底

變化從屬於社會物質生活條件底變化。舊的、過時的和新的、先進的思想。新的先進的思想在社會物質生活發展中的作用。

馬列主義——先進的革命的理論，它給世界底一切現象以眞正科學的解釋，它正確的反映社會進步發展底要求。列甯和斯大林論革命理論在無產階級鬥爭中的作用。革命理論底動員、組織和改造的力量。

聯共十八次代表大會論共產主義的教育勞動羣衆的作用。

參考書

列甯：工人運動中的思想鬥爭（俄文列甯全集第十七卷。）

斯大林論辯證的和歷史的唯物論（俄文列甯主義問題十一版。中文聯共（布）黨史簡明教程第四章，或哲學選輯附錄。）

斯大林：關於列甯主義底基礎第三章——理論（俄文列甯主義問題十一版。中文列甯主義問題一九四〇年版或斯大林選集第一卷。）

聯共（布）黨史簡明教程結論。

補充參考書

馬克思與恩格斯：德意志意識形態，費爾巴赫篇（俄文馬恩全集第四卷。）

列甯：什麼是「人民之友」和他們怎樣進行反對社會民主主義者的鬥爭（俄文列甯全集

第一卷。中文：單行本，外國文書籍出版局版。）

列甯：做什麼？第一章（俄文：列甯全集第四卷。中文：列甯選集第三卷。）

斯大林：論蘇聯的土地政策，第一個五年計劃底總結，在第一次全蘇聯斯大哈諾夫式工作者會議上的演說，中央委員會向十六次大會的政治報告（俄文：列甯主義問題十版十一版。中文：斯大林選集第四、五卷。）

斯大林：論黨底工作之缺點及消滅託洛茨基兩面份子及其他兩面份子底辦法（俄文：單行本。中文：斯大林選集第五卷。）

第九題　社會意識形態

社會底經濟基礎。政治的和法律的上層建築。社會意識形態：宗教、科學、道德、藝術、哲學。社會底精神生活——社會底物質生活底反映。上層建築發展中的相對的獨立性。基礎和上層建築底互相作用。政治和經濟底互相關係。意識形態與文化。

在社會主義下社會上層建築底作用。

參考書

恩格斯：給布洛赫、梅林、斯他爾根堡、史密特等人的信（俄文：馬恩通信集一九三一年版。中文：馬恩通信選集，解放社版）

列甯：青年團底任務（俄文列甯全集三十卷。中文列甯論青年的學習問題，馬克思恩格斯與馬克思主義三一三——三三四頁。）

列甯：我們的革命（俄文列甯全集第二十七卷。中文馬克思恩格斯與馬克思主義。）

斯大林論辯證的和歷史的唯物論（俄文列甯主義問題十一版。中文聯共（布）黨史簡明教程第四章，或哲學選輯附錄。）

斯大林：在第十八次黨代表大會上關於聯共（布）中央工作的總結報告第三部份第三、四節（俄文列甯主義問題十一版。中文列甯主義問題一九四〇年版，或解放週刊第七四期。）

補充參考書

馬克思與恩格斯：共產黨宣言。

恩格斯：家族私有財產及國家之起源（中文生活版。）

列甯：黨的組織和黨的刊物（俄文列甯全集第八卷。）

普列哈諾夫：論一元論歷史觀之發展第五章（俄文單行本。中文單行本，讀書版。）

普列哈諾夫：論唯物史觀。

第十題　論共產主義的道德

馬列主義論道德。在階級社會中道德底產生。壓迫者和剝削者階級底道德的階級性。

馬列主義創始者論道德。蘇聯的社會主義建設與共產主義的教育勞動者底任務。蘇聯公民底權利和義務。蘇維埃社會底道德政治底統一。列甯和斯大林論共產主義的道德和布爾塞維克的道德人格。

創立者的共產主義的家庭和克服在家庭內在日常生活中資產階級道德底遺留。

參考書

馬克思與恩格斯：共產黨宣言第二章（俄文：單行本，一九三九年版。中文：單行本，解放社版。）

恩格斯：反杜林論第一編第九、十、十一章（俄文：單行本，一九三八年版。中文：單行本訂正版。）

列甯：青年團底任務（俄文：列甯全集第三十卷。中文：列甯論青年的學習問題馬克思恩格斯與馬克思主義。）

斯大林：在莫斯科斯大林選舉區選舉人會議上的演說（俄文：單行本，一九四〇年版。中文：斯大林選集第五卷關於最高蘇維埃選舉之演說。）

補充參考書

列甯：致阿爾孟得的信（俄文：布爾塞維克雜誌，一九三九年，第十三號。）

斯大林：論列甯（俄文：單行本，一九四〇年版。中文：論馬恩列斯。）

斯大林：與德國作家路得維格的談話（俄文：單行本。中文：論馬恩列斯。）

第十一題　馬列主義論宗教及宗教的克服

馬列主義論宗教底起源。宗教爲壓迫和剝削底工具。在封建制度下宗教底作用。列甯論法國唯物論底無神論及十八世紀底無神論的書籍。

在資本主義下宗教底社會根源及作用。

馬列主義——戰鬥的無神論。列甯和斯大林論工人政黨對宗教的態度。克服人們意識中的宗教的殘餘——共產主義的教育勞動者底任務之一。

參考書

恩格斯：反杜林論第二編第四章（俄文單行本一九三八年版；中文單行本，訂正版。）

列甯：工人政黨對宗教的態度（俄文列甯全集第十四卷。中文馬克思恩格斯與馬克思主義。）

補充參考書

恩格斯：路得維希·費爾巴赫與德國古典哲學之末日（俄文單行本。中文費爾巴赫論，生活版。）

恩格斯：論早期基督教史（俄文馬恩全集第十六卷第二冊。）

列甯：社會主義與宗教（俄文列甯全集第八卷。）

列甯：致高爾基信（俄文列甯全集第十七卷。）

斯大林：無政府主義或社會主義（俄文見勃里亞著：關於外高加索布爾塞維克組織史問題第二章，一九三九年版。）

斯大林：論蘇聯憲法草案（俄文列甯主義問題十一版。中文列甯主義問題一九四〇年版，或斯大林選集第五卷。）

斯大林：與第一次美國工人代表團的談話：對第二個問題的囘答（俄文列甯主義問題十版。中文斯大林選集第三卷。）

第十二題　社會主義與共產主義

馬列主義創始者關於共產主義社會底兩個階段底學說。

從資本主義到共產主義底過渡爲從前者到後者的革命的轉化時期。無產階級專政爲建成共產主義社會底工具。

社會主義社會底基本特點。社會主義底物質——技術的基礎。

在社會主義下脫離了剝削的勞動者之同志的互助和合作，社會主義經濟底計劃。

蘇聯底斯大林憲法——社會主義社會底基本法則。社會主義底原則——各盡所能，各得所值。

社會主義社會的動力。

按內容爲社會主義的，按形式爲民族的文化底發展。斯大哈諾夫運動及其在準備從社會主義過渡到共產主義的條件上的意義。

第三個五年計劃底基本政治任務——共產主義的教育羣衆——共產主義底建設者。

斯大林關於在俄國建成共產主義社會底學說。

共產主義社會底基本特點。共產主義社會底物質—技術基礎。共產主義底原則——各盡所能，各取所需。斯大林同志論在資本主義包圍條件下在共產主義下的國家。

在全世界爲共產主義底勝利的鬥爭。

參考書

馬克思：哥達綱領批判（俄文單行本，一九四〇年版。中文單行本，解放社版。）

恩格斯：反杜林論第三編（俄文單行本，一九三八年版。中文單行本，訂正版。）

列甯：國家與革命第五章（俄文列甯全集第二十一卷。中文列甯選集第十二卷。）

斯大林：與第一次美國工人代表團的談話對第十二個問題的回答（俄文列甯主義問題第十版。中文斯大林選集第三卷。）

斯大林：在第十八次黨代表大會上關於聯共（布）中央工作的總結報告（俄文列甯主義問題十一版。中文列甯主義問題一九四〇年版。）

斯大林：在第一次全蘇聯斯大哈諾夫式工作者會議上的演說（俄文列甯主義問題十一版。

中文：斯大林選集第五卷。）

斯大林：論蘇聯憲法草案（俄文列寧主義問題十一版。中文：斯大林選集第五卷，或列寧主義問題一九四〇年版）。

斯大林：答伊凡諾夫的信（俄文單行本。中文：斯大林選集第五卷。）

斯大林：論辯證的和歷史的唯物論（俄文列寧主義問題十一版。中文：聯共（布）黨史簡明教程第四章，或哲學選輯附錄。）

補充參考書

列寧：偉大的發端（俄文列寧全集第二十四卷。）

莫洛託夫：蘇聯國民經濟發展底第三個五年計劃在十八次代表大會上的報告和結論（俄文單行本。中文單行本，新華日報版。）

蘇聯憲法（俄文單行本。中文單行本，外國工人出版社版。）

第五部份

第一題　列寧對馬克思主義哲學的發展

列寧反對民粹派底主觀唯心論社會學和『合法馬克思主義者』底資產階級客觀主義的

鬥爭。

列甯對馬克思主義關於社會發展底規律性的學說之具體化與進一步發展。列甯論證在解釋社會現象中黨性底思想列甯反對『經濟主義者』和孟塞維克底庸俗唯物論。

列甯的做什麼?一書在粉碎『經濟主義』及新型的馬克思主義政黨底準備上之意義。在進一步，退兩步一書中列甯製定馬克思主義政黨底組織原則，和在民主革命中社會民主黨底兩個策略一書中製定馬克思主義政黨底策略基礎。列甯底這些著作在與孟塞維主義及國際機會主義鬥爭上的意義。

在斯託雷平反動時代列甯反對馬赫主義者，造神派，修正派，『左』右的取消派的鬥爭。列甯的唯物論與經濟批判論一書在保衛辯證的和歷史的唯物論及新型馬克思主義政黨理論準備上的意義。列甯唯物論的概括恩格斯死後整個時期內科學上所達到的最重要的全部成果。

列甯底哲學筆記及其在發展馬克思主義的辯證法與馬克思主義的哲學唯物論上的意義。

列甯底國家與革命一書底歷史意義。

職工會的鬥爭（一九二〇——一九二一年）。列甯與斯大林之反對洛茨基派與布哈林派之分裂工人階級及共產黨底叛賣的企圖列甯與斯大林揭露托洛茨基派、布哈林派底折衷論和詭辯論。

列甯底論戰鬥唯物論底意義一文在與敵對理論的鬥爭上和馬克思主義哲學進一步發展

上的意義。

參考書

列甯：唯物論與經驗批判論（俄文：列甯全集第十三卷。中文：單行本。）

列甯：馬克思主義與修正主義（俄文：列甯全集第十二卷。中文：馬克思恩格斯與馬克思主義。）

列甯：論戰鬥唯物論底意義（俄文：列甯全集第二十七卷。中文：馬克思恩格斯與馬克思主義。）

斯大林：斯大林與第一次美國工人代表團的談話對第一個問題的回答（俄文：列甯主義問題第十版，中文：斯大林選集第三卷。）

補充參考書

斯大林：論列甯（俄文：單行本，一九四〇年版。中文：論馬恩列斯。）

列甯：國家與革命（俄文：列甯全集第二十一卷。中文：列甯選集第十二卷。）

列甯：我們的革命（俄文：列甯全集第二十七卷。中文：馬克思恩格斯與馬克思主義。）

列甯：再論職工會（俄文：列甯全集第二十六卷。）

第二題　斯大林進一步發展馬列主義的哲學

斯大林同志——馬克思——恩格斯——列甯學說底繼承者，布爾塞維克黨和國際無產階級底理論家與領袖。

斯大林同志革命活動底開始。斯大林同志反對外高加索『馬薩母・達西』組織中大多數底『合法馬克思主義』的鬥爭。

斯大林同志的早年著作（略談黨內分歧，無政府主義或社會主義等）在馬列主義發展上的意義。

斯大林同志爲意識形態的、組織的、策略的和理論的論證馬克思主義政黨而鬥爭。

斯大林同志論創造的馬克思主義。斯大林同志進一步闡明和應用馬克思主義的辯證法和哲學唯物論於研究社會生活及無產階級政黨底實踐活動。斯大林同志底豐富和進一步發展歷史唯物論。

斯大林同志底關於列甯主義底基礎一書在思想上的粉碎託拉茨基主義與保衛及論證列甯主義上的意義。

在斯大林同志領導下黨反對機械論及孟塞維化的唯心論的鬥爭及揭破他們爲布哈林派與托洛茨基派反革命活動底理論掩飾。

斯大林同志進一步發展列甯的學說：關於可能在一個國家內建成社會主義與共產主義，關於在社會主義建設完成及在資本主義包圍條件下逐漸過渡到共產主義去的時期中的社會主義國家的作用與任務。斯大林同志論在共產主義下的國家。

斯大林同志底關於社會主義知識份子的學說，關於蘇維埃科學底任務和道路的學說。

斯大林同志在創作聯共（布）黨史簡明教程——布爾塞維主義底有力的思想武器，馬列主義領域內基本知識底百科全書——上的作用。

斯大林同志的著作論辯證的和歷史的唯物論及其在進一步發展馬列主義哲學上的意義。

斯大林同志在聯共（布）十八次代表大會上的報告——實現從社會主義逐漸過渡到共產主義的綱領。

參考書

斯大林：關於列甯主義底基礎（俄文列甯主義問題十一版。中文列甯主義問題一九四〇年版或斯大林選集第一卷。）

斯大林在第十八次黨代表大會上關於聯共（布）中央工作的總結報告（俄文列甯主義問題十一版。中文列甯主義問題一九四〇年版。）

斯大林論辯證的和歷史的唯物論（俄文列甯主義問題十一版。中文聯共（布）黨史簡明教程或哲學選輯附錄。）

補充參考書

斯大林：列甯主義問題（俄文十一版。中文一九四〇年版。）

斯大林：社會民主黨怎樣理解民族問題（俄文布爾塞維克雜誌，一九三九年，二三——二四號。中文解放週刊一二一期。）

斯大林。無產者階級和無產者政黨（俄文：同上。）

斯大林：俄羅斯社會民主工黨倫敦大會代表的札記（俄文：一九四〇年版。）

斯大林：馬克思主義與民族殖民地問題（俄文單行本。中文：馬克思主義與民族問題。）

斯大林：再論我們黨內的社會民主主義傾向（俄文：列甯與斯大林，聯共黨史研究資料集第三卷。中文：斯大林選集第三卷。）

斯大林：論黨底工作之缺點及消滅託洛茨基兩面份子及其他兩面份子之辦法（俄文：單行本。中文：斯大林選集第五卷。）

斯大林傳（俄文：單行本。中文：單行本。）

斯大林六十壽辰紀念册（俄文一九四〇年版。中文：缺，可參閱論馬恩列斯一書中關於斯大林同志的幾篇文章。）

譯自：馬列主義教育之助雜誌一九四一年第六號。